语文学习新概念和精品语文课例

黄植文　著

山西出版传媒集团

三晋出版社

图书在版编目（CIP）数据

语文学习新概念和精品语文课例 / 黄植文著 . -- 太原：三晋出版社，2024.4

ISBN 978-7-5457-2959-7

Ⅰ . ①语… Ⅱ . ①黄… Ⅲ . 中学语文课 — 教学研究 — 高中 Ⅳ . ① G634.303

中国国家版本馆 CIP 数据核字（2024）第 089342 号

语文学习新概念和精品语文课例

著　　者：黄植文
责任编辑：张　路

出 版 者：山西出版传媒集团·三晋出版社
地　　址：太原市建设南路 21 号
电　　话：0351-4956036（总编室）
　　　　　0351-4922203（印制部）
网　　址：http://www.sjchs.cn

经 销 者：新华书店
承 印 者：武汉市首壹印务有限公司

开　　本：787mm×1092mm　1/16
印　　张：13
字　　数：230 千字
版　　次：2024 年 4 月　第 1 版
印　　次：2024 年 4 月　第 1 次印刷
书　　号：ISBN 978-7-5457-2959-7
定　　价：68.00 元

如有印装质量问题，请与本社发行部联系　电话：0351-4922268

·目 录·

自　序

自题绝句一首：

遥听雁过酒独斟，嘉梦幽题暮色深。

欲涉千山寻远路，须求长做有心人。

2022 年 7 月，广东省教育科研一般项目——《核心素养下打造德学兼修精品语文课堂的研究》（项目编号：2022YQJK167），获得广东省教育规划领导小组办公室批准立项，并于 2022 年 10 月正式开题研究。从本项目的筹备，到项目获得批准立项，再到项目正式开题研究，我一直都勉励自己做一个真正的"有心人"，从而以满腔的热情和一片赤诚之心，投入到项目的研究工作，以及本著作的撰写之中。

世上无难事，只怕有心人。在此之前，我从来没有独立完成过一部属于自己的著作，这一部著作的撰写和出版，对于我而言，是一次大胆的尝试，也是一次难得的自我提升过程，所幸的是，在研究的过程之中，我一直都以"有心人"的角色来自我定位，从而逐步完成了专著的撰写，即便在著作的撰写过程之中饱经挫折，但我还是坚持完成了著作的撰写。于此，我自感对得起"有心人"的自我定位。

一直以来，世人看待教师，大约都会认为教师是极为清闲之人，事实上，教师确实可以让自己很轻松，因为教师只要每天按部就班将课上完，将属于个人的教学工作做好，对其他方面的事情，诸如教研工作或者学校中的琐碎工作，一概不管不顾，如此可以让自己非常轻松。但是，这种生活模式之下的教师，注定是非常平庸的。我向来觉得，一名真正有心的教师，其实并不轻松，也不可能让自己很轻松，起码他不会让自己一直流离于庸俗的轻松之中。我一直认为，每一名优秀的教师，他的成长一点都不轻松，在其成长过程中，往往都伴随着其他人难以想象的磨炼和艰辛，一名优秀教师的长成，都是一步一个脚印，踏踏实实走出来的，从来都没有捷径可以走。

我从事高中语文教学工作十余年，从事班主任工作也有十余年，在十余年的职业生涯中，我经受过太多教学上的历练和考验，见证了很多学生的成长，在语文教学和班级管理的过程中，我似乎感受到了一名语文教师在学生成长过程中的重要作用。我常觉得，一名优秀的语文教师和一堂精彩纷呈、直入心灵的语文课，对学生在成长过程中的启发意义重大。有感于此，我认为，语文教师当做一个有心之人，用心锤炼自己的课堂，用打造精品的意识来打造自己的语文课，让语文课成为荡涤学生心灵的一泓清泉，让语文课堂来培育学生的健全人格，从而让语文课堂成为促进学生良好成长的沃土。

因此，在教学任务中，我一直都没有选择让自己成为一个清闲之人，而是让自己做一个有心之人。成为清闲的语文教师，一直都不符合我的追求，我一直固执地认为，一名语文教师，如若选择了清闲，其实也就过早地选择接受平庸。虽然我本为平庸之人，但我却不想过早地接受平庸的定位，更何况，这些年来，在日复一日、年复一年的教学工作中，以及在见证学生不断成长的过程中，我总感觉有些话想说一说，我想好好谈谈自己对教学的看法，想好好构建自己心目中的精品语文课堂，也想好好说一说优秀语文课对学生成长的重要意义。正因为我心中的这些想法，我选择了做一名有心的教学者。在自题的七绝之中，我如此写道："欲涉千山寻远路，须求长做有心人"，在教学上，想要追寻更远的目标，解得更深的奥秘，就必须先让自己做一个有心之人。我也期望能以这一番话语，与阅读本书的同行们共勉，让我们都做一名有心的教学者。以上诸言，是为本书自题序言，最后以本人近来自题的一首七律藏头诗——《再回砺青中学》，来为本书的序言结尾！

再回砺青中学

砺马长歌望野蓬，青衫放浪踏秋风。

中天云淡飞红落，学馆人非旧事空。

恍入太虚清妙境，如拔客路雨愁声。

梦萦昨日题幽句，回首韶华怅惘中。

汕头市潮南区砺青中学于我而言至关重要，可谓我文学创作梦想启程的地方，但自从在砺青中学毕业之后，我几乎没有再涉足砺青了，后机缘巧合，我在2023年的8月份又回到了这里，只不过这次我换了一个角色，成了站在讲台上的教书者。回顾当年读书光景，如今再度步入旧日的母校，百感交集，只感今日的自己似乎又回到了追逐梦想的起点，于是题诗为序，聊表心绪，不负当初一直坚守的创作梦想。

黄植文

2023 年 9 月 8 日

第一章 以打造精品的意识来构建优质语文课堂

　　本章内容主要概述用打造精品的意识来构建优质语文课堂的内容，并设计相关的典型课例，以及选取典型的语文课堂教学情境进行适当反思。当下的高中语文课堂，处于一种相当尴尬的境地，老师费尽心力讲课，但学生就是不爱听讲，而很多老师和学生都会将此种尴尬归根于语文课堂学习了无趣味，学习内容与考试关联度不大。此种想法本来就属于极其典型的应试教育思维。用应试的结果，来定位语文课堂学习的质量，来衡量语文学习的投入，这有些荒谬。语文这一学科，从来就不是为了考试而设定，如果仅仅只是为了考试，才来教学和学习语文，这是对语文学科的肤浅理解，对语文学习的严重亵渎。要改变高中语文学习目前的尴尬处境，就必须先改变肤浅的应试教育思维，教师须用打造精品的意识，来构建语文课堂，让语文课本身的活力和趣味性彰显出来，从而也让语文成为有利于学生学习百科知识、修身养性、提升自我的科目。故而，持打造精品的意识，用心构建语文课堂，这一点很重要。

第一节　善待每一节语文课，
打造语文"灵魂学科"的属性

　　我曾听一位语文老师如此说道："我们语文课是不用跟其他科目抢时间的，高中语文的学习时间是绝对抢不过其他科目的。"该老师在学生对待语文课的学

习时间上，直接用了一个"抢"字，并且她特别说明，语文绝对抢不过其他科目，虽说她的一个"抢"字有些刺耳，但其实也反映了语文这一学科在学生心目中的尴尬地位。

对于一名高中生而言，他选择在语文方面投入大量的学习时间和精力，却往往得不到预期的考试成绩，而他选择对语文课不太上心，但其考试成绩一般也不会太差。换言之，对于高中生来说，学习语文所得到的成绩，其上限不会太高，其下限也不会太低，基于这样的现实，很多学生对语文的学习往往都不太上心，语文这一学科往往会成为学生最后努力的对象。大部分学生会这样认为："投入了同样的学习时间，我在其他科目上的收益往往要高于语文，如此我何不将主要学习时间放在其他科目上？"因此，这也就造成了"语文的学习时间总是抢不过其他科目"的表面现象。长此以往，很多学生也渐渐丧失了对高中语文的学习兴趣和信心，学生对语文越没有兴趣和信心，也就越失去了学习的动力，如此，高中语文学习也就陷入了一个恶性循环之中。

面对如此现象，很多高中语文教师常常痛心疾首，可也束手无策。让学生提起对语文的兴趣，重拾对语文学习的信心，这是我们这些常年在一线奋战的高中语文教学工作者所应直面的问题和深入思考的课题。

我认为，要提起学生对高中语文学习的兴趣，让学生重拾对高中语文学习的信心，就必须重新定位好语文在学生学习生活中的角色，而教师也必须以"构建精品"的意识来打造语文课堂，这样才能打造出有灵魂、有高度、有深度的语文课堂来，从而让学生从内心真正接纳语文这一学科。但是，以上的论述也仅仅建立在理论上，要用精品意识打造出学生愿意接纳并且乐于学习的语文课堂，还须付诸实践。在此，我将自己对高中语文课的重新定位和"精品课堂"的构建具体阐述如下：

首先，语文是一门灵魂学科，而不只是一门考试的科目而已。无论是在学生的小学时代，还是在初中时代，抑或是在高中时代，语文的主要功能都是养成学生的理想人格，培育学生的高尚情操，形塑学生的灵魂思想。我觉得，在高中语文学习的过程中，我们不应该让学生觉得语文是一门枯燥乏味、考试很难考出高分的科目，而应该让学生觉得学习语文是一件很有趣味的事情，让学生觉得语文是一面打造自己理想人格的镜子。毕竟，在文学的世界中，有大量妙趣横生的历史故事，有深入人心、直扣灵魂的哲理名言，有文采飞扬、美不胜收的诗歌散文，这些都是我们将语文课定位为"灵魂学科"，打造"精品课堂"的基础。

在初读《兰亭集序》时，我不由感慨道：天下居然有如此文章，对生活的感悟，对生命的体悟是如此透彻，而更为脍炙人口的是，此文骈散结合，骈句和散句切换自如，整体上读来又极富有节奏感，朗朗上口，这真的就是一篇意、韵、情俱佳的散文佳作。

有感于《兰亭集序》的精妙，我不由如是想，在《兰亭集序》的教学中，我们必须教给学生什么？领略《兰亭集序》的意，品鉴《兰亭集序》的韵，体悟《兰亭集序》的情，这是我们所必须教给学生，并让学生学会欣赏的。但是，有些老师在《兰亭集序》的教学活动中，就仅仅将这篇课文定位为一篇需要背诵的课文，而将抓好背诵当作教学的第一要务，如此，根本无法品得本文的真谛，以背诵作为教学第一要务的语文课，也根本无法获得学生的真正认同，如此更遑论语文"灵魂学科"的定位。

其实，读《兰亭集序》，就是要在这篇课文中领略到作者对生活的热爱，对生命的思考，欣赏其中词句的韵律之美。比如："此地有崇山峻岭，茂林修竹，又有清流激湍，映带左右，引以为流觞曲水，列坐其次。虽无丝竹管弦之盛，一觞一咏，亦足以畅叙幽情。"在作者缓缓道来之中，兰亭集会的情景如再现我们的眼前。在闲暇之日，约上一群志同道合之人，跟大自然做一次最为亲密的接触，大家端坐山间碧水两侧，吟诗作赋，岂不快哉！生活，本来就是如此，挣脱世俗的劳累，尽情地享受生活！

再如："是日也，天朗气清，惠风和畅。仰观宇宙之大，俯察品类之盛，所以游目骋怀，足以极视听之娱，信可乐也。"在与大自然的亲密接触中，让自己的思绪在天地之间自由驰骋，尽情品味着生活的真谛，这对人生来说，本来就是一件极为快乐的事情，此中亲近大自然，在大自然中放飞自己的灵魂，又何尝不是一种对生活最为深刻的体悟？又何尝不是我们在本课学习中所应传递给学生的思想？

在讲这篇课文时，从一开始我就觉得，我的任务不只是要学生读懂这篇文章而已，而是要让学生真真正正地"读懂"这篇文章。因此，我在讲课中，融入了自己对生活的感悟和对人生的体悟，此举目的是让学生在学习《兰亭集序》时，培育出热爱生活、体悟生命的情操来。

在高中语文的教学活动中，我们的教学任务不只是要让学生看懂一篇课文，也绝对不可能只是让学生能背诵一篇课文。让学生在字里行间细细品鉴着作者对生活的体悟，以及对于人生的思考，这才是我们高中语文教学的要务，所谓"灵魂学科"，就是要让学生在字里行间汲取到知识和思想营养，然后将其上升为自己对生活的感悟和对人生的体悟，从而完成个人情操的培育和自我人格的塑造，这才是高中语文的"灵魂学科"属性，这才是"灵魂学科"所应当要肩负起来的重责。

其次，高中语文的学习过程是长期积淀的过程，也是知行合一的过程。很多学生，对待语文总是太功利，很多教学者，对待语文，也总是缺乏耐心。但是，无论是学生还是老师，如果总抱着过分功利的心理来学习语文或者教学语文，往往会大失所望。学生从小学开始学习语文，到了初中继续学习语文，再到高中依然在学习语文，即使是到了大学阶段也必须学习语文，语文就是学生在其学业生涯中最无法忽视的学科。按理来说，从小学一直到高中，这十余年一直在学习语文，十余年的知识积淀也足够了，十余年所学的知识也都是连贯性的，但是，为何大部分学生就是无法学好语文呢？有一个很重要的原因，就是学生和老师，一直都抱着功利性的心理来学习语文。

对于大部分学生来说，学习理科门类，往往都可以有立竿见影的效果。学习理科，都是运用所学到的知识点，然后通过正确的思维来解开自己所面对的问题，而学生们学好了相关的课本知识，大约也就学会了这一门功课。但是，这种方式用到语文中，往往就未能奏效。虽说语文学习也是立足于教材文本的知识内容，却往往不局限于文本。学生十余年都在学习语文，而按照语文学科的评价标准，考查学生的知识内容却不只是十几年所积淀下来的课内知识，还有与课内知识内容紧密联系的丰富的百科知识，如此，学生学习好语文的基础，不只是课内的知识内容，还要有非常丰富的课外知识储备。不过，即便拥有了十几年的知识积淀和丰富的课外知识储备，但任谁都不敢说自己已经懂得了语文。假如我们换句话来说，理科所考查的思维能力，也许是集中性思维，针对一个要点，全力解决所面对的问题，只要思维正确了，掌握的知识点到位了，如此，问题也就解决了，而语文所考查的思维能力，往往是扩散性思维，无论是在阅读理解方面，或者是在行文写作之中，我们往往需要扩散自己的思维，充分联想。从语文学习的思维习惯来看，语文学习从来都不是简单地解决问题而已。

语文的学习过程是一个知识长期积淀的过程，它需要我们用极大的耐心，将十余年的知识都储备于自己的心中，还需要我们触类旁通，去掌握更为丰富的课外知识，学习语文，其实也就是一个慢工出细活的过程，我们如果总想在语文学习过程中立竿见影，就往往无法达到自己的预期效果。

因此，无论是老师还是学生，教学语文或学习语文，就应该卸下过分功利的心态。成语，是要一个个地消融的；名篇名句，是需要一字一词地读出来且记下来的；一整本书，那也是需要用点点滴滴的时间慢慢研读的；至于写作，也是需要从一句一段慢慢练起的。而且，我们还得经常承受"读过的书考试却不考"的苦恼，其实，这也苦恼不得。说到底，学习语文，就应该秉持着如此心态：语文虐我千百遍，我却待语文如初恋，这也是学好语文的关键。

最后，以打造精品的意识，来打造语文课堂，也是一名语文教学者所应秉持的理念。对于教学者而言，我们不可能将每一节语文课都上成精品课，但一定要用打造精品的意识，好好地善待每一节语文课，如此，自身的教学水平和教学能力才能不断提升，语文学科的"灵魂属性"才能在过高的教学水平和过硬的教学能力中慢慢显现出来。

每一名教学者，在最初踏上讲台时，都不可能马上就熟悉各种教学技巧，也不可能马上就通晓各个层次的知识。教学技巧的娴熟，专业知识的精通，必须通过后天的不断打磨和学习才能成就。作为教学者，如果我们能够以打造精品的意识来善待自己的课堂，这样也就有了追求的动力。在语文教学方面，个人的专业知识和技能往往就是在追求"精品"的意识之下，对精品语文课堂的不断打磨中累积下来的。但是，有些教学者总是满足于自己原本的知识储备，总是想用一成不变的方法，来管控自己的课堂，这其实是一种混日子的做法，如此做法，自然不可能提升个人的专业技能。

我为什么要倡导用打造精品的意识来对待自己的课堂呢？因为有了打造精品的意识，才有不断追求精品课堂的动力。

我记得在首度讲授《赤壁赋》一文时，就只是凭靠自己学生时代对本课的印象，再结合教学资源，然后将本文做了一遍大致的翻译，我讲得似是而非，学生们也听得似懂非懂。整一节课下来，我只感自己的课堂毫无美感可言，学生在课堂上听讲真是味同嚼蜡。

其时的我因为首度讲这篇课文，纯属没有经验，知识层次不够，知识眼界不高，对苏轼在文中所彰显出来的思想，真的是似懂非懂。当时，看着课堂上学生们稍显质疑的表情，也看着颇为狼狈的自己，我就暗暗下定决心，一定要将《赤壁赋》的教学课堂打造成为属于自己的精品课堂。

有感于此，于是我开启了自己对《赤壁赋》的精品课堂打造之路。我开始全方位了解苏轼的生平，了解一个更为立体的苏轼。然后，再通过《赤壁赋》的写作背景，解读苏轼在文章中所传达的人生态度。这样，我在第二次讲《赤壁赋》时，就显得相当收放自如了，不至于让自己陷入过于尴尬的处境中。对苏轼的人生态度，我利用自己所组织的语言，在课堂上与学生探讨得相当透彻。通过《赤壁赋》的语言特点，我也向学生讲了赋的文体形式，让他们了解赋文在语言上的错落有致、整齐有序的特点，感受到古典文学和来自古老汉语的独特魅力。

虽然我在第二次讲《赤壁赋》时，基本上可以做到收放自如，但我一直认为，我决不能止步不前，而应该继续持着打造精品的意识，来不断打磨自己的课堂。打造精品的意识，一直是我不断追求自我提升的动力。所以，在往后的教学生涯中，我对《赤壁赋》一文，还是做了不断打磨和提升，我自感每一次打磨，都会有新的发现。

总之，以打造精品的意识，来善待自己的每一节课，是我一直以来所秉持的理念，打造精品语文课堂，也是我这些年来在个人教学中的不懈追求。每一位语文教师，都应该用打造精品课堂的意识，来勉励自己。

有感于对精品语文课堂的不懈追求，以及为打造更为高效，更为精彩，更易为学生所接受，能让学生达到知行合一，养成理想人格的语文课堂，我写作了这本书，以上内容中的所感所思，乃至对精品课堂的追求，也是我写作这本书的源源动力。

第二节　一纸情深，感动寰宇，光耀千古，品《与妻书》之深情与悲切
——《与妻书》教学设计

一、学习目标：

1. 语言建构与运用目标：疏通《与妻书》一文的大意，鉴赏书信体散文的写作特点，了解白话文和文言文相结合的文体特点，尝试着用简易的文言文进行书信体文章的写作。

2. 思维发展与提升目标：根据文本内容理解林觉民为革命而选择牺牲自己的精神，同时根据林觉民在文本中所言，把林觉民对妻子的牵挂和对国家前程的担忧提炼出来，深入分析二者之间的对立和内在统一的关系。

3. 审美鉴赏与创造目标：深入理解《与妻书》情真意切、情意绵绵的行文特点，理解林觉民在面临大家和小家艰难抉择时的精神，在充分感知林觉民的高度民族责任感和革命精神的同时，用自己的语言来评价林觉民，表达林觉民的革命精神给自己思想上带来的启发。

4. 文化传承与理解目标：理解和学习林觉民舍弃小家而顾全大家的革命精神，高度赞颂和弘扬《与妻书》一文中所彰显出来的自我牺牲精神，结合当下的社会现实，分析并指出林觉民革命精神的现实意义和时代价值。

二、学习重点：

品鉴林觉民在信中对妻子情真意切的叮嘱和决绝的告别，充分感知清朝末年中国的社会现状，以及林觉民为革命自我牺牲的精神。

三、学习难点：

理解林觉民"舍小家而顾大家"的牺牲精神，在字里行间全面感知林觉民精神上的纠葛和大无畏，解构林觉民的革命牺牲精神在当今时代的价值。

四、学习用时：

两课时（90分钟）。

五、学习过程：

1.课前预习阶段：

（1）利用空余时间，并利用一切可以利用的学习资源，搜索"黄花岗七十二烈士"的词条，理解"黄花岗七十二烈士"所在的历史背景以及所涉及的历史事件。

（2）了解林觉民所处的时代背景，通过网络资源，了解清朝末年的中国社会现状，了解中国其时在清朝的统治之下风雨飘摇的社会现实。

（3）利用学习资源，先行感知在当时的社会背景之下，中国国内"万马齐喑"的社会状况，并理解这种社会现状给当时的革命志士在精神上所带来的冲击，借此理解《与妻书》一文所产生的社会土壤，也感受作者林觉民的革命精神。

（4）借助网络资源，先扫清字词上的障碍，准确理解《与妻书》全文所要表达的每一句话的意思，做到全面准确理解全文的大意。

（注：课前预习阶段是学生的自学阶段，这个阶段的主要目标是"了解文章的写作背景、了解文章产生的社会土壤""扫清字词障碍"和"理解全文的大意"，在这个学习阶段，教师可以给学生提供预习的方向，提供学习的资源，学生之间也可以相互合作，在学习资源上互通有无，从而完成对《与妻书》的预习。）

学生先利用课前时间对课文进行自我预习，其效果远比教师在课堂上讲析要好得多，如此可以加深学生对文本的印象。

2.课文内容阅读和品鉴：

（1）课堂导入：

教师播放革命歌曲《血染的风采》，切入课堂学习，全体学生在"也许我告别，将不再回来，你是否理解，你是否明白……"的歌声浸染中，慢慢感触《与妻书》一文。

（2）朗读课文：

全体学生带着感情集体朗读《与妻书》全文，在朗读的过程中读出凄切、哀伤、悲壮、决绝的情感来。学生读完课文后，教师根据学生的诵读，指导学生对文本的部分内容再度有感情地朗读。

"吾作此书时，尚是世中一人；汝看此书时，吾已成为阴间一鬼。吾作此书，泪珠和笔墨齐下，不能竟书而欲搁笔，又恐汝不察吾衷，谓吾忍舍汝而死，谓吾不知汝之不欲吾死也，故遂忍悲为汝言之。"

（这段话表现出了作者写这封书信时心中的悲痛，也表现了作者即将告别人世的决绝，因此，在读这段话时，力求读出其悲壮、决绝。）

"吾之意盖谓以汝之弱，必不能禁失吾之悲，吾先死，留苦与汝，吾心不忍，故宁请汝先死，吾担悲也。嗟夫！谁知吾卒先汝而死乎？"

（这段话充满着对妻子的无限歉意，担忧妻子在失去自己后所要承受的极端痛苦，字里行间蕴含着对妻子的浓浓爱意，读这一段时，当读出凄切悲苦之状。）

"汝体吾此心，于啼泣之余，亦以天下人为念，当亦乐牺牲吾身与汝身之福利，为天下人谋永福也。汝其勿悲！"

（这段话充满着对妻子的爱意，也表达林觉民即将牺牲自己，为天下人谋永福，并期望妻子不要因此而悲伤，应读出其悲壮、决绝的情感。）

3.分层次概括文章的大意：

（小组合作完成，力求准确划分全文的层次，概括出每一层次的大意）

（1）第一部分〈第1段〉：作者交待写作这封信的原因和自己极端悲痛的心情。

（2）第二部分〈第2—4段〉：作者倾诉自己"至爱汝"，又不得不"忍舍汝而死"的心情和道理，并回忆起自己与妻子在一起的生活点滴。

（3）第三部分〈第5—7段〉：作者再度表达自己不得不慷慨赴死的决心，倾诉自己不得不舍下妻子，为国家为天下人的道理。

4.问题探究：

问题探究1：林觉民慷慨赴死，他慷慨赴死的原因是什么？请根据文本的内容，找到文本的原话来回答问题。

（此问题由学生分小组合作完成，学生在课本中找到相关的语句，回答这个问题。）

问题解析：林觉民慷慨赴死的原因："当亦乐牺牲吾身与汝身之福利，为天下人谋永福也"。林觉民决意牺牲自己的性命和妻子的幸福，而为全天下的人谋求永远的幸福。

问题探究 2：林觉民在与妻子的诀别中展现了一种什么样的精神？这种精神对你有什么样的启发？

（这个问题是开放性题目，学生可以有不同的观点，由学生小组合作探究完成，设计这个问题的目的是提升学生的探究能力和语言表达能力。）

问题解析：林觉民至爱自己的妻子，从信中对妻子的深情告白以及回忆起与妻子的生活点滴可以看出，林觉民深深爱着自己的妻子，但最终他还是选择了牺牲自我，牺牲妻子的幸福，这是一种大无畏的自我牺牲精神，是一种伟大无私的革命志士品质，也是一种舍弃小家成全大家的胸襟气度。

林觉民的牺牲精神和革命品质，是中华民族不断前进，并且屡屡能够在危难中化险为夷的精神力量，我们当以这种精神力量勉励自己做一个德行高尚、胸襟博大、正直无私的人。

问题探究 3：林觉民家中有身怀六甲的妻子和一个五岁的孩子，他为了革命而抛下了自己的妻子和孩子，这种做法是否对自己的妻子和孩子不负责任？请就林觉民的做法，谈谈你个人的看法。

（注：这个问题让学生采用小组讨论的方式来进行探究，然后由小组代表来完成回答，问题并没有固定答案，学生可以畅所欲言，但教师必须做出正确的引导，引领学生解读林觉民的精神。）

问题解析：这个问题对很多学生来说，是一个相当难以解答的问题。普通人回答这个问题，更像是对自我灵魂的拷问，以及对人性的剖析。这个问题会让很多人陷入两难的境地，一方面我们必须为林觉民的英勇无畏和慷慨赴死而肃然起敬、感动落泪，另一方面我们必须惨然面对林觉民在慷慨赴死之后其支离破碎的家庭。林觉民在英勇赴死时，并没有想过自己的家人和后代肯定能得到国家的善待，因为彼时的革命能否成功，其实还很难说，因此，他所凭借的，就是一腔热血和崇高的理想。从这一点来看，更能看出林觉民的伟大。

如果仅从小家来说，林觉民对自己的妻子和孩子是很不负责任的，因为他的妻子此时身怀六甲，他的孩子尚小，这恰好是需要林觉民尽一个丈夫和父亲责任的时候，而他却撇下妻子孩子，为革命慷慨赴死，确实对不起他的家人。但是，林觉民为了国家而舍弃自己的小家，这是一种大公无私的精神，是一种伟大的自我牺牲的精神，这一点值得每一个普普通通的你和我肃然起敬，他的精神更是值得我们后人铭记和弘扬。

问题探究 4：林觉民的大公无私和自我牺牲的精神感人至深，请指出林觉民精神的内涵，以及对中华民族发展的伟大意义和当下的时代价值。

（注：这个问题立足于正确解读林觉民的精神之上，然后就当前的时代特点，指出林觉民精神的时代价值。）

问题解析：林觉民的精神是中华民族最高贵的精神品质，也即舍生取义的精神品质。孟子曾说："鱼和熊掌不可兼得，应舍生取义。"林觉民的精神恰好就体现了舍生取义的高贵品质。

从林觉民所处的时代来看，此时的大清王朝已经是病入膏肓了，他怀着崇高的理想，一心想要让中国走向新生，从这点来看，他的这种理念就是通过身体力行改变国家面貌。而林觉民的思想就是"修身齐家治国平天下"的具体体现。

古往今来，舍生取义的高贵品质和家国天下的情怀，就是促进中华民族不断进步，不断新生的精神品质，每当中华民族面临危险时，总是有人挺身而出，让这个民族化险为夷，或者是获得新生。舍生取义的高贵品质和家国天下的情怀，是中华民族不断前进的动力。

站在当下，我们回顾林觉民的英雄事迹，感动于他的高贵精神品质，在中华民族即将走向伟大复兴之时，我们需要林觉民这种为国牺牲，为天下人谋永福的精神。

5. 课堂作业：

《与妻书》是林觉民于 1911 年 4 月 24 日晚写给妻子陈意映的家书，随后林觉民即参加黄花岗起义，壮烈牺牲，可以说，林觉民是 1911 年度感动了中国的人物。请你就林觉民的感人事迹，为林觉民拟写一则颁奖词，颁奖词应该结合林觉民的革命事迹，突出林觉民的高贵精神品质，100 字左右。

颁奖词示例：

丹心热血，闪耀神州

一纸情深感动寰宇，一片心诚只为家国，在风雨飘摇的大清王朝末年，万马齐喑，是你直面现实的惨淡，奋起反击现实的黑暗，你燃烧了自己，照亮了神州大地，你舍弃了挚爱的妻子，只为中国的光明未来，神州有幸，明星闪耀。

6. 课后作业：

《与妻书》一文被誉为古往今来的"天下第一情书"，请你根据文章的内容，写一篇评论文章，谈一谈《与妻书》为何会被称为"天下第一情书"，500字以上。

评论文章示例：

纸短情长，感天动地，神州大地的永恒记忆
——《与妻书》评析

这是一纸最感人的情书，简简单单，一千三百多字的一纸情书，却横跨了整整一个世纪，百余年来，一直感动着神州大地，这就是革命志士林觉民的遗作——《与妻书》。

今天，再读《与妻书》，看着字里行间所透露出来的拳拳真情，看着林觉民舍下小家，毅然为革命付出自己的生命，成就了大家，瞬间，一种来自心底的无言感动和真实震撼，齐齐涌上了心头，而让人泪流满面。今日，再读《与妻书》，只感《与妻书》情深意切，情感悲壮。

《与妻书》是一封情真意切的告别书信，就如林觉民自己所言，自己写这封信时，尚是人间一人，妻子看到这封信时，他已经变成了阴间一鬼。阴阳两隔在世俗看来，就是最令人悲痛的事情，而林觉民为了国家和民族的未来，主动牺牲自己，最后与家人阴阳两隔，这更是感天动地。林觉民在信中表达了对妻子的真情，回顾了与妻子在生活中的点点滴滴，他至爱自己的妻子，他也深爱着自己的国家和民族，最终，他选择了从容地奔赴前线，牺牲自己，此中的情之深和意之切，令人感动不已。再读《与妻书》，作者从对妻子的一片深情，到慷慨赴死，真情流露于字里行间，情真意切的《与妻书》绝对就是古往今来的"天下第一情书"。

每个人都有自己至爱的人，每个人的心中都会装载着"家国"的梦，但面临着自己的小家和家国天下的艰难选择时，能够从容赴死，舍弃小家，成就大家，却非一般人能够做到，《与妻书》的作者林觉民向我们彰显了一种大无畏的牺牲精神，而感人至深。大无畏的牺牲精神渗透在字里行间，伴随着作者对妻子的一片深情和对国家民族未来的深情展望，而催发出感人的力量，成了神州大地的永恒记忆，激励着一代代中华儿女为建设美好国家而不断奋进。

《与妻书》不愧为古往今来"天下第一情书"。

六、教学反思：

《与妻书》是中国民主先驱、黄花岗七十二烈士之一的林觉民写给妻子的一封信。在组织学生学习《与妻书》一文之前，我便一直在构想：应该用一种什么样的方式，来开启这篇文章的教学？

这个问题，着实让我有些不知所措。对我来说，这篇文章还是太难教了。我之所以认为难教，是因为有两方面的顾虑。

其一，这篇文章并不是一篇典型的文言文，而是一篇用带有文言色彩的白话文所写的书信体散文，如果用学习典型文言文的方法，即掌握文言基础知识、理解翻译文本大意、鉴赏文章艺术手法、体会作者思想感情等几个步骤，来开展本文的教学活动，似乎不妥，也相当没必要。因为从解读本文大意这一点来看，绝大部分学生其实都可以通过自学的方式来理清本文的大意，因而，我们也实在没有必要占用大量课堂学习时间来解读《与妻书》的大意。

其二，这篇文章是一篇感人至深的书信体散文，作者写得情真意切、感天动地，全文读来分明有一种打动人心的力量，这种力量就像是海底的潜流，风平浪静的表面，却蕴含着一股极为强大的力量，而其中涉及"小家"与"大家"之间的两难抉择，也很容易让读者代入其中，深深感受作者所做出的艰难选择，体会作者的伟大。这样的一篇文章，如果要讲得好，自然就是要讲出"真情"来，但大多数教学者在教学时，最缺乏的往往就是真情，更何况，在"家"与"国"的艰难抉择上，我们都没有资格做亲历者，因此，我们无法"感同身受"。

正是以上的两个顾虑，所以我一直都未真正开展这一课的教学活动。假如用学习典型文言文的方法来学习《与妻书》，这方向很容易就偏了；假如用我一直以来惯用的"嬉笑怒骂"的风格来解读《与妻书》，这无疑会玷污了这一篇感人至深的文章，而且也根本无从下手；假如就按照教参的现有观点，将《与妻书》中所涉及的国家大义，为天下人谋永福，视死如归等概念，原封不动地转达给学生，这又让我觉得少了一点韵味。

鉴于以上所存在的顾虑，以及我所必须面对的难题，我觉得，讲《与妻书》一文时我应当将林觉民的艰难选择，摆在普通读者的面前。

"假如你是林觉民，同样在面对着'家'与'国'之间的选择时，你会做出什么样的选择？"如果我们把这样的问题摆在学生的面前，对他们来说，我相信也会是一次非常艰难的选择。"语文学科有一个特点，文本中常有涉及人情世故的内容，学习数理化知识，不需要通达人情世故，但学习语文，你应该懂得起码的人情世故。对人情世故的分析，也要靠常识，靠理性"[1]。这个选择涉及人情世故和灵魂思想方面的碰撞，会让学生难以选择。

我觉得就让这个艰难的选择摆在学生的面前，让他们接受一次灵魂的拷问，这更容易让学生感触到林觉民的伟大。其实，大部分人生来都相当自我，对于普通人来说，趋利避害是大多数人的选择，特别是涉及自己的身家性命时，很多人都会毫不犹豫地选择站在对自己最有利的那一面，但是，《与妻书》作者林觉民的选择却跟普通人不一样。从这一点看，我们应当对林觉民保持着一份肃然起敬的态度。

我们是普通人，不是英雄，也许，我们还没有成为英雄的资格，但是对古往今来的英雄，我们应当保持着一份景仰和崇敬。

参考文献：

[1] 罗晓辉，冯胜兰．文本解读与阅读教学讲谈 [M]．上海：华东师范大学出版社，2018．

第三节　有关《谏逐客书》教学的三点思考

一、因《谏逐客书》教学，思考骈文的起源和发展

骈文是哪一类文体？这个问题对于高中学生来说，其实也不太难回答，因为很多语文教师在讲课时，或者学生在自学时，他们都会接触到骈文，也大约知道骈文的概念。

"句式齐整，注重声韵，辞藻华丽"，这大约就是骈文的特点，当然，骈文在很多时候都会被加上"内容空洞无物"的特点，但是，"内容空洞无物"非骈文的本意，出现"内容空洞无物"的现象，往往就是过分突出文体的外在形式，而造成了内容上的缺失。

骈文"外在形式华美，内容空洞无物"的特点，很多教师和学生都有所了解，但是，如果提及骈文的起源和发展，很多人可能就说不上来了，大多数人仅仅就知道"骈文盛行于六朝时期"。

在讲授《谏逐客书》一课时，我让学生特别留意原文中的句式特点，因为《谏逐客书》中的很多句式显得相当对称，隐隐显现出了后世骈文的特点来。

比如"臣闻地广者粟多，国大者人众，兵强则士勇。是以太山不让土壤，故能成其大；河海不择细流，故能就其深；王者不却众庶，故能明其德"，这段话用了铺排的手法，在形式上讲求上下两句要有对称之美，句法精美，深具声韵美感，与后世的典型骈文在形式上相比，也不遑多让。

在品读了《谏逐客书》的句式特点之后，我让学生顺便看看荀子的《劝学》，也顺便品味《劝学》的句式特点。荀子是李斯的老师，李斯的写作风格或多或少受到了其师荀子的影响。因此，看《谏逐客书》，再往上看《劝学》，我们可以看出，二者在句式上有很大相似点，都是擅长铺排，都非常讲究句子的音韵

和谐之美。

比如《劝学》中的"吾尝终日而思矣，不如须臾之所学也；吾尝跂而望矣，不如登高之博见也。登高而招，臂非加长也，而见者远；顺风而呼，声非加疾也，而闻者彰。假舆马者，非利足也，而致千里；假舟楫者，非能水也，而绝江河。君子生非异也，善假于物也"，再如下面这段未选入教材的话，"昔者瓠巴鼓瑟，而流鱼出听；伯牙鼓琴，而六马仰秣。故声无小而不闻，行无隐而不形。玉在山而草木润，渊生珠而崖不枯。为善不积邪？安有不闻者乎？"

品读这些语言，我们同样可以看到后世骈文的特点，但是，此时典型的骈文乃至骈文的概念还未真正出现，只是已经渐渐出现了后世骈文的雏形而已。到了战国中后期阶段，汉语已经渐渐发展到了相当成熟的境地，文人写作之风极为盛行，汉语言文学在这个时期经过众多文人的不断创造和提升，也渐渐地体现出了深具声韵之美的特点。

如果再往前回溯，看《齐桓晋文之事》《庖丁解牛》，再一直往前回溯看到《子路、曾皙、公西华、冉有侍坐》《烛之武退秦师》，我们大约可以发现如此事实，越是往前，文章的语言越是简洁，春秋时期的文章相比起战国时期的文章，就要简洁得多，当然，越往前的文章，其语言对称和注重声韵的特点也就越不明显，毕竟从春秋后期到战国后期，已经经过了两百多年的发展，汉语言文学也成熟很多了。

如此看来，骈文其实就是从最初的散文发展而来，骈文和散文之间从一开始就不是泾渭分明，而是你中有我，我中有你。汉语本身所具有的声韵美感，在经过了一代代文人的文学创作之后，终于发展出了"句式整齐、讲究声韵、辞藻华美"的骈文，骈文在吸纳了诗赋的特点之后，其形式也最终在汉代成型。

骈文经过两汉的发展，在六朝时期终于到了极盛，直至隋朝和唐朝前期，骈文一直充斥着文坛。如《陈情表》《谏太宗十思疏》《滕王阁序》都是学生高中阶段必读的骈文佳作。

但是，过分注重外在形式而忽略了实质内容的骈文，也终于在唐朝中后期迎来了一场文坛上的革命，也就是韩愈和柳宗元所倡导的"古文运动"。不过，骈文不是就此消失在文坛上，而是以"散装"的形式存在于散文中。毕竟，散文和骈文，二者本来就是你中有我，我中有你。

二、对比《谏逐客书》和《劝学》的语言特点，看荀子和李斯的师承关系

在品鉴战国时期著名文学家李斯的作品《谏逐客书》一文的语言风格时，我于课堂上如是问学生："大家有没有发现本文的语言风格读起来跟荀子的《劝学》有些相似？"有些学生点头，表示赞同我的看法。

李斯曾师从荀子，为文深受其师影响，这并不奇怪。读过了《劝学》一文，再来读《谏逐客书》，我们明显可以感受出二者之间在语言风格方面的相似点。在讲课时，我们如果将李斯和荀子之间的关系讲清，也将《劝学》和《谏逐客书》二者的相似点展现出来，这其实有利于激发学生的阅读兴趣，加深他们的阅读印象。

看《谏逐客书》一文，作者在遣词用句方面，非常注重词句间的对称，而让人读来分明就有一种音韵和谐之美，比如"西取由余于戎，东得百里奚于宛，迎蹇叔于宋，来邳豹、公孙支于晋"，再如"是以太山不让土壤，故能成其大；河海不择细流，故能就其深；王者不却众庶，故能明其德"，这些语句皆用铺排手法，语言凝练生动，读来朗朗上口，形式也显得很是华美。

翻看《劝学》一文，其语言同样有这样的风格特点。比如"吾尝终日而思矣，不如须臾之所学也；吾尝跂而望矣，不如登高之博见也"，再如"积土成山，风雨兴焉；积水成渊，蛟龙生焉；积善成德，而神明自得，圣心备焉。故不积跬步，无以至千里；不积小流，无以成江海"，从《劝学》的语句中，我们也同样看到了铺排的手法，对称的语言，和谐的音韵。

两相比较之下，我们可以发现，李斯的《谏逐客书》一文很大程度上是受了其师荀子的影响，李斯师承荀子，其写作风格也是一样的形式华美，读《谏逐客书》时，观其文笔的延绵精炼，品其语言的气势磅礴，在作者畅谈今古之中，了解秦国一路崛起，并走向兴盛的历史进程，全文读下来之后，只觉得洋洋洒洒，大开大阖，分明就有一种波澜壮阔之美，比如"拔三川之地，西并巴、蜀，北收上郡，南取汉中，包九夷，制鄢、郢，东据成皋之险，割膏腴之壤，遂散六国之从，使之西面事秦，功施到今"，这些句子读来，真的是气势十足，而令人印象深刻，深为叹服。

相较于李斯的大开大阖，气势磅礴，其师荀子的《劝学》读起来，同样是立论高远，但从其用词造句观之，却是一种非同一般的淋漓酣畅，比如"骐骥一跃，不能十步；驽马十驾，功在不舍。锲而舍之，朽木不折；锲而不舍，金石可镂。蚓无爪牙之利，筋骨之强，上食埃土，下饮黄泉，用心一也。蟹六跪而二螯，非蛇鳝之穴无可寄托者，用心躁也"，相较于李斯在《谏逐客书》中的擅长用典、纵横捭阖，《劝学》所用的这些语言，非常有生活气息，简简单单，平平而叙，却充满了生活哲理，而令人极为信服。

从语言风格特点入手，来比较《劝学》《谏逐客书》两篇文章的特点，我们可以发现，二者之间其实有非常明显的传承，但因两篇作品的写作立足点并不相同，所以二者又各体现出鲜明的风格来，这也是我个人对《劝学》《谏逐客书》不同语言风格的体会。

三、品鉴《谏逐客书》，看李斯对秦始皇的"人身攻击"

战国末年，秦王嬴政因国内贵族的建议，而对在秦国境内的客卿下了"逐客令"，此时，一个来自楚国，曾师从荀子的客卿——李斯，上书秦王嬴政，罗列秦国历代君主重用客卿的事实，并陈述秦国不该驱逐客卿的理由，这也就是举世闻名的《谏逐客书》。最终，秦王嬴政接受了李斯的建议，收回了"逐客令"，李斯也受到了秦王的重用。

《谏逐客书》一文，被选入了部编版高一年级的语文教材中，对学生的为人处世而言，非常有启发意义。在本文的第三段中，李斯针对秦王喜好天下四方的宝物、美女、音乐，却容不了六国客卿的事实，直指秦王"所重者在乎色乐珠玉，而所轻者在乎人民也"，也即秦王只是好色、好乐、好珠玉，所喜好的是误国误民的东西，却不重视人民。

在课堂讲到此处的时候，我不禁对学生如此感慨："李斯对秦始皇的劝谏，几乎都上升到'人身攻击'的层面了。"我继续说道，"李斯认为秦始皇喜爱他国的珠宝、美色、音乐，而不重视来自六国的客卿，然后指责秦始皇只重色、乐、珠玉，却不重视人民，你们觉得作者的这个说辞在逻辑上讲得通吗？"

学生听着我所提出的质疑，也是颇为赞同。不过，在提出质疑之后，我就自行把这二者之间的逻辑给理清了。

　　李斯直指秦王重色、乐、珠玉，而轻乎人民，其中的逻辑是建立在秦国几代君主都是凭借客卿之力，而开疆拓土，积蓄国力，成就王业的基础上，用李斯自己的话来说，就是"客何负于秦哉"，客卿从来都没有辜负过秦国，历代秦君，任用有才能的客卿，而给秦国带来了实实在在的好处，从这一点的逻辑上来说，不拘一格，任用有才能的客卿，使秦国走向兴盛，这便是重视人民的做法。但秦王嬴政，却要对来自六国的客卿下"逐客令"，这就是不重视人民大众的表现，加上秦王本人喜好来自六国的珠玉、美女、音乐，就唯独容不下曾经为秦国的强大立下汗马功劳的客卿，这不就是"重色、重乐、重珠玉"，而"轻人民"吗？在此处，李斯直接指摘秦王，实际也是给秦王下套，如果秦王真的将所有客卿赶走，那就是"轻人民"。

　　面对着来自李斯的"人身攻击"，秦王最终听从了李斯的建议，收回了"逐客令"，并且重用了李斯。从秦王的做法来看，这好像不太符合我们向来对秦始皇的印象。在我们的印象中，秦始皇一直是一个残暴不仁、好大喜功、穷奢极欲的帝王，杜牧在《阿房宫赋》中如此评价秦始皇："独夫之心，日益骄固"。

　　通过《谏逐客书》一文，我觉得，我们也许应该改变对秦始皇的刻板印象，在统一天下之前的秦始皇，至少是一位雄才大略，从谏如流的君主，不然秦始皇如何能够接受李斯"重色乐珠玉，轻人民"的指责，并收回了"逐客令"，最终攻灭六国，统一天下？

　　对于学生来说，学习《谏逐客书》一文，除了学习劝谏的艺术，还要学习如何做一个虚怀若谷，能够接纳别人意见的人。很多人都说，劝谏是一门艺术，正确的劝谏能够令人愉悦接受，但前提是接受劝谏的君主，必须是明君，诚如魏徵其人，他的劝谏方式相当直接，但唐太宗却接受得了，再如李斯，他的劝谏当然也极有艺术，但也得秦始皇是听得进意见的君主，否则，任凭臣下的劝谏再有艺术，也无法打动君王。因此，我认为《谏逐客书》给学生人生方面的启发意义，有一个相当重要的方面就是教学生学做一个听得进意见的人。

第四节　高中语文第一节课，学生的情感期待

高中语文的第一课，对学生而言，其意义不言而喻，学生对语文的第一课，抱有极大的期许，能够用心组织好高中语文的第一课，这有极其突出的教学意义。我觉得，上好高中语文的第一课，满足学生对高中语文的期许，让语文成为塑造学生人格，滋养学生心灵的"灵魂科目"，这是任何一位高中语文教师所必须做好的。下面三个部分的内容是我近年来在授课过程中，对高一语文第一课和第一单元部分课程的思考。

一、用三句话来概括高中语文第一课，突出高中语文"灵魂学科"的属性

对于高一的学生来说，第一节语文课相当重要。这一节课带着他们满满的期待，他们的期待绝不只是语文成绩的提升，这一份期待，还包含着他们对语言、对文学的几分期许。绝大多数青年学生，应该都曾拥有过一个文学梦，希望能够在这门最基本、最重要的学科中大展身手，而让自己成长为一个有文学气质的青年人。所以，他们也许会把对文学的最大期许放在第一节语文课上。

第一节课听下来，如果这是他们所想要的极富神韵的语文课堂，他们对语文的期许便会迅速升温，然后将这种期许转化为学习的动力；假如第一节课并不符合他们的期望，听下来索然无味，这会极大地降低语文给他们的印象分，在接下来的学习中，语文就会渐渐沦为学生课堂学习的"弃子"。

如此，对于执教高一新生的语文教师而言，为学生上好第一节语文课，这无疑相当重要。但是，我们该如何上好这第一节课？这是我一直以来不断思考的问题。在2022—2023学年第一学期的第一节课，我走进教室，踏上了讲台，面对着高一的新生，我向他们说了三句话，并将这三句话糅合成了我对学生的第一节课。

在三句话提出之前，我为学生架设了一个问题："我们为什么学语文？"然后，我自问自答：学语文不只是为了考试的分数，假如学习语文就为了考取高分，在接下来的课堂学习中，你们可能会对语文课堂十分失望。在这个课堂上，我想对大家说三句话，这三句话是我对语文课堂育人功能的定位，也是我对所有同学学习语文的期许。

第一句话，用语文滋养自己的心灵，做一个身心健全的积极奋进者。语文课，更像是一泓清澈的泉水，时时荡涤着我们的心灵，让自己在语文学习中，渐渐充实内心。当遇到挫折时，想一想自己曾在文学世界中所学过的优秀诗文，所了解过的伟大人物，在此中获取充分的精神力量，告诫自己不要一遇到挫折就放弃，而是用积极奋进的态度，面对挫伤，积极拥抱生活，这也是一个积极奋进者所应当拥有的为人处世的态度。

第二句话，用语文提升个人的修养，做一个温润儒雅的谦恭礼让者。语文的世界精彩纷呈，其最难能可贵的一点就是，它一直都在教我们怎样去做一个"更好的人"。大量的优秀文学作品，以及在历史长河中熠熠生辉的历代先贤，其中所散发和折射出来的魅力和情操，总是自觉或不自觉地促使着一个青年人去提升个人的道德素养。"腹有诗书气自华"，在语文长期浸染中，我们自觉或不自觉地告诫着自己，做一个儒雅的人，做一个谦恭的人。这就是语文给我们的气质，拥有了这样的气质，我们在现实中必定是一个受人欢迎的人。

第三句话，用语文增长个人的见闻，做一个视野开阔的博览好学者。语文身为百科之母，自然并非浪得虚名。学习语文，不止学习语言和文字。历代文学诗词中所包含的哲学世界观、人生观、社会观，各种文学作品中所涉及的各类知识，比如历史、地理、经济、政治、哲学等，以上内容都包容于语文学科之中，可以说，语文本身就是一本社会百科全书，学好了一科语文，实际上就是学得了百科知识，一科语文，真的极大拓展了我们的视野，如此语文，我们自当好好学习，且鞭策自己做一个视野开阔、博览好学的人。

以上即我在第一节语文课上对学生所讲的三句话，三句话分别对学生的心灵启发、道德素养、知识眼界做了简单概括，而让学生明确了对语文学科的定位。

在讲完了这三句话之后，我再度回味，心想用这三句话来讲第一节课，相当必要。一个语文教师，应当用心讲好自己的第一节课，而不要让学生刚步入全新的高中学年，就对语文深感失望！

二、部编版高一级语文第一单元和粤教版第一单元选录课文对照

语文课是启发学生心灵的课堂，语文科是养成学生理想人格的科目，高一级是学生初入高中学习生活的第一阶段，高一级的语文课对学生的高中学习生活来说尤其重要。

四年前，在 2018 年，我曾任教过高一级的语文，其时广东地区的高中学校所使用的教材依然是粤教版课本。到了 2022 年，我再度任教高一级的语文，所使用的教材是部编版课本。

作为仅任教过两学年高一级语文的我，刚好就经历了课程改革的过程，使用了两套不同的高一级语文教材。虽说不同的语文教材整体上大同小异，但从细节上来端详，部编版课本和粤教版课本这两部语文教材可谓各自特点鲜明，也体现出了编写者各自的良苦用心。

翻开部编版高一级教材的第一单元，其中的课文篇目如下：《沁园春·长沙》《立在地球边上放号》《红烛》《百合花》。这几篇作品或是古体诗词，或是现代诗，也或者是小说，它们都有一种共同的特点，那就是其作品都有一个我党所领导的新民主主义革命的背景，作品都歌咏了伟大的精神力量，是属于革命年代的青春赞歌。

部编版高一语文的第一单元，在篇目上做了如此安排，我觉得其中相当有深意。在第一单元选取了革命先辈的优秀篇目，自然是让青年学生在踏入高中阶段伊始，就先接受到一种来自革命先烈的强大精神力量的洗礼，并告诫青年学生勿忘当年我党艰苦奋斗的岁月。第一单元的篇目，是来自峥嵘岁月的不朽记忆，也是对青春年少的壮美吟唱，写出了青春的澎湃激情，让青年人体验到了诗歌和小说的独特魅力，进而去拥抱理想，追寻人生的价值。

有鉴于部编版高一语文教材第一单元的激昂吟唱，再来回顾粤教版教材的高一语文，它的第一单元也许就显得平和多了。

粤教版高一语文的第一单元定位为"认识自我"。其中的篇目包括《我很重要》《北大是我美丽羞涩的梦》《我是怎样决定了自己的一生》。相比起部编版第一单元的狂啸雄壮，粤教版的第一单元就像是一声声低声的清唱，它在审视了自身特

点之后，转而表达了对生命、生活、理想的思考，粤教版的第一单元，十分侧重对自我的思考，突出一个大大的"我"字。

如果说部编版高一语文的第一单元大开大阖，就如大江大河般气势磅礴，其中又不乏温柔旖旎，那么，粤教版高一语文的第一单元就真的像一条淙淙而流的小溪，而又潜藏着一种对人生思索的强大精神力量。

很多人在用过这两种不同的教材之后，喜欢对这两本课本的优劣进行比较，我倒觉得，自己很难比较这两本课本的优劣，只能说这两者各有其妙，各尽其能。部编版的第一单元给了人强大的精神力量，教人审视社会苍生，格局大，眼界宽。粤教版的第一单元教会了学生审视自身，思考人生之意义，角度精细，情感细腻。从人格养成和道德培育方面来说，应是殊途同归。因此，两套教材，并无优劣之分，只是角度不同。作为教学者，当从其中的角度，以培育学生理想人格为己任来授学，这才是教书者之正道。

三、解读第一单元重点现代诗《红烛》，用心读懂高中语文课

在很多教师和学生的心目中，高中语文课是一个相当乏味的课堂，往往是耗费很多精力和时间，在成绩上却没有得到该有的回报。我觉得，学习高中语文，首先不能抱着即刻得到回报的功利心理以待之。学习语文，如果抱着过分功利的心理，收获到的往往就是失望。

因感于语文学习和功利性的话题，我在课堂上讲授第一单元的现代诗作品，即闻一多先生的《红烛》时，也表达了对这方面的思考。对于这首诗歌的解读，我并没有完全按照教参的说法，也没有完全遵照网络上的权威解释，就凭着我的个人理解，对其做了一通随意解读，如此解读，是因为我觉得本课中有很多问题值得学生思考，也有一些有关灵魂上的拷问。

高中的语文课和考试之间的关系有一个鲜明特点，那就是教师的讲课内容，一般很难直接呈现为考试的内容，不过也是因为讲课内容不直接作为考试内容，我干脆就随意加上个人的解读，即使是我的解读存在有些偏颇的倾向，但只要在把握文章整体意蕴的大方向上没错，这也无伤大雅，反而可以增添语文课堂的一丝韵味。

《红烛》一诗，诗人以李商隐的"蜡炬成灰泪始干"起首，借助"红烛"意象，

讲述自己的心境。在传统认知中，红烛燃烧了自己，将光亮留给了世人，它一边流着泪，一边给世人带来光明，这无疑体现出一种悲壮的牺牲和奉献精神，彰显了一种甘于付出的伟大。在闻一多看来，红烛的奉献固然伟大，但它却必须流着眼泪，然后才绽放出光和亮，红烛因为残风侵袭，导致无法安稳燃烧自己绽放光亮，因而流下了伤心的泪水。作者对着流泪的红烛，以一种赤子之心，呼吁红烛，只求耕耘，不问收获。面对着红烛的牺牲和奉献精神，作者更进一层，表达出了一种诗人的伟大情怀，即只求奉献，无怨无悔。这种为国家民族奉献自己而毫无怨言的态度，不因为燃烧了自己而流泪，这无疑比流着眼泪的红烛，在格调和精神上拔高和推进了一层。

当我将诗歌的内容解读完了之后，我问学生，站在今天的角度，《红烛》这首现代诗的现实意义是什么呢？学生对我的问题，一时之间都无法会意过来。我再进一步发问："假如就让你做一个只求奉献，不问收获，而无怨无悔的人，你愿意吗？"学生的表情满是疑惑，却不知道该如何应对我的问题，在课堂上，这样的问题也许很难回答，在现实中，这样的问题也许很容易回答。

我知道很多学生根本无法回答我在课堂上提出的这个问题，于是继续讲道："我们都是平凡的人，也许都做不到只求付出，无怨无悔，但我觉得，这首诗给我们带来的最大启发，就是当自己在遭逢不公平待遇时，或者是遭遇重大挫败时，不要因此就怨天尤人、自暴自弃，必须坚定自己的目标和选择，不要忘记自己的初心，仍然要为自己的理想而顽强拼搏。就如红烛在燃烧自己时，它还得经受着残风的侵袭，但在作者看来，红烛为世人绽放光明的内心依然坚定。这种不因外物伤性，不因挫折伤神的心境，不正是我们应当坚持的吗？"在我的随意解说中，有许多学生已经点头称善，在一间小小的教室中，方寸之间，只感那是一种前所未有的从容与坚定。

高中语文课，从来不是简单的付出与得到的功利关系。用心感悟，才能悟出其中的真章，用心解读，才能解得其中的真谛。就如红烛一般，只求耕耘，不问收获，褪去学习语文的功利心理，我们才能用心读懂高中的语文课。

第二章 古典诗词教学，
语文教师教学能力的试金石

本章内容是对中国古典诗词鉴赏教学的思考和概述，并且围绕着古典诗词教学内容，开设相关精品课例。古典诗词向来是高中语文学习的重中之重，古典诗词的教学效果，往往体现着一名高中语文教师的教学水平，在本章内容中，我简要表达了对古典诗词教学的三点理解，即"品其韵""解其意""感其情"，并且在个人所创设的精品课例中，展现了自创的古典诗词，借此表达个人对古典诗词教学的理解。

第一节　匠心独运，感知古典文学样式的独特魅力

古典诗词作品是中华文化中的文学瑰宝，是殿堂级的文学样式，因此，很多语文教师都将古典诗词教学列为个人教学工作的重中之重。如此，古典诗词教学质量成为衡量一个教师教学水平的重要标准。身为高中语文教师的我们，在古典诗词教学方面，当从何入手？或者说，我们应该用什么样的方式，来开展古典诗词教学？一直以来，"如何开展自己的古典诗词教学活动"便是我着重思考，并且在认真践行着的问题。站在讲台上，历经多年的古典诗词教学活动之后，我自感对古典诗词教学有了更为丰富、立体的理解和感悟，

私以为，古典诗词教学活动当为"品其韵""解其意""感其情"三个层面的内容。

第一，古典诗词教学，要让学生"品其韵"，即品味诗词的气韵。我们鉴赏古典诗词，是从"读"开始的，古典诗词给我们的第一印象，首先也是其外在形式。一首出众的古典诗词，不管其写作技法如何，首先在外在形式上，一定要出众。这里所说的出众的外在形式，是指诗词本身的韵律，以及由韵律而彰显出来的朗朗上口的语感。无论是学富五车的学者，还是初入学堂的小学生，他们被一首古典诗词第一眼就吸引了，往往也是先为其深富声韵美感的外在形式所吸引。我当年在读李商隐的《锦瑟》时，之所以在一瞬间就被这首诗深深吸引了，首先就是因为"此情可待成追忆，只是当时已惘然"这两句诗让我马上沉浸其中，我只看第一眼时，就深深与其"结缘"了，至于这两句诗究竟是表达何种感情，使用了什么技法，我在最初并没有纠葛于这些问题。其时，我只是单纯感觉这两句诗读起来，真就是有一种朗朗上口而直入心扉的感觉，在与这首《锦瑟》结了眼缘之后，我进而再认认真真地去品读整首诗，理解这首诗的大意，品读其情感，理解其技法。在此，我想要传达如此看法：一首古典诗词，最初直入读者心扉的，往往不是其情感或者文学技法，而是其带给读者的第一感觉，也就是诗词本身所显现出来的声韵美感。诗词的韵味到位了，读者自然而然就更加愿意去品味。当然，诗词本身自带韵味，但不是所有学生都能品得了诗韵，有时就需要教师借助自己对诗歌的理解，带领学生一起来品鉴诗歌独特的韵味。当年，我在讲授杜甫的《蜀相》时，就对其中的"出师未捷身先死，长使英雄泪满襟"两句诗做了个人的解读。其时的我说道："这是最为悲壮的诗，是英雄的悲歌，千百年来，每个人的心中都深藏着属于自己的一段悲壮英雄故事，所以我们才对'出师未捷身先死，长使英雄泪满襟'这两句诗如此有眼缘，从看第一眼时，就被其深深迷住。"对于我的解读，学生听得津津有味，也深表认同。可见，在诗词鉴赏课堂上，引领学生品读诗韵，与诗词结下"眼缘"，这是上好诗词鉴赏课的第一步。

第二，古典诗词教学，要让学生"知其意"，即理解全诗所要表达的意思。以前在品古典诗词时，我曾听过如此论断：解读一首诗，不要讲得太过清楚直白，这样会破坏诗词本身的意境。古典诗词确实是一门非常注重意境的文学艺术，而且一首诗的意境，从不同的角度解读，或者由不同的人来品鉴，往往有不同的意味。比如李商隐的《锦瑟》，其中结尾两句诗，"此情可待成追忆，只是当时已惘然"，向来脍炙人口，很多人都可以随口而出，因为每个人的心中都有一份难以忘却而只能留给岁月慢慢品味的记忆，所以当读到了这两句诗之后，我们自然而然就会觉得直入内心，触动自己心中最柔软的地方，因此，有关这两句诗所营造出来的缠绵悱恻意境，已经足够读者慢慢地来品鉴了，如此也就完全没必要再去强行解释这两句诗的大意。但是，作为教学者，我们也必须明白，我们的教学对象是高中生，是十来岁的青年，他们对人生对生活也许还没有过于深刻的体验，要让一名高中学生来品鉴一首诗的意境，并且告诉他，"不要将诗词的意思解释太直白，这样会破坏了诗词本身的意境"，我想，如此说法根本就靠不住脚。诗词是极为凝练的语言文学艺术，诗词的艺术内涵在所有文学样式中可谓是最为丰富的，对于能够品鉴诗词的大方之家来说，他们也许根本就不需要将一首诗的意蕴解释得太清楚，因为他们本来就知道自己所面对的诗词作品中所蕴含的丰富内涵，他们只是想在所面对的诗词作品中寻求到一份与自己心灵最为契合的意蕴而已。对于高中的学生来说，他们其实还未具备真正读懂诗词的能力，还未能真正步入自主品鉴诗词的文学殿堂之中，此时，身为教师的我们就得充当引领者的角色，引领他们真正读懂一首诗，能够讲出一首诗的具体妙处来，而要达到这一层次，首先得让学生有相应的知识积累，让他们完全读懂一首诗，能够解读其意，在长期解读诗词其意之后，渐渐地培养起属于自己的诗词鉴赏能力。就如鉴赏"海上生明月，天涯共此时"，我就一直觉得，首先我应当让学生完全掌握这两句诗的大意，即"一轮明月从海上升了起来，各在天涯两端的人，都共同享有这一轮明月"。在将这两句诗的大意讲清楚之后，我再让学生品鉴诗词首句"生"字的妙处，对下面的诗句，"情人怨遥夜，竟夕起相思"，我也会将这两句诗的大意跟学生慢慢解释清楚，即"多情之人埋怨长长的夜晚，整个夜晚都在月华之下对月思念远方的人"，然后再让学生欣赏"怨""竟夕"的妙处。将一首诗的大意先解释清楚，这并不是学习诗词的终极方法，但却是学生步入诗词文学殿堂的入门钥匙。因此，读懂一首诗，解一首诗的大意，这对高中生学习诗词，是相当必要的，同时理解一首诗的大意也是读好诗的关键要素。

第三，古典诗词教学，要让学生"感其情"，即理解一首诗所要传达出来的思想感情。诗词是凝练的文学样式，凝练的诗句之中蕴含着作者丰富的情感。换言之，绝大多数诗词作品都是作者用来承载个人情感的载体，是用来向读者婉曲宣泄个人情感的文学样式，因此，读"诗"在很大程度上就是读它的"情"。诗词作品，情感意蕴丰富，每一首诗词都是一个独立的情感体系，走入作者所设定好的情感体系，品鉴作者在作品中所倾注的情感，这对读者来说实在是情感体验上的一大审美享受。让学生在诗词学习中，感于作者之情，品鉴诗词情感之美，这也是教师在诗词教学中所应当做好的事情。比如在课堂上讲李商隐的"昨夜星辰昨夜风，画楼西畔桂堂东。身无彩凤双飞翼，心有灵犀一点通"时，我就把诗中所传达出来的那种缠绵悱恻情感，讲得相当仔细。诗中男女双方在画楼之畔桂堂东面的偶尔幽会，作者用极为婉约的言语，隐约传达出来，而对男女彼此的相思之情，展开了相当奇妙的想象，引领着读者进入了对爱情的美好想象之中。我对诗中传达出来的这一份婉曲的情感做了一次细腻的讲析，学生听得相当投入，同时也品味到了李商隐笔下的爱情之美。这不只是李商隐作品的独特魅力吸引了学生，也是我的全力渲染启发了学生。故而，品读诗词，让学生感于其情，这显得很必要。再如讲"十年生死两茫茫，不思量，自难忘"时，我将苏轼对亡妻的悼念之情，与人生的生离死别紧密结合起来，将苏轼在作品中所表达出来的悲痛之情，渲染得极其详细，也相当动人，对于每个人来说，生离死别都是人生的难禁之痛，虽然绝大部分学生还没有真正体验过生离死别的痛楚，但文字的力量可以让学生感受到作者在字里行间所透露出来的别离之伤和生死之痛，当然，要让学生感受到文字的力量，这其实也极为考验教师的讲课能力，将诗词中所蕴含的情感，向学生全力渲染，用心讲解，让学生有感于作者在诗词之中所传达出来的情感，这就是一名语文教师所应当具备的能力和修为。古典诗词就是一种蕴含着情感力量的文学样式，古典诗词教学，必须让学生感受到蕴含在字里行间的情感力量，如此才是读懂了也学好了一首诗。读诗，如果无法感触和理解其中的情感，这样的诗词教学难言成功。因此在古典诗词教学活动中，身为教师，我们自当先身临诗词其"境"，在诗词之"境"中领略作者所传达出来的情感，然后再引领学生步入其中，共同感其情，这才是品鉴诗词情感的正确方式。

古典诗词文学，是讲求韵律、意韵丰富、情感蕴藉的文学样式，在古典诗词教学工作中，要让学生真正读懂一首诗，就必须让学生"品其韵""知其意""感其情"，这样才能够引领学生真正步入诗词文学的唯美意境之中，从而体会到古典诗词学习的独特魅力。我从事高中语文教学工作多年，自感在高中语文教学内容中，最富有教学乐趣的就是古典诗词教学。我一直认为，古典诗词教学是最能够彰显一名教学者教学匠心的知识模块，也是最能够体现我个人文学创作乐趣的教学活动。一直以来，我都认为古典诗词教学是一名高中语文教师教学能力的试金石。不同于文言文教学的稍显晦涩，也不同于现代文阅读教学的平淡无奇，我对韵律优美、意蕴丰富的古典诗词教学一直都情有独钟，也一直将古典诗词教学视为个人教学的最高水平，对自己的诗词教学颇为得意。古典诗词优美的韵律和丰富的意蕴，给了我最大的教学设计空间，我可以围绕着诗词的韵律和意蕴来做文章，来打造课堂。回顾在开设个人公开课时，我曾就古典诗词的韵律特点设计并开展过学习活动，在诗词鉴赏课堂上对诗词韵律做了细致讲述，尤其是以唐诗的压卷之作《登高》为例，对唐诗七律的韵律特点做了相当详细的讲解，让学生从诗词外在形式上充分感受其韵律之美，感受诗词在韵律上的动感，明白了诗词之所以打动人心的地方。在课堂上，我曾对学生说道："一首诗或者词，最先打动人的，往往就是其外在的形式，等诗词的外在形式在读者心中建立了好感之后，继而读者就会主动去领略诗词在情感和写作技法上的独特魅力。"我总是喜欢用古典诗词教学来打造课堂，因为古典诗词可以最大程度地满足我诗词创作的乐趣。2010年的汕头市潮南区区级调研课，我在讲授秦观的《鹊桥仙》时，因感于"两情若是久长时，又岂在朝朝暮暮"的立论高远，于是也自己提笔，题作了一首《鹊桥仙》，在自己所作词的结尾，我也依照《鹊桥仙》的韵律，如此写道："愁长意切本璞真，莫辞让多情长驻"。这一首短短的《鹊桥仙》创作，让我感受到了诗词创作的乐趣，我让学生在课堂上也一起参与了创作，让他们也感受诗词的魅力。诗词作品，本来就是韵、意、情俱佳，且极为凝练的艺术，教学者须用心体会，用意领悟，用情投入，这样才能找到诗词教学的奥妙。总而言之，用一双审美的眼睛，领略诗词的韵律之美，用一颗精致入微的匠心，领悟诗词的意蕴之厚，用一腔璞真纯澈的真情，感受诗词的情感之真，这就是我们做好古典诗词教学的态度和追求。

在下面的内容中，我将选录自己教学过程中的部分典型课例，来展现自己在古典诗词教学中的思考和创作。

第二节　古典诗词典型课例一
——走进古典美学世界，品鉴诗词声韵之美

一、授课时间：

2021 年 11 月 5 日

二、授课教师：

晓升中学：黄植文　授课班级：高三 3 班、高三 4 班

三、开展形式：

公开课、诗词讲堂　授课用时：45—60 分钟

四、高中语文学科核心素养能力培养目标：

①语言建构与运用：理解感知古典诗词的韵律特点，培养学生将古典诗词语言与现代汉语语言进行相互转换的能力。

②思维发展与提升：理解古典诗词中所蕴含的情感主旨，掌握解读诗词深刻内涵的方法，品鉴古典诗词的独特韵味。

③审美鉴赏与创造：感触古典诗词的音韵美感，感受诗词的独特魅力，进行诗词创作或者诗词句子创作的初步尝试。

④文化传承与理解：借助对古典诗词的学习，培养学生对中国传统文学的喜爱，建立起一种对民族文化的高度自信。

五、授课过程：

（一）开首语：

今天，我们两个班级的同学难得齐聚一堂，召集大家到这里来的目的，是我想利用这一节课的时间，与在座的一百多位同学寻找一种情感上的共通、共鸣、共融。

各位同学，这一节课我们就按下高三复习的暂停键，换用另外一种方式来上课，去感受古典诗词的音韵美感，感受古典诗词的独特魅力。

众所周知，诗词是中国传统文学中的瑰宝，是中国古典文学中的殿堂级文学样式。今天，我们要通过这一节课的学习，寻找到解开古典诗词鉴赏的一把钥匙，进而构建起简约清晰的诗词鉴赏理论知识体系，并借助对诗词作品的品鉴来加强我们个人的文学素养。

（二）原创古典诗词鉴赏习题评讲：

雨过旧学堂（原版）①

白鹭带云过晓津，江潮卷雨洒烟汀。

粉墙剥落存旧忆，学舍俨回泛新音。

凝泪红花知客意，飘飞木叶唤归心。

孤鸿杳影藏天际，一缕衷肠笑往今。

（注：① 2004 年往两英中学参加高考，2017 年再过两英中学，因题作。）

（1）下列对这首诗内容的理解和分析，不正确的一项是（　　　）

A. 首句以景起兴。诗人举目远眺，眼前展现出一副天气阴郁，白鹭携云而过，飞过江津的图景，而触景生情。

B. 第二句承接上句，营造诗歌情感氛围。江潮卷雨而来，洒落沙洲,天地朦胧，渲染出阴郁凄冷的特点。

C. 颔联虚实结合。诗人想象雨中剥落粉墙寄存旧忆的情景，并进一步想象在曲折回廊的俨然学舍中，泛起新的读书声来。

D. 颈联移情入景。雨势渐小，雨中红花似带泪水，恍如了解人的心意，木叶随风纷飞，飘飞的木叶，好似在唤起归心。

答案：

选择 C 项，颔联所描写的粉墙于雨中剥落，学舍中泛起的新音都是写眼前实景，只有"存旧忆"一处带有一定想象的空间，但想象情景并未展开，故而"虚实结合"手法也不甚准确。

命题意图：综合考量学生对诗歌情感主旨、写景特点、表达方式的熟悉程度。

解题思路：立足对选择题选项的精读，紧扣在诗歌中所对应的内容，逐一解读。

（2）尾联"一缕衷肠笑往今"的"笑"意蕴丰富，诗人究竟为何而笑？请结合诗歌相关内容做简析。

答案：

①因重游故地却感物是人非的淡笑。诗人来到了熟悉的旧学堂，看着在雨水冲击之下而掉落的墙灰，却发现在熟悉的学舍中，都已经是陌生的新声音了，所以淡淡一笑。

②因长年漂泊在外，欲回归故里却不得的愁笑。诗人看着雨中的红花，如含着泪水，似了解客居者之意，在雨中随风飘落的木叶，隐约在唤着自己回到故里，但自己空持归心，无法归去，因而"愁笑"。

③因往事已然成空，难以追忆的苦笑。诗人重来故地，只感往事就如孤鸿的杳杳身影，深藏于天际，已然难以追忆。在故地却难以追忆往事，因而只有持着衷肠轻歌一曲，"苦笑"往昔与今日。

命题意图：考查学生对文本主旨、情感等内容的熟悉程度。

解题思路：紧扣文本内容作答，要答出其中的情感主旨，切忌架空文本。

雨过旧学堂（改版）

白鹭带云过晓津，江潮卷雨洒烟汀。

粉墙剥落存前忆，学舍俨回泛故音。

泪入红花知客意，风低木叶解归心。

孤鸿杳影藏天际，一缕衷肠笑往今。

（1）关于本诗的颔联，有的版本是"粉墙剥落存前忆，学舍俨回泛故音"，请你根据对本诗的理解，谈谈哪一版本比较好。

（教师语：现在还是请一位同学来表达对这道题的理解。我觉得你要立足于对诗词韵味品鉴的高度，来解读好这道题，我也希望此时此刻，我们之间是"心有灵犀一点通"，希望你能揣摩出我的内心，看清我的真实意图。）

答案：

原版比较好。原版的"存旧忆"和"泛新音"，虽然并不完全符合七律的格律特点，但"旧忆"和"新音"前后形成一个清晰的时间轴，对照明显，表现出一种物是人非的深重感慨，改版的"存前忆"和"泛故音"，虽然更加符合七律的格律要求，但从其主旨来说，明显只剩下对往事的追忆，而少了物是人非之慨，也少了一份深沉厚重。

七律格律

仄仄平平仄仄平（韵），平平仄仄仄平平（韵）。

平平仄仄平平仄，　仄仄平平仄仄平（韵）。

仄仄平平平仄仄，　平平仄仄仄平平（韵）。

平平仄仄平平仄，　仄仄平平仄仄平（韵）。

律诗小知识：律诗创作讲究上下句平仄相对，上下联平仄相粘。同一联诗中，出句和对句要平仄相对。下一联诗的出句和上一联的对句，前面四个字的平仄要保持一致，这就是"平仄相粘"。

平仄：以现代汉语为例，第一声和第二声为"平"，第三声和第四声为"仄"。唐诗的中古汉语以"平上去入"四音分属平仄，"上去入"三声为"仄"，现代人写律诗，则应该以现代汉语读音为标准来考虑诗词的韵律。

命题意图：根据诗词的不同版本，解读和比较诗词不同版本的内在韵味和韵律美感。

解题思路：立足诗歌鉴赏基础知识，紧扣诗歌所要表达的情感，从诗歌情感主旨和形式韵律方面来解析。

个人注解：诗词鉴赏中有一种题型叫做炼字题，诗词是极为凝练简洁的文学艺术，在一句诗中，有时一个词用得精妙，往往能够起到盘活全句乃至全篇的艺术效果，大大增强诗歌的艺术表现力。

原版中的颈联显得平淡直白，在锤炼词句方面还是欠缺了一些火候，所以我将其改了，改了之后的意韵就显得蕴藉深长一点。这里的"解"字就显得韵味十足，情感深沉。

（2）"风低木叶解归心"，其中的"解"字用得精妙，妙在何处，请依据文本简析。

（教师语：再请一位同学来品鉴这个字的精妙，我希望你能够用一颗艺术的匠心和打造精品的意识来解析这道题，现在来谈谈你的看法吧！）

答案："解"，即了解、知晓之意，此处将随风飘落，重归于土的木叶人格化，木叶重归于土，它似乎知道孤客在外者欲落叶归根的心意，作者移情入景，将多年作客他乡的寂寥心境，转嫁于雨中零落的叶子，情感蕴藉而深沉。

炼字题答题模板：

①解释本字之意。

②点明手法，结合诗句解析情境。

③表明情感态度或表达效果。

命题意图：考查学生对古典诗词炼字类试题的熟悉程度，对诗词雕琢词句艺术的理解掌握。

解题思路：依据对炼字题答题模板的掌握，并根据对诗歌情感主旨的把握，按照步骤解好题。

（三）课堂作业：

作业要求：当下的歌曲中，有一种中国风类型的流行歌。这类中国风流行歌的歌词从古典诗词中汲取了大量的意象、词句，甚至也仿照了古典诗词的意境。所以，我们在品味这些流行歌词的时候，往往能够在其中看到古典诗词的某些神韵。反过来说，我们只要将这些流行歌词的意象，按照古典诗词的格律进行重组，大约就可以连缀成五言诗句和七言诗句。既然如此，我们也可以借用现下中国风流行歌词的一些意象、词句，然后再将其改写汇集成简单的五言诗句或七言诗句。所以，我就选了近年来比较有中国风特色的一首歌的歌词，让大家先行做构思创作。之后，我需要大家将自己的作品拿出来进行展示。

1. 借用中国风流行歌词意象、词句，改写成五言诗句或七言诗句。

（1）流行歌词《不谓侠》（播放《不谓侠》的歌曲，让学生领略古风歌曲的同时，尝试完成古典诗词创作）

衣襟上，别好了晚霞，余晖送我牵匹老马。正路过烟村里人家，恰似当年故里正飞花。醉过风，喝过茶，寻常巷口寻个酒家。在座皆算老友，碗底便是天涯。天涯人，无处不为家，蓬门自我也像广厦，论意气不计多或寡，占三分便敢自称为侠。刀可捉，拳也耍，偶尔闲来问个生杀。没得英雄名讳，掂量些旧事抵酒价。

向江南折过花，对春风与红蜡，多情总似我，风流爱天下。人世肯相逢，知己幸有七八，邀我拍坛去，醉眼万斗烟霞。向江北饮过马，对西风与黄沙，无情也似我，向剑底斩桃花，人世难相逢，谢青山催白发，感慨唯霜雪，相赠眉间一道疤。

过三巡，酒气开月华，浓醉到五更不还家。漫说道，无瑕少年事，敢夸玉带宝剑青骢马。眠星子，枕霜花，就茅草也比神仙塌。交游任意南北，洒落不计冬夏。算冬夏，豪气未曾罢，再砥砺剑锋出京华。问来人胸襟谁似我，将日月山海一并笑纳，只姓名，不作答，转身向云外寄生涯。不必英雄名讳，记两个旧事抵酒价。

向江南折过花，对春风与红蜡，多情总似我，风流爱天下。人世恨相逢，知己幸有七八，邀我拍坛去，醉眼万斗烟霞。向江北饮过马，对西风与黄沙，无情也似我，引剑锋斩桃花，人世难相逢，谢青山催白发，感慨唯霜雪，相赠眉间一道疤。

当此世，赢输都算闲话，来换杯陈酒，天纵我潇洒。风流不曾老，弹铗唱作年华，凭我纵马去，过剑底杯中觅生涯。当此世，生死也算闲话，来换场豪醉，不负天纵潇洒，风流不曾老，弹铗唱作年华，凭我自由去，只做狂人不谓侠。

示例1：折花江南对春风，引剑无情斩桃花。

示例2：引剑折花醉晚霞，临风策马过天涯。一川夕照飘蓬意，孤舟江海且为家。

（四）课后作业：

1.阅读下面的两首题咏校园的藏头诗，依据题意回答问题。

题晓升中学	题峡晖中学
晓月拂风云若曦，升阳曜露唤清笛。 中楼渐闹烛残泪①，学梦先觉雁早啼。 屹首书阁寻奥义，立心寰宇探天机。 潮音涵越滋才俊，南岭芳菲数第一！	峡道通曲细水流，晖红云落茂竹修②。 中庭花逸③嘉笙起，学苑风迟锦色幽。 钟感书声歌胜境，灵萦远梦咏清楼。 毓德铸剑琢形魄，秀处题怀语最优。

①烛残泪：蜡烛一直点亮到天明，只留残泪，暗指晓升学子秉烛夜读，一直到天明。

②茂竹修：原来版本作"叶知秋"，因与诗歌整体氛围意境、语言风格不甚贴合，故改。修：即修长之意。

③花逸：原来版本作"花落"，因与诗歌整体氛围意境、语言风格不甚贴合，故改。

（1）熟读《题晓升中学》一诗，说说本诗展现了晓升学子何种气质？

答案：①秉烛夜读，奋发苦学的形象。晓升学子为追寻知识，借着烛光一直学习到了天明，就连蜡烛也因晓升学子的奋发苦学而垂泪，晓升学子也在早雁的第一声啼叫中定下了自己的远大学习梦想。

②探索奥妙天机，立下雄心，有志天下的形象。晓升学子虽只是在一方书阁之中，却在书中追求解开奥秘、探问天机的方法，这表现了晓升学子以天下为志的形象。

③勇争南岭第一的形象。晓升学子在激越潮水声的滋养中，立足于书阁学习，追寻天机奥妙，为争南岭芳菲第一，而不懈努力。

（2）熟读《题峡晖中学》一诗，说说本诗展现了峡晖校园何种气象？

答案：①本诗先从峡晖中学校园外部环境入手，通过对校园周边曲水细流、茂竹丛生的描写，从外部展现峡晖中学校园的幽雅。

②紧接着描写校园内部环境，展现其花团逸致、风迟色雅的特点，从内部展现出峡晖中学校园的幽深逸致。

③最后描写峡晖中学整个校园沉浸在认真求学的氛围中，所有学子胸怀远梦，刻画出峡晖中学学风极为浓郁，实为读书佳境的整体特点。

（3）同为题咏校园的作品，但这两首诗却展现出极为不同的风格。请反复诵读这两首藏头诗，分别说明这两首诗在语言风格和情感主旨上的不同。

答案：①《题晓升中学》一诗，突出全体晓升学子用心学习，立志天下，探寻天意的特点，表现出一种沉雄的气息，整体上彰显出一种雄壮铿锵的语言风格特点。

②《题峡晖中学》一诗，从峡晖中学外部环境和内部环境进行细致刻画，再从峡晖中学学子的认真求学、胸怀远梦，刻画出峡晖中学的不凡气质，全诗呈现出一种俊逸清新的语言风格特点。

（五）课堂收尾：

结语：今天的课堂在对高考类型题的辨析和对古典诗词的品鉴中，不知不觉迎来了尾声，希望我今天所设计的这个课堂，能够给同学们带来诗词鉴赏上的美学享受和文学创作的启发。今天的课堂立足于高考，但又不仅仅满足于高考。高考是检验我们高中三年学习成色的重要试金石，但绝对不代表着学习的结束，品鉴诗词的独特魅力，在古典的诗词声韵中，学习一份优雅，也养成一份精致，所谓"精致如诗"，古典诗词无论是其外在形式，还是意蕴神采，都是中国传统文学样式中的典范。我们要将对古典诗词的学习，当作终身学习的任务，并在诗词音韵之美的长期熏染中，让自身涵养出优雅精致的气质来。

1.朗读诗歌，结束课堂。

八声甘州

对潇潇暮雨洒江天，一番洗清秋。渐霜风凄紧，关河冷落，残照当楼。是处红衰翠减，苒苒物华休。惟有长江水，无语东流。

不忍登高临远，望故乡渺邈，归思难收。叹年来踪迹，何事苦淹留。想佳人、妆楼颙望，误几回、天际识归舟。争知我，倚栏杆处，正恁凝愁！

教师黄植文原创作品《八声甘州》

八 声 甘 州

看迷蒙晓雾锁江津，白鹭缀轻烟。望东流似练，峰峦折断，水入云天。一曲清笛呜咽，奔浪引激扬。孤鹤落白渚，凭任凄凉。

向斥芳居旖旎，爱残阳仗剑，拓土开疆。但佳人凝泪，昨夜恨无边。叹离别、妆台霜鬓，话几回、愁万里千言。可知我、徘徊莫顾，纵酒难眠。

（六）板书设计：

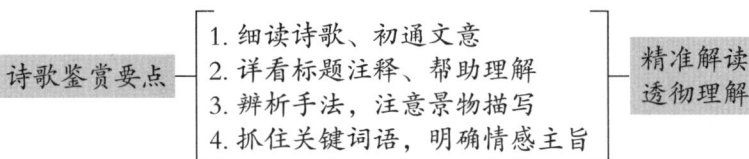

（七）用时预计：

朗读《雨过旧学堂》，并解析选择题，用时5分钟，采用集体互动模式

解析《雨过旧学堂》简答题，用时15分钟，采用提问启发模式

讲析《雨过旧学堂》比较分析题，用时5分钟，采用集体互动模式

解答《雨过旧学堂》炼字题，用时5分钟，采用提问启发模式

依照《不谓侠》歌词，展示练笔作品，用时10分钟，采用课堂作品展示模式

出示《题晓升中学》《题峡晖中学》藏头诗作品，留下课后作业，并做总结，最后朗读两首《八声甘州》，用时5分钟

（八）教学反思：

本教学是以高中语文古诗词鉴赏和创作开展课堂学习活动为基础设计的。教学设计以中国传统诗词韵律、思想内容、表现技法为学习基点，以品鉴中国古典诗词声韵之美和思想主旨之深刻为核心内容，连缀课前诗词韵律知识预习、课堂诗词创作美育学习、课后诗词鉴赏技法复习三大学习活动。

鉴于一直以来学生的作业负担和校外培训负担过重的事实，相关教育部门对此发出了"给学生减负"的呼吁。本教学设计基于"双减"的呼吁，有谋划地设计学习环节，有计划地开展学习活动，有目的地培育学生的美学鉴赏能力。有关本教学设计的反思主要体现在以下三个方面：

其一，抛开古典诗词鉴赏烦琐的鉴赏技巧和知识框架，直接以"品鉴古典诗词的声韵之美"作为本课核心学习内容。一直以来，在高三级古典诗词复习活动中，对于相关鉴赏知识和应试技巧，大部分教师不是讲得太少，而是讲得太多，诸如古典诗词发展脉络，古典诗词鉴赏答题模板，古典诗词艺术手法、语言风格、炼字等，对于这些相关应试知识，很多语文教师都恨不得在课堂上将其一股脑讲给学生听，但从实际效果来看，好像微乎其微。这样的高三复习课堂只会让学生觉得古典诗词鉴赏极为烦琐，往往会给学生带来更大的学习压力。因为学生在古典诗词方面的美育知识没有建立，即使应试技巧讲得再多，也无法帮助学生很好地品鉴一首古典诗词。因此，本教学设计尝试着挣脱应试教育的束缚，打破高考诗词鉴赏知识烦琐的桎梏，删繁就简，以品鉴诗词声韵之美作为核心内容，丰富学生的诗词美育知识，让学生走进古典诗词独特的美学世界中，激发出学生学习古典诗词的最大热情，从而切实减轻学生学习的压力，不再让学生觉得学习诗词鉴赏知识是一种负担，而觉得品鉴古典诗词是一次绝美的文学体验。

其二，以古典诗词简单创作作为诗词鉴赏能力提升的基点，深化学生对古典诗词美育知识的理解。在本课的学习环节中，有两处地方的设计极为显眼。第一处是授课教师结合个人的切身经历和体验，进行古典律诗创作。此举目的是让学生在感受了古典诗词的声韵之美后，进而体会到文学创作的妙处，也借此让学生萌发出对古典诗词创作的兴趣。第二处是学生结合课堂学习活动的要求，依据对古典诗词意境的理解，并结合教师所传授的古典诗词创作要领，在课堂上进行简单的古典诗词创作活动。此举目的是增进学生对古典诗词美育知识的理解和感知，增强学生对古典诗词鉴赏学习的兴趣，让学生亲身体会到古典诗词创作的乐趣。诗词鉴赏学习活动，并不是让学生在课堂学习活动中学习简单化、套路化、模式化的诗歌鉴赏知识，而是应该让整个诗词鉴赏课堂"鲜活"起来，让每一个学生都能够参与其中，都能够深入诗词其境，充分体会古典诗词的形美、韵佳、情真、境深，让每一个学生都能够自己提起笔来，与古典诗词近距离打交道，体验到诗词创作的乐趣。本教学设计以教师亲身感受诗词创作乐趣作为切入点，在课堂学习活动中，引领全班学生体验了古典诗词创作的乐趣，因此让学生对古典诗词学习萌发了更大的兴趣，而不再让学生觉得古典诗词创作遥不可及。

其三，以传承中华优秀传统文化、树立民族文化自信为终极目标，寓教于乐，让学生轻松学习。"传承中华优秀传统文化、树立民族文化自信"是一个宏大的目标，也是语文课堂学习活动的终极目的。很多人也许会认为，将这样远大的目标放在学生的面前，也许会让学生觉得有"沉甸甸"的压力。其实不然，作为课堂知识的教学者，在组织学生开展学习活动时，应当善于灵活变换形式，做到"寓教于乐"。在本课学习活动的设计中，有一处学习活动的设计就充分彰显了"寓教于乐"的学习效果。在开展诗词创作活动时，教师在课堂上播放了古风流行歌曲《不谓侠》，让学生在《不谓侠》的播放时间内，完成诗词创作，此举是模仿三国时期曹植七步成诗，创作出《七步诗》的情景，意欲让学生在古风音乐的声韵美感中，完成对诗词的创作。《不谓侠》是近年来流行度极高的一首歌曲，在课堂上播放这首歌曲无疑能够在内心上拉近与学生的距离，而做到寓教于乐。《不谓侠》的歌词从中国古典诗词中汲取了大量营养，其画面感十足，所营造出来的意境恍若古典诗词之下的唯美意境。在对流行音乐的品鉴中，让学生充分体会流行文化与古典诗词之间的内在联系，进一步明确古风歌曲的创作灵感和文学营养来自古典诗词，借此达到让学习活动与现实生活有机结合的效果，向学生传递古典诗词是精致的文学，为人当"精致如诗"的理念。与此同时，以课堂上对现代流行音乐的品鉴和古典诗词创作活动，建立起学生对本民族优秀传统文化的无限喜爱和文化自信。

本教学设计就是通过转变固有思维，让古典诗词之美与现代流行文化之美融合起来，拉近了学生与古典诗词之间的距离，而达到了寓教于乐的效果，让学生认识到传统优秀文化的独特魅力，从而建立起高度的文化自信，让古老的优秀文化以灵动的方式承继下来。

"诗歌是文学中的文学，语言中的语言，情感中的情感。品读诗歌，必须紧紧咬住语言不放松，反复吟咏、诵读，琢磨、体会，多角度置换、比较，经由语言咀嚼品味，抵达诗人的心灵世界，感受诗人的生命温情。"[1]在"双减"的背景下，我觉得，高中古典诗词鉴赏课堂，应当以"切实减轻学生学业负担"为基本理念，在学习活动中，应该主要引领学生主动构建起深厚的古典诗词美育知识，并删减古典诗词鉴赏的应试技巧和答题模板知识，让学生觉得古典诗词学习就是绝妙无比的美育体验，并主动进入诗词的美学世界，从声韵之美和意境之美上进行古典诗词的唯美鉴赏，这才是古典诗词鉴赏课堂的正道！

以上内容就是我在本课设计中的反思。

参考文献：

[1] 徐昌才 . 向文本更深处漫溯 [M] . 上海：华东师范大学出版社，2018.

第三节　古典诗词典型课例二
——品鉴诗词用典手法，感受诗词表达婉曲之美

一、序言：

古典诗词学习是高中语文学习的重要内容，如何有效开展诗词鉴赏课堂学习，如何让学生萌发对古典诗词鉴赏和学习的兴趣，这是很多语文教师都感到困惑的问题。按照传统眼光，古典诗词从外在形式来说韵律齐整，音韵和谐，从内在情感来说意韵丰富，应当是非常好开展的学习内容，但是古诗词鉴赏课堂学习的实际情况却没有想象中那般丰富多彩、色彩斑斓，事实上，现在的高三古诗词鉴赏复习课套路化太严重，老师讲课基本上是按照考试模式来授课，这也造成了古诗词鉴赏课堂显得很是枯燥乏味，而学生也是极为抗拒如此课堂。

面对着古诗词鉴赏课显得过于枯燥平庸的现象，我觉得，要真正上好古诗词鉴赏课，首先就要适当放下考试的包袱，让古诗词的课堂鲜活起来。考试并不是学习的全部，考试成绩也不能作为评价古诗词鉴赏课堂效果的唯一标准。基于如此想法，我选择抛开考试包袱，而用自创七律诗歌，并自主命古诗词鉴赏考试题这种相对比较独特的方式来开展古诗词鉴赏教学。我采用这样的方式来授课，其目的也相当简单，那就是让课堂变得"鲜活"，变得更有趣味性。古诗词鉴赏课堂，

就应当体现出原本该有的意蕴，能够让学生品味到诗词的音律之美，能够让学生感受到诗词内容的丰富，这才能得到古典诗词鉴赏课堂的神韵。

二、学习目标：

1. 语言建构与运用目标：品味古诗词的语言，鉴赏其语言之美，理解其丰富内涵，分析其写作技法，特别是注意诗词作品中的用典手法，理解用典手法对诗词作品的表达效果，感受诗词的外在形式之美和内在意蕴的丰富，尝试着自己创作诗词。

2. 思维发展与提升目标：精读古典诗词，思考古典诗词所承载的文化意义，体味古典诗词阅读和创作的乐趣，透过语言品鉴诗词的丰富内涵，理解不同特点的诗词语言所营造出来的不同意境。

3. 审美鉴赏与创造目标：研读相关诗词作品，品鉴古典诗词的外在音韵之美，感知不同风格特点诗词作品的不同意境，在不断研读诗词作品和鉴赏理论之后，可以用自己的语言表达出古典诗词作品的音韵美和意蕴美来。

4. 文化传承与理解目标：做古典诗词阅读、鉴赏、创作的自觉者，明确古典诗词在中国文学史上的发展过程以及古典诗词在中国古典文学中的重要地位，将古典诗词的传承当作是自己所肩负的文化使命。

三、教学用时：

一节课。

四、学习过程：

1. 学生在课堂上朗读古典诗词名篇《琵琶行》《虞美人》《雨霖铃》。

解析：《琵琶行》《虞美人》《雨霖铃》是唐诗宋词中的经典名篇，也是高考名句补写题型中的考查篇目，学生在课堂上集体朗诵，一方面可以品鉴古典诗词的声韵之美，提升个人诗词语感，另一方面可以增强自己对高考考查篇目的记忆。

2. 学生在课前先通过网络查找古典诗词"用典"手法的释义，明确"用典"手法在古典诗词中的表达效果，并且找出有代表性的诗词作品，具体阐述"用典"

手法在作品中的表达效果。

解析：用典是一种艺术手法，多见于古典诗词之中，用典在古诗词作品中一般被视为表现手法。所谓用典，即"使用典故"，就是引用或者借用古籍中的故事或者词句。用典手法的形式灵活多变，有直接引用前人诗词名句的，也有引用与前人相关的历史事件的，应用在古典诗词表达中，可以让作品显得比较凝练，让所要表达的意旨显得更为含蓄委婉，也显得有理有据。

《永遇乐·京口北固亭怀古》是宋词作品中用典手法成功运用的典范，该作品全篇皆用典，显现了作者丰富的知识储备和娴熟驾驭语言文字的功力，虽通篇作品皆用典，却显得自然浑成，而且严格按照"永遇乐"词牌名的韵律来创作，在表达上也彰显出一种委婉曲致的特点来。

下面的内容结合了《永遇乐·京口北固亭怀古》中的具体词句，学生需找到作品中的用典手法，并指出其中寓意：

"千古江山，英雄无觅，孙仲谋处。舞榭歌台，风流总被，雨打风吹去。"使用了孙权抗击北方强敌的典故，寄望南宋朝廷能以孙权为榜样，抵御北方的金兵。虽然孙权固守江东一带的英雄事迹，已经像是被历史风雨冲刷得无踪无影的舞榭歌台一样，但身为后人，特别是偏安江南的南宋朝廷，绝对不能忘怀这段历史。

"斜阳草树，寻常巷陌，人道寄奴曾住。想当年，金戈铁马，气吞万里如虎。"使用了宋武帝刘裕的典故，刘裕出身社会底层，却率领南方士兵，北伐中原，收复大片故土，直入长安，大有恢复北方大片河山之势。

"元嘉草草，封狼居胥，赢得仓皇北顾。"使用了宋文帝刘义隆于元嘉年间草草出兵北伐中原，最终因过分草率，而被北方强敌打败，落得狼狈南逃，向北仓皇张望的典故，作者以此典故，告诫南宋朝中当权者，如若用兵北方，必须做好一切准备工作。

"四十三年，望中犹记，烽火扬州路。"作者回顾在四十三年之前，金兵曾经南下，烧杀抢掠，劫掠扬州，让繁华的扬州城变为废墟的事实，意欲借此劝诫当朝统治者，莫忘当年耻辱，也要时时刻刻提防金兵再度南下。

"可堪回首，佛狸祠下，一片神鸦社鼓。"作者感于北魏太武帝的祠堂中，祭祀之鼓大声擂作，乌鸦安详地吃着祭品，原本作为入侵者的北魏太武帝，却受到沦陷区后人祭祀，借此来暗讽北方金国占领区的民众早已经安于异族的统治，忘记了亡国的惨痛事实，在作者看来，收复中原故土刻不容缓。

"凭谁问，廉颇老矣，尚能饭否？"作者有感于廉颇虽然年老尚有人惦记的史实，感慨自己空有满腔抱负和一身本事，却无人过问的事实，二者两相对照，以此表达了作者怀才不遇、壮志难酬的悲愤之情。

《永遇乐·京口北固亭怀古》是用典手法成功运用的典范，通篇作品皆用典，读来却不会让人觉得刻意造作，反倒显得浑然天成。每个典故的背后，都有丰富的内涵，因而全词也显得意蕴非常丰富，整首作品读来意味深远、含蓄委婉。

3. 解析原创诗词作品中的用典手法：

教师出示个人所作的七律作品，请学生阅读作品，找出用典手法在本作品中具体运用的诗句，并谈一谈用典手法使用之后的表达效果。

浩瀚图千里

黄植文

郭中桂宇彩灯连，予意浑沉在四疆。

通海碧潮雄舸竞，漫天狂雨万鸥扬。

当将浩瀚图千里，岂效蜩鸠作妄言？

击楫中流宜此日，何须对月叹流年？

解析：

（1）用典手法在原创诗词作品中的体现分析。

"当将浩瀚图千里，岂效蜩鸠作妄言？"两句诗借用了庄子作品《逍遥游》中蝉和斑鸠取笑鹏高飞万里，直达南海的典故，委婉表达了人当立浩瀚之志，当立志于千里之外，而不可像蝉与斑鸠一样过分短视的情感。

"击楫中流宜此日，何须对月叹流年？"这两句诗借用了东晋时期祖逖北伐中原，在渡江之时击楫中流立下豪壮誓言的典故，而勉励世人立大志就当从今日及时行动，而不用每日都对着天上的明月，空谈着流年似水。

这个环节可以让学生采用小组合作学习的形式来完成，《逍遥游》是高中语文必读篇目，大部分学生都对其有印象，而"祖逖北伐"的典故对一些学生来说就显得有些陌生。采用小组合作学习的形式，有利于学生在知识上相互交流和分享。

（2）用典手法在《浩瀚图千里》一诗中的表达效果分析鉴赏。

本诗颈联和尾联，连用两个典故，典故在诗中的使用也显得极其自然，而不会显得做作，使用《逍遥游》和"祖逖北伐"的典故来表达豪情壮志，也比较贴切，诗歌整体情感显得豪迈奋发，这也得益于典故的成功使用。在本诗中，用典手法让作品词句凝练，表达委婉，也尽显豪壮，更彰显出文采斐然的特点。用典手法对诗词来说，能够起到增强作品表现力，让作品的情感表达显得更为婉曲细致的作用。

针对以上原创作品中用典手法的表达效果，教师也可以让学生之间相互交流讨论，然后全班所有学生都提笔写出用典手法使用于本作品中的表达效果，并由学生代表上台说一说相关看法。

4. 课内作业——原创诗词作品高考题型课堂训练：

浩瀚图千里

黄植文

郭中桂宇彩灯连，予意浑沉在四疆。

通海碧潮雄舸竞，漫天狂雨万鸥扬。

当将浩瀚图千里，岂效蜩鸠作妄言？

击楫中流宜此日，何须对月叹流年？

（1）下面对这首诗的鉴赏和理解，不恰当的两项是（　　）（　　）

A. 首联写了虽城内灯火辉煌、屋宇富丽堂皇，可诗人的志向却在遥远的边疆，此处道出了一种渴望建功边塞的情感。

B. 颔联实写了一幅碧海卷潮，千舸竞渡，暴雨来袭，万鸥展翼的雄浑寥廓画面，营造了一种浩瀚博大的意境。

C. 颈联化用了庄子《逍遥游》的典故，《逍遥游》中，鲲化而为鹏，并迁徙南冥，学鸠与蜩却大肆嘲笑。诗人借用这个典故，表明一种浩志千里的态度。

D. 尾联使用东晋时期祖逖中流击楫誓的典故，并借此道出一种志存高远，当从此时行动，而无须每天都空对明月，感慨流年的态度，这联诗也是对全诗题旨的再次深化。

E. 全诗抒发了诗人虽困囿于城郭之内，而志向却在四方，自身才学无处施展的悲愤之情。

答案解析：BE（B. 是虚写，不是实写。E. "自身才学无处施展的悲愤之情"错，应是"志存高远的浩瀚之情"）

（2）本诗中诗人是如何表达自己的思想感情的？请结合相关诗句，做简要分析。

答案解析：

①虚实结合：首联实写了自己困于城中而志向却在四方的豪迈之情，颔联通过想象，营造出一种雄浑寥廓的意境，虚实结合，表达出诗人志存高远的感情。

②用典：颈联化用了庄子《逍遥游》的典故，《逍遥游》中，鲲化而为鹏，并迁徙南冥，学鸠与蜩却大肆嘲笑。诗人借用这个典故，表明一种浩志千里的态度。尾联使用东晋时期祖逖中流击楫誓的典故，并借此道出一种志存高远，当从此时行动，而无须每天都空对明月，感慨流年的态度。

5. 课后作业：精读并背诵李商隐作品《锦瑟》，指出作品中使用用典手法的具体诗句，并谈一谈该作品中作者想借用典故表达什么情感，以及用典手法在本诗中表情达意的效果。

作业答案示例：

《锦瑟》原作

李商隐

锦瑟无端五十弦，一弦一柱思华年。

庄生晓梦迷蝴蝶，望帝春心托杜鹃。

沧海月明珠有泪，蓝田日暖玉生烟。

此情可待成追忆，只是当时已惘然。

《锦瑟》是李商隐的名作，诗词的旨意很深，有关此诗所要表达的意蕴，历来众说纷纭。本诗的用典手法也是一绝，颔联连用了两个典故，分别为"庄子梦蝶"和"蜀王杜宇魂魄化为杜鹃"，这两个典故都有一个特点，那就是多少带有虚幻的成分，因为典故本身就带有的特点，再加上《锦瑟》一诗的主旨本就相当隐晦，作者使用这两个典故，究竟要表达何种思想和情感，就更加扑朔迷离了。

基于诗歌本身的特点和典故自带的虚幻色彩，我们很难准确地说出作者想要借这两个典故所表达的情感和主旨，但我们却可以从典故寓意入手，尝试着来阐述本诗彰显的意蕴特点和深远意境。

"庄子梦蝶"主要讲述了庄子在一个午后梦见自己变成了一只蝴蝶，自由自在，无拘无束，但庄子醒来之后，分不清楚是自己在梦中变成了蝴蝶，还是蝴蝶在梦中变成了庄子自己，庄子梦蝶的典故其意在表明我们往往很难分清自己生活的世界究竟是真实存在还是虚幻的，"人生如梦"，世界上的一切究竟是梦幻还是现实，这本身就很难分辨得清楚。《锦瑟》化用了"庄子梦蝶"的典故，其意在表明世界虚虚渺渺，而面对已经逝去的年华，却难以明白是真是假，结合"一弦一柱思华年"中"思华年"的词句，我觉得此处当为对逝去年华的追忆，对过往美好年岁的回忆，但是，美好华年有时却就像我们所面对的虚幻和现实一样，让人难以分清。

"蜀王杜宇魂魄化为杜鹃"的典故，主要讲述了蜀王杜宇因宰相鳖灵治理水患有功，而禅位于鳖灵，却被自己所深爱的百姓子民污蔑为与鳖灵妻子私通，因出于对鳖灵的羞愧之心，才不得不禅位于鳖灵，听到百姓非议的杜宇悲愤而死，死后魂魄化为杜鹃，每年于三月份时在山中发出凄厉的叫声，似乎在控诉着自己所遭受的不公待遇。《锦瑟》化用了"杜宇魂魄化鸟"的典故，似乎是要表达一种悲切的情感，这种悲切的情感可能包含着一种失去的痛苦，或者是不被理解的苦恼。

再看颈联"沧海月明珠有泪，蓝田日暖玉生烟"的具体内容，这里又使用了两个典故，这两个典故的出处具体如下："珠有泪"出自《博物志》，"南海之外有鲛人，水居如鱼，不废绩织，其眼泣则能出珠"。蓝田盛产美玉，见于《元和郡县志》，"关内道京兆府蓝田县，蓝田山，一名玉山，在县东二十八里"。颈联所要表达的情感究竟是什么？其大意应当为"沧海月明之下，海中明月就如传说中的东海鲛人泪水一般，蓝田良玉被埋没于山中，在暖阳之下，也被感化了，而软化成了袅袅轻烟"，李商隐大约要借此来表述自己在前情上的倾心，而这一种深情却很难被世人理解，结合下面的"此情可待成追忆"一句，大约可以得知，李商隐在颈联中所要表达的应当就是一片难以被人理解的深情，而这片深情就只能留作自己的追忆。

对于李商隐在《锦瑟》中所表达的意蕴，也就只能推断到如此程度上，再推敲下去也没有答案了，其实也完全没有继续推敲下去的必要，因为不可能真正推断出李商隐的本意，我们只需本着欣赏的目光，看待本诗中典故的使用，感受典故使用所带来的蕴藉和婉曲，如此可矣。

在一首七律诗中，颔联和颈联四个典故连用，而整首诗显得自然浑成，这让我们不得不佩服李商隐的才华，而使用典故，本身就是要让诗句显得凝练，让诗词更加有表现力，因而，在诗词鉴赏中，我们须特别注重对典故的分析，理解作者所用典故之意，分析典故使用的表达效果。

五、诗词创作和试题设计缘由：

《浩瀚图千里》是我以学校第一人——郭予通校长的名姓，作为诗歌前三句的首字而创作的一首诗。这首诗也是我自感水平很高的一首诗，此前，我所创作的诗词，基本上是对唐诗宋词进行简单模仿，而本诗我写出了自己的风格，我自感具有鲜明的特色。

关于本诗的创作缘由，我在此也做一个特别的说明。前段时间，我经常写诗，当时有一朋友与我开玩笑说："你能不能用郭校长的姓名来写一首诗？"我说："我试一下吧！"于是，我用了几天的时间，终于将此诗完成。在此，我也将此诗的思想内容、创作过程做一番简单的分析。

"郭中桂宇彩灯连，予意浑沉在四疆。"用"郭"作为首字来组合诗句，其实并不容易。"郭"字除了姓氏之外，还有"城墙"之意，在这里我用"郭中"平音起首，"郭中"即城墙之内。"予"字即我，但"予"是平音，并不能与"郭"字平仄相对，于是我用"予意"二字，与"郭中"相对。这两句诗大意是：城内灯火辉煌，屋宇富丽堂皇，可我的志向却在遥远的边疆，此处所道出的是一种建功边塞的情感。这两句诗显得直白，因为要将名姓加入其中，所以无法写得再含蓄一些，在下面的内容中，我会采取其他的方法来补救。

　　"通海碧潮雄舸竞，漫天狂雨万鸥扬。"这两句诗是我的得意之作，两句诗描绘了一幅碧海卷潮，千舸竞渡，暴雨来袭，万鸥展翼的雄浑寥廓画面。这两句诗，我曾打算改为"通天霞落群鸥舞，漫海潮生百舸扬"，但是考虑到韵律的问题，最终我还是沿用原来诗句。我清楚地记得这两句诗在我脑海中是如何生成的。当时，我正在从峡山回到沙陇的路上，其时心中正在酝酿这首诗，多番思索，仍未有灵感，那一刻我正走在泸溪水厂的路段上，眼前是一片广阔的天地，天上似有白鹭一闪而过，突然间，一丝灵感从我心头掠过，继而触发了我的创作灵犀，于是我想到了这两句诗。

　　"当将浩瀚图千里，岂效蜩鸠作妄言？击楫中流宜此日，何须对月叹流年？"第三联和第四联，我连用两个典故，并且这两联诗我都用了反问的句式，以加强语气，显得铿锵有力，并突出诗中的浩瀚之志。第三联诗，原作是"当将浩志图千里，岂效书生作妄言"，其意是一个人应当有浩大之志图谋远方，而不能像一些每天只会说大话的所谓知识分子一样。但是，我觉得原诗虽然在语气上的力度够了，可过于直白，况且本诗的首联已经有了直白的弊病，此处为了补救，于是我就改了原诗，并且借用了庄子《逍遥游》的典故，《逍遥游》中，鲲化而为鹏，并迁徙南冥，于是，学鸠与蜩大肆嘲笑。在此，我就是借用了这个典故，表明一种浩志千里的态度。第四联诗，我引用了东晋时期祖逖中流击楫誓的典故，并借此道出一种志存高远，当从此时行动，而无须每天都空对明月，感慨流年的态度，这联诗也是对第三联诗的再次深化，也是全诗题旨的最终定格。两个典故的使用，也让全诗显得蕴藉含蓄，诗歌的旨意最终也定格在志存高远，脚踏实地这个意蕴上。

　　我觉得，该诗是我迄今为止写得最好的一首诗。在本诗中，我运用了虚实结合、用典的技法，全首诗在章法上显得自然浑成，在意境上雄浑寥廓，更重要的一点，这首诗也让我摆脱了对乡愁诗和爱情诗的依赖，而重新尝试另一种风格的作品。这也是我自己极为满意的一首诗。

　　这首诗的思想内容与校长其人，其实融合度挺高的。感怀本诗，再联想这些年学校沧桑变化，我觉得此诗中"浩瀚千里，脚踏实地"的题旨，用来形容郭校长其人，确实十分恰当。

　　后来，因为高三级诗词鉴赏复习公开课的需要，我就为这首原创七律设计了相关的高考类型试题，并打算以评讲高考类型题作为课堂的主要内容。但是，如果一节公开课就只在课堂上讲解试题，而缺乏相关的学习主题，课堂的整体学习内容难免显得比较单调，也显得非常单薄，不够丰满，这样的课堂也相当不完整。

于是，就在满足学习高考诗词鉴赏类型题的基础之上，我又加入了有关解析用典手法的学习内容，并且确定公开课主题为"品鉴诗词用典手法，感受诗词表达婉曲之美"，并且针对用典手法表达效果列出典型作品——辛弃疾的《永遇乐》，在课上以《永遇乐》为例，简要讲析用典手法在作品中的具体运用和表达效果，也让学生针对《浩瀚图千里》这首原创七律，分析其中用典手法给作品带来的妙处。在《浩瀚图千里》一诗中，我在颈联和尾联连用了两个典故，典故的使用和切换显得相当自如，也极大地增强了诗词表现力，因此，我觉得用本诗来解说用典手法，并设计高考类型题也比较合适。

以上内容是为我对《浩瀚图千里》一诗和相关的原创高考类型题的简析，以及对我本课设计初衷的说明。

第四节　古典诗词鉴赏公开课读书笔记
——解锁古典诗词声韵密码，追寻古典诗词学习本真

一、课堂导入部分：

各位同学，今天这节课我就先不在课堂上评讲试题，也暂时不谈文言文的基础知识了。

今天就占用大家一个课时，在这里谈一谈古典诗词学习的一些内容。这些内容包含了古典诗词学习的声韵美学、情景意蕴，以及诗词学习的本真，也就是我们学习古典诗词的最本质目的。

我今天这节课就只有三句话，也就三句话而已！当然，这三句话仅为我个人

的观点而已。我们班的多媒体时好时坏，我也干脆就不用了。（放弃多媒体平台，此举目的是为挣脱当前语文课堂对现代信息技术的过度依赖，而尝试让诗词鉴赏课堂返璞归真。）

在这里，我也想再说两句话，一个高质量的课堂，应该是至真至简的，一个课堂，有过多烦琐的东西，或者有太多花里胡哨的东西，都算不上真正优秀的课堂。这也正是所谓的"大道至简"（在黑板上用粉笔板书：大道至简）。

可能我的话有点多了，现在直接上干货。

二、授课的主要内容和流程：

今天，我所要讲的第一句话是：

（一）解锁古典诗词的声韵密码，置身古典诗词的美学世界。

看着这样的这一句话，可能好多同学就有点懵了，怎么感觉我们这个课堂好像很高级，好像就置身于某个专家的讲座一样。如果你们愿意当这节课是讲座，我也权当专家一回。

其实，我只要将这句话做一番详细的说明，你们就知道我想要表达的意思。

我觉得，诗词（歌）最初就是用来唱的。诗歌，应该就是它本身所处的那个时代的一曲曲流行音乐，而供人传唱。就像"岂曰无衣，与子同袍"，这首《秦风·无衣》，就应该是一曲秦国军队内部的战歌。

随着时代的发展，"诗"和"歌"才逐渐分离，诗才成为一种文人独立创作的文学样式，呈现在世人的面前，我们今天总把诗歌两字连用，这应该就是对诗本身自带音乐属性的最好定位。

当然，我讲这些的目的，是为了说明一个问题，那就是诗歌本身自带的音乐属性，决定了它具有一种天生的声韵之美，而作为读者的我们，就应该去解锁它的声韵密码，感受诗歌美学世界中的声韵之美。

换句话来说，学习诗歌，学懂诗歌，我们就是要多去读，而且要朗声地读出来，这样才是读懂一首诗歌的开始。我们喜欢一首诗歌，能够记住一首诗歌，往往就是从它朗朗上口的节奏感开始的。

就比如"关关雎鸠，在河之洲。窈窕淑女，君子好逑"，再比如"蒹葭苍苍，白露为霜，所谓伊人，在水一方"，两千多年前的诗歌，今天我们读起来，还是这么朗朗上口，你说，你今天能够记住这些诗句，还不是因为这些诗歌本身所具有的声韵之美？

（在讲析诗歌声韵之美的同时，在课堂上完成两个小任务，小任务可灵活地穿插于本章节内容的讲析中，两个小任务分别为：

1.《春江花月夜》的朗诵：组织学生在课堂上朗诵唐朝乐府诗名作、唐代诗人张若虚的作品《春江花月夜》，分析《春江花月夜》每四句换一韵、平韵仄韵交替使用的韵律特点，指出《春江花月夜》读起来朗朗上口的原因。

2.唐代近体诗样式之七律韵律和汉语声调平仄分析：组织学生朗诵杜甫作品《登高》，并且列出《登高》所对应的韵律，顺便简介古音的"平上去入"和现代汉语声调的"阴平、阳平、上声、去声"，用有"古汉语活化石"之称的潮汕方言，尝试分析古汉语声调到现代汉语声调的发展转变和对照。）

《登高》的韵律

仄仄平平仄仄平（韵），平平仄仄仄平平（韵）。

平平仄仄平平仄，　　仄仄平平仄仄平（韵）。

仄仄平平平仄仄，　　平平仄仄仄平平（韵）。

平平仄仄平平仄，　　仄仄平平仄仄平（韵）。

（二）构建全方位的诗词情境记忆，精准把脉诗词情感意蕴。

很多诗词，都是因时而著，有感而发的。抛开诗词创作的时代背景，空谈诗词的思想内容，往往也是解读一首诗的大忌。你想，诗词往往是高浓缩的精华文学，我们要解读诗词表面上的这几个文字，有时可能要探寻这首诗背后的很多文字。

实际上，"大时代，小背景"，都是我们读懂一首诗的关键，我们要精准把脉一首诗的情感意蕴，必须结合作者所处的时代背景，还要结合他当时遭逢的境遇，这也就是我所说的，要构建诗词的情境记忆。如果讲得再通俗一些，就是只有去了解一首诗的创作背景和作者的创作心态，我们才能更好地解读一首诗的思想内容。

在我们对诗词发展史的大致认知中，从先秦开始，秦汉时期的诗词发展好像出现了一些停滞，其实是这样，这段时期流行"汉赋"的写作，"赋"脱胎于散文，与诗相比较，在韵律要求和句式使用方面要求不太严格。两汉的诗词成就，主要集中在乐府诗上，但文人创作诗词相对较少。

直到汉末，随着建安七子和三曹的出现，这个时期的诗坛才又热闹了起来。

（注：在诗词发展史的时间节点讲述上，对魏晋南北朝时期的陶潜和谢灵运作重点讲述，因为陶潜和谢灵运对后世的唐宋诗词影响特别大，在文学史上，一般认为田园诗源于陶潜，山水诗源于谢灵运，在盛唐时期，山水诗和田园诗紧密结合，山水田园诗成了许多仕途失意的文人寄寓个人情志和情操的载体，因此，对魏晋时期的陶潜和谢灵运，应在这里重点介绍。）

到了唐朝，诗词创作终于迎来了全面辉煌的阶段。

宋词也好，元散曲也好，其实都是唐诗的变体，都是对那些韵律限制过于严格的绝句和律诗的放宽而已。

（根据课堂讲析的内容，在课堂上完成以下两个小任务，小任务可灵活地穿插于本章节内容的讲析中，两个小任务分别为：

1.解读李清照的《夏日绝句》。根据李清照所生活的两宋之交，在特殊的历史背景中，解读李清照《夏日绝句》的含意。

2.借助相关情景，唤起学生对诗词的情感共鸣：讲述教师自己在初中时期，于历史课本上所看到的南宋抗金名将宗泽在病榻之上吟咏"出师未捷身先死，长使英雄泪满襟"，并高呼三声"过河"的情境，并借此激发学生对杜甫作品中"出师未捷身先死，长使英雄泪满襟"的情感共鸣。）

（三）简缩诗词学习的内容和技巧，走向诗词学习的本真。

在这里我想问一个问题：我们学习诗词最初目的是什么？我相信很多同学都会说，就是为了应付考试而已。这句话听起来好像也真没错误，但是，从学习古典诗词的真谛来说，这句带有功利色彩的语言，已经违背了学习古典诗词的初衷，失却了学习古典诗词的本真。

"腹有诗书气自华"，一个人的气质有时是天生的，但也可以通过后天的雕琢慢慢形成，学习古典诗词，其实就是在形塑我们的内在优雅气质，雕琢我们的外在华美姿态。我观在座各位，有时缺少了一点优雅的气质和华美的姿态，那就是你们少读了一点古典诗词。

现在的学习辅导资料上，满天飞的都是解题技巧什么的，其实，这些东西对于一个真正具备深厚古典诗词功底的人来说，都是末流了。好比一个内力深厚的武林高手，有时真的不需要那些华而不实的招式。对一个不具备古典诗词功底的人来说，学习再多的招式，那也只是花拳绣腿而已。

所以，我认为，鉴赏诗词的技巧，咱们在课堂上少说一些，也少学一些，因为，你会发现，在课堂上我们把那些做题技巧掌握得再熟练，一到考试时，全都派不上用场。（引领学生将视觉再度放在板书于黑板上的"大道至简"）

三、结语：

我觉得，只有在时间的不断积累中，我们才能积淀下深厚的古典诗词功底，才能去解读一首古典诗词的情感意蕴。这样的话，我们就只能不断去读，全方位去感受古典诗词的创作情境，然后构建出对古典诗词的全方位情境记忆，在这种全方位的情境记忆中，尽量将读过的每一首诗词解读到细微之处。如果真的做到这点，我相信，考试当中的诗词鉴赏，对我们来说根本就不是问题了。

四、后记：

本教学读书笔记是我个人于2019年下半年开设一节校内公开课时所用的讲课稿，笔记中的内容只是我讲课的大致框架，当然，这也不可能是我在课堂上讲课的所有内容，因为在课堂上授学常常需要临场的即兴发挥，而这一篇提前准备的读书笔记，只是用来提醒自己在上课期间不要将授课的内容忘了而已。其时的我认为，现在的公开课，很多时候，注重形式往往大于注重实质内容，"学生是课堂的主角""不要剥夺学生课堂自主学习和探究的权利""课堂要有互动""学生要深度参与课堂学习"等等这些话语，充斥着现在的课堂。在"自主学习探究"的理念大行其道的今天，一节成功的公开课，如果没有学生站到讲台上，来说说个人对知识的理解，这似乎就是不够成功的，如果没有让几名学生来对一个问题进行讨论，那这样的公开课似乎无法达到学生"深度参与""自主学习"的效果，如果没有在课堂上展现出学生自主创作，这好像也无法体现出新课标精神，就连现在的课堂学习组织模式，都必须由几个学生围成一个半圆，进行小组合作学习，小组合作学习好像也成了一节"成功"的公开课所必需的模式。诚然，新课标的学习理念和模式从来都没有错误，其初衷也是要解放教师，而让学生深富学习的自主意识和创造力。但是，教学的初衷是要使学生获得真正的知识，让学生在学习中获得修身立命之道，而学生学习，自然也是要通过课堂或者书本获取真正的知识内容，悟得为人处世的道理。我们如果一直强调学习的组织模式和片面突出教学的新理念，却对学生是否真正获取知识和为人处世的道理不闻不问，总拿着一套固化的学习模式来衡量一个课堂的质量，如此，当下的课堂学习很容易就从原本的"满堂灌"僵化模式走向"流于自主学习形式"的另一种僵化模式，这其实也就偏离了我们在教学上的终极追求。

有感于此，我在本公开课活动中，就对一直以来有一些形式化和表演模式的公开课表达了个人的一点质疑态度，从而尝试着以一种传统模式来打造公开课课堂，其实不独在这个课堂中，就是在以上的《古典诗词典型课例一——走进古典美学世界，品鉴诗词声韵之美》和《古典诗词典型课例二——品鉴诗词用典手法，感受诗词表达婉曲之美》两个典型课例中，也有我对不拘泥于固有课堂授学方式的思考和尝试。

不论是公开课还是寻常课堂，不拘泥于固有的授课模式，能根据学生的实际学情，用最适合学生的授课模式来组织课堂学习活动，让学习能够获取真正的知识和为人处世之道，如此才算真正成功的课堂。这也就是我个人对课堂的思考以及在古典诗词鉴赏公开课课堂上的尝试性授课。

第五节　深究《登岳阳楼》的意蕴，
感受杜甫的人格伟大

杜甫是我极其推崇的诗人，对杜甫的作品，我一直都赞赏有加，特别是对《登岳阳楼》这一首旷世名作，我经常不觉沉浸其中，读《登岳阳楼》，我在字里行间领略到洞庭的壮丽，体会到杜甫长年漂泊而不觉已经到了人生暮年的孤苦和无奈，更感受到杜甫人格的伟大。"在唐五言律诗中，杜甫成就最高。五言律诗以语言朴素，'忠厚缠绵'见长。"[1]就一首《登岳阳楼》，我每逢教学，都有新的感触，由此留下了很多教学反思的文字，下面三点，就是来自我读《登岳阳楼》

的三点体会。

一、解读"吴楚东南坼，乾坤日夜浮"，感洞庭之壮阔，品少陵之艰辛

有关《登岳阳楼》一诗的内涵，曾有同事与我探讨过如此问题："'吴楚东南坼，乾坤日夜浮'两句诗，我曾听人如此解析，'坼'字是裂开之意，这句诗寓指当时的国家处于分裂状态，不知你是怎样认为的？"当时，我正忙于他事，对于此观点也未置可否，就简单地回应了对方："好像没看过权威资料有这样的解读，不过这个观点挺新颖的，也颇有几分道理。"

后来，我再想这个观点，越想越觉得不对劲，"坼"字寓指当时的国家分裂，这应该是属于"过度解读"了。我在课堂上也将这个观点提了出来，供学生讨论，绝大部分都不同意"寓指国家分裂"的观点。如此看来，有时一些标新立异的观点，其实是属于对文本的"过度解读"，过度解读在学习活动中实在要不得。

南宋词人刘辰翁如此评价《登岳阳楼》："气压百代，五律雄浑之绝"。然而，我们品味《登岳阳楼》一诗，可以发现，杜甫在此中所要表述的情感，其实相当沉郁低徊，从"亲朋无一字，老病有孤舟"两句，我们所看到的是一个长年漂泊江湖，居无定所的失意文人，再从"戎马关山北，凭轩涕泗流"两句，我们所看到的是一个忧国忧民的悲悯者。

从整首诗来看，能够担当得起"五律雄浑之绝"的评价，就只能是"吴楚东南坼，乾坤日夜浮"两句。但是，如果将这两句诗理解成"寓指国家的分裂"，"雄浑之绝"似乎就无从说起了。

从"雄浑之绝"来评价《登岳阳楼》，我们就只能将"吴楚东南坼，乾坤日夜浮"定位为描写洞庭湖壮阔景象的诗句。北宋文学家胡仔曾如此评价孟浩然的"气蒸云梦泽，波撼岳阳城"两句："洞庭空旷无际，气象雄张，如在目前"，但对照起杜甫的"吴楚东南坼，乾坤日夜浮"两句，他又如此评价："不知少陵胸中吞几云梦也"。历代的评论家看待《登岳阳楼》一诗，对"吴楚东南坼，乾坤日夜浮"的定位皆为"气势雄浑、意境阔大"，因此，将其理解为"寓指国家分裂"，真的不对。

假如从其时唐朝所出现的边疆问题来看待这两句诗，我们也可以看出其中

的谬误。杜甫所处的唐朝时期主要边患有两个，一个是西北方向的吐蕃、回纥、突厥，尤其是安史之乱后，青藏高原上的吐蕃更是屡屡侵扰唐朝内地，另一个是东北方向的高句丽、渤海，而西南方向也有南诏政权给唐朝带来麻烦，但就是东南方向相对安定，所以说"吴楚东南坼"是"国家分裂"，这其实也属缺乏历史常识的表现。如此，大约可以下结论："吴楚东南坼"寓指"国家分裂"，纯属无稽之谈。当然，如果硬要说南方山河处于分裂之中，那也只能从安史之乱后的藩镇割据势力和其时云南地区的南诏政权来凑合分析了，但硬要将"吴楚东南坼，乾坤日夜浮"解读为"国家分裂"，这确实会让《登岳阳楼》失去了"雄浑之绝"的特点。

那么，如此一首抒写自己长年漂泊、颠沛流离、忧国忧民之情的《登岳阳楼》，在其间加入了"吴楚东南坼，乾坤日夜浮"的雄浑诗句，会不会跟全首诗的风格有些格格不入呢？我想，这应该不会。因为，杜甫"昔闻洞庭水"，如今，终于登上了岳阳楼之后，其时他所看到的洞庭胜景，就是眼前的"浩瀚无垠，博大壮阔"景象，彼时他所写，就是自己的直观感觉。

从作者的胸襟来看，杜甫早年胸怀壮志，有浓重的事功之心，要知道，杜甫可是写过"会当凌绝顶，一览众山小"的，因此，与其说是洞庭湖浩瀚博大，还不如说是杜甫胸襟的博大，从"乾坤日夜浮"之句，我似乎看到了作者是将整个天地装在了自己胸襟之中。如此解读，也符合杜甫向来的抱负，但遗憾的是，他一直未能实现抱负。早年一直听闻壮阔浩瀚的洞庭湖，直待暮年多病之时，才得以登上岳阳楼观览到洞庭之水的浩瀚壮阔，其中包含的情感，应是满满的沧桑和不堪。所以，在这首诗的最终部分，才有了"戎马关山北，凭轩涕泗流"之语，可以说，最后两句诗是杜甫家国情怀的写照，而"吴楚东南坼，乾坤日夜浮"，便是最后两句诗的最好铺垫。

以上也是我个人在讲解此诗时，与学生所交流的话题，最终，大部分学生也同意了我的解读。

二、读《登岳阳楼》，感受杜甫人格的伟大

在讲析《登岳阳楼》一诗的过程中，我在课堂上对学生说道："在日常生活中，一个饱经生活打击的人，只要他坚持不懈，从容面对，不被生活的压力击垮，而

仍然能够以积极奋发的斗志面对生活所给的一切，我们就会对其肃然起敬，为其竖起大拇指。"

对于我所表达的观点，学生点头称是。确实，一个能够以从容豁达的态度来面对生活重击的人，总是值得推崇的，比如宋代文学大豪苏轼，就是如此。

但是，有这样一位文人，他在屡屡遭受生活的打击之后，却依然心怀天下，不忘早年匡济社会苍生的理想，这位文人就是唐朝最伟大的现实主义诗人——杜甫。即使命运对他极为不公，让他半辈子都在外漂泊，在其晚年时期甚至居无定所，但他却在命运最为困厄的年月中保持着对国家对百姓最纯粹的关心和牵挂，真可谓"不忘初心"。

杜甫晚年漂泊在荆襄一带，这一时期杜甫个人的处境其实已经极为糟糕了。彼时的他，患有非常严重的肺病，长年居无定所、颠沛流离，已使他心力交瘁，再加上全家人居无定所，都寄居在一条船上，漂泊江湖，如此境况，从世俗的眼光看来，无论年轻时是什么样的雄心壮志和意气风发，在这样的处境之下，估计早就消磨殆尽，哪里还有什么心思忧国忧民呢？

这个时期的杜甫，假如他的诗作中所透露出来的主要是对人生的回顾，或者是以一份淡泊的心情来面对暮年生活，我们都不会觉得有什么奇怪。这就是我在上文所说的，一个深受生活重击而能够保持从容豁达心态的人，总是值得推崇的。

然而，在《登岳阳楼》一诗中，我们所看到的还是那一位忧国忧民的伟大诗人。在《登岳阳楼》中，杜甫如此写道："亲朋无一字，老病有孤舟"，这是他对自己命运的喟叹，这时候的他已经到了风烛残年的光景，在天下尚未太平，世道依然艰难的境况下，又是亲朋好友的音讯全部断绝，而他全家人就寄身于孤舟之上。像碰上了这样的境遇，普通人的想法首先就是渴求个人身体健康，自己亲人平安。但杜甫之所以为杜甫，之所以为伟大的现实主义诗人，就在于他内心对国家对百姓的关怀，也即平常所言的"忧国忧民"。只见杜甫笔触一转，尾联定为了"戎马关山北，凭轩涕泗流"两句，如此诗句，饱含着一个伟大诗人对国家命运的担忧。彼时的国家，内忧外患严重，西部边境的吐蕃屡屡侵扰中原内地，天下局势极不安定，想到国家仍然处于动乱之中，杜甫不由悲从中来。

有人说，杜甫不过是在纸上空谈忧国而已，其实，纵观杜甫的诗作，包括他的"三吏三别"，以及他的《哀江头》《茅屋为秋风所破歌》，可知国家和百姓一直都是杜甫最为纯粹的牵挂，在写作《登岳阳楼》时，杜甫已经是暮年，且体弱多病，他也根本没指望能够通过所作的诗文而得到赏识，故而，杜甫在作品中体现出来的忧国忧民情怀，绝对是一种最为纯粹的感情，而杜甫一直渴望天下太平，百姓生活安定，这其实也是古往今来一个真正的士大夫所该有的气节，杜甫的愿望也代表了当时天下百姓的愿望。

最难能可贵的是，《登岳阳楼》是杜甫晚年作品，然杜甫从未忘记为国为民的初心，这一份初心，也值得今天中国的所有从政者学习。

三、对照《登岳阳楼》和《登高》，品味杜甫诗词的深刻意蕴

我常想，一名语文教学者，假如没有一缕经受过苦难挣扎之后的坦然豁达，可能无法真正品读得了苏轼，假如心中没有战马长嘶、金铁相交的回响，可能就无法真正讲好辛弃疾。从高中语文教学的效果来看，古典诗词名家的作品，在讲授过程中，往往需要讲授者添加些许渲染力度，这样才能增添几许感染的效果。所以，我也经常这么认为，假如没有经受过一番真正的穷困潦倒和居无定所，那么，也就无法真正解读得了晚年的杜甫。

杜甫晚年的作品在高中语文中占据着相当重要的地位，《登高》《登岳阳楼》都是杜甫晚年的作品，也是高中学生必读的诗词作品。一个学生走入语文的世界，必须要接触杜甫的诗，但要真正读好杜甫的诗词作品，其实并非易事，因为学生对杜甫诗词作品的学习欲望和兴趣，还跟讲授者有很大的关系。在课堂学习活动中，假如教师对杜甫诗词的解读过分平淡，这会瞬间冲淡了学生的学习热情。

所以，对于教师来说，怎样来教好杜甫的作品，这颇为考验教师的个人教学能力。杜甫的诗词作品，极大地装点了盛唐诗词的锦绣江山，没有杜甫作品的盛唐诗坛，虽然不敢说黯淡无光，但至少是黯然失色的。

所以，讲杜甫，就必须讲杜甫的晚年，讲杜甫的晚年，就必须讲杜甫的困顿，讲杜甫的困顿，就必须讲困顿的杜甫依然悲天悯人，心怀家国。这样的杜甫，在课本之中，其实很立体，很值得渲染。只有渲染了杜甫的穷困潦倒，才能更全面更深入解读其作品。杜甫晚年的作品，重在意蕴，要教好杜甫的诗歌，除了要解其意，还要品其蕴。

比如讲"无边落木萧萧下，不尽长江滚滚来"，不仅需要讲落叶，还须讲"生命的消逝"，人的生命就如落叶一般，沙沙而下，光阴在不断逝去，就如落叶一样，化归于尘土，杜甫晚年的困顿和满腹的辛酸，伴随着多年流离在外的无奈，而显得更为突出，在亘古不变、奔腾而来的江水面前，生命显得过于不堪，只有自然是永恒的，想至此，不免神伤。故而，落木是生命的不断消逝，长江是有限生命的反面映衬，种种悲慨，糅合一起，带出了悲怆寥落的杜甫，此种悲慨，非经受过生命之沉重者，不能解读。

比如讲"亲朋无一字，老病有孤舟"，不仅需要将老和病讲析清楚，更需将亲朋好友音讯全都断绝的寂寥和无奈尽数讲出，也需将居无定所，寄居孤舟的悲惨讲得进入精微之处，这样才能感动听者。老年人的寂寞，不是年轻人所能感受到的，所谓"亲朋好友全无音讯"，在离乱之世中，能够存活下来，已属不易，彼时的杜甫已入暮年，暮年时期，能够联系上的亲朋好友，又真的会有多少呢？自己的亲人，自己的朋友，可能在离乱之世中流离颠沛，也有可能已经抵不过岁月，先行一步了。暮年的杜甫，心中的悲伤，只有自己知道，相比于亲友的无音无信，伴随着自己的就只有年老多病，也不知道自己的时日还有多少呢？

杜甫的登临作品，写得相当出色，像《望岳》《登楼》《登高》《登岳阳楼》都是脍炙人口的名作，也见证了杜甫不同人生阶段在登临高处，放眼山河之后的深切感触，而《登高》是登临作品中的巅峰之作，《登岳阳楼》也是他登临作品之中的佼佼者，是属于佳作之中的佳作，杜甫"善于在登高的场景中，将自己的痛苦放大到尽可能宏大的空间中，使他的悲凉显得并不渺小"[2]，在《登岳阳楼》中，杜甫将个人的苦痛和家国之思融入广阔的天地空间之中，而让读者深感其中似有无穷的意蕴。

杜甫晚年的诗词，胜在其意蕴，极为凝练的笔墨，却有无穷的韵味，教学者解读杜甫，必须将晚年杜甫的境遇讲析清楚，然后再将意蕴解释清楚，这样才能讲好杜甫吧！

参考文献：

［1］孙绍振.月迷津渡—古典诗词个案微观分析［M].上海：上海教育出版社，
2015.

［2］孙绍振.名作细读—微观分析个案研究［M].上海：上海教育出版社，2009.

第三章 用心读好一整本书，培养良好阅读习惯

　　本章内容主要是针对"整本书阅读和研讨"学习概念所存在的部分问题，以及"整本书阅读和研讨"的学习方法和策略而展开的概述，并且以《红楼梦》整本书阅读和研讨作为问题分析对象，详细地展现了在阅读《红楼梦》时的深度思考。"整本书阅读和研讨"是近年来高中语文学习的重点任务，对学生养成良好的阅读习惯和文学逻辑思维，有重要意义。本章内容尝试从"整本书阅读和研讨"所存在的部分问题入手，追究整本书阅读和研讨存在问题的根源，以期望往后在"整本书阅读和研讨"学习任务群中能够有更明确的前进方向。

第一节　整本书阅读存在问题剖析和有效策略建言

　　"整本书阅读"活动是部编版高一级语文的单元学习活动，必修上册的整本书阅读任务是《乡土中国》，必修下册的整本书阅读任务是《红楼梦》。"'整本书阅读'在现有的课程与教学体系中，还是一种稀有和陌生的存在。它的开展，对现有语文教学与实践体系的挑战是毋庸置疑的"[1]，因为整本书的学习任务极为重要，很多高中语文教师在组织整本书阅读时可谓不遗余力。但是，在很多时候，我们花费很大力气所推行的整本书阅读学习活动，到了最后却收效甚微。教师在"整本书阅读"学习活动上组织得相当辛苦，学生却不愿意学，整本书阅读活动走下来之后，往往就只剩下一句空荡荡的口号而已。

　　纵观现在的高中学校，很多老师在组织整本书阅读活动时，可谓轰轰烈烈，各类作品解读的资源，各类阅读的技能方法，可谓应有尽有，品类繁多。多数学生在整本书阅读活动开始之前，就已经预先购置了崭新的书本，就等老师一声令下，然后就全心全意，开展阅读学习活动。不过，美好的设想往往很难真正付诸行动，整本书阅读学习活动在设想上相当美好，但一番操作下来之后，不论是老师还是学生，才发现事情并没有自己所设想的那般简单。

　　首先，"整本书阅读活动"实在是过分地耗费时间，这项活动不只占据课堂时间，还占据课后时间，在当今快节奏的生活模式下，要让这些已经习惯了每天刷短视频、刷微信的年轻学生，正正经经地捧着一部《红楼梦》，耐心品味着其中的文学语言和诗词歌赋，这确实有点勉为其难。一部一百二十回的《红楼梦》，假如让学生每天看两回，至少还得用六十天的时间来完成，而且还得保证有足够的耐心。试问，学生就一定有足够的耐心和意愿，拿这六十天的时间，来认真地看《红楼梦》吗？也许，学生们更加愿意做那些短小精悍、一目了然的理科试题。

　　其次，整本书阅读学习活动并不能够直接转换为考试分数，这导致大部分学生对整本书阅读缺乏足够的耐心，也渐渐失去了最初的期待，而无法义无反顾地投入其中。虽说读书不应该带着过分功利的目的，但大部分学生真的就是带着功利的目的来读书的，假如整本书阅读活动无法给他们在考试成绩上带来预期的收益，他们就会对整本书阅读活动产生怀疑，然后渐渐懈怠下来，以至于最后的"不管不顾"。如此，整本书阅读活动在学生高中生涯中，越往后就越受冷落，因为收益不大，而且又耗费时间，这一特点就跟高中语文这一学科在学生群体中的处境是完全一样的。

　　过分占用时间，不符合学生的预期学习效果，这是整本书阅读活动所存在的问题，也是高中语文所存在的问题。既然存在问题，我们就必须正视问题，找到解决问题的方法，这才是面对问题的正确态度。"整本书阅读活动"所存在的问题，具有普遍性的特点，不同层次的学校，不同特点的学生，都不约而同地在"整本书阅读活动"中共同面临着"阅读时间不足""预期学习效果差"的问题，既然如此，我们在面对这些问题时，应当采取什么样的策略呢？

　　在提出整本书阅读的策略之前，我们先必须追问如下问题："对于高中生来说，整本书阅读活动的意义何在？"如果没有明确学习的意义，这会让大部分学生都陷入迷惘之中，从而对整本书阅读活动产生更大的质疑。因此，在谈整本书阅读的方法和策略之前，我们必须先说清楚整本书阅读给学生带来的积极意义。

第一，整本书阅读活动有助于学生培养起良好的阅读习惯。这句话是无论放在哪里都可以说得通的"真理"。在智能时代，短视频横行，浅阅读之风极盛，碎片化阅读是绝大多数人的阅读习惯，时代的特点深刻影响了现在大部分学生，造成了很多学生根本无法潜心阅读一部名家作品。如此，在高中语文学习活动中，将"整本书阅读"列为必修，而向所有学生发出阅读倡议，让他们利用课内外时间，来阅读名家文学作品，这是时代的必要。换句话来说，整本书阅读学习活动是要跟智能手机中的短视频、爽文等快餐文化抢夺时间的。通过单元必修学习活动，让"整本书阅读"成为一项任务，这就是为了让学生培养起良好的阅读习惯，而不让学生总是将课后时间交给智能手机。一部《红楼梦》，总共一百二十回，我们让学生每天读上两回，总共分为六十天来慢慢阅读，即使他们是囫囵吞枣，或者是浅尝辄止，也总比把绝大部分时间都用在智能手机上要好得多。

第二，整本书阅读学习活动，有助于培养学生的文学逻辑思维能力。一部大部头的优秀文学作品，往往都呈现出了故事情节丰富、人物形象众多、主题深刻的特点，整部作品是一个前后逻辑严密的整体。就如《红楼梦》一书，最典型的特点就是"草蛇灰线、伏脉千里"，而很多学生在初读《红楼梦》时，往往会顾此失彼，无法厘清其中情节的线索和人物之间的关系，更无法品鉴《红楼梦》以小见大、影射现实的写作特点。整本书阅读活动，就是要让学生在不断阅读中，厘清一部作品中错综复杂的人物关系和故事情节，多思考作品中事件所发生的原因，多思考作品中人物命运的结局，渐渐地将整部作品中的一切内在逻辑关系解析清楚，从而培养起一种文学上的逻辑思维能力，这也更加有利于整体阅读能力的提升。比如，有些学生在阅读宝玉挨打的情节时，看到了宝玉情急之下求助的那个耳聋老姆姆，他一般就不会把这处情节视为无关紧要的"闲笔"，而是能够看出其中作者安排的"深意"，那就是借耳聋老姆姆之口，揭示贾府草菅人命的罪恶。长期阅读而培养起来的文学逻辑思维，能让学生在其他的情境之下更为高效地阅读文学作品，这也是整本书阅读给学生所带来的文学逻辑思维的提升。

让学生将更多的时间放在更有意义更有价值的整本书阅读活动上，而不是放在打游戏、刷视频、聊微信这些单调而庸俗的事情上，这是整本书阅读活动最直接、最表层的意义。让学生通过阅读整本书，进入深邃的文学世界之中，养成良好的阅读习惯，培养起一种文学逻辑思维，让他们在接下来的学业中能够更为高效地阅读，能够领略文学作品的主题和意义，这无疑是整本书阅读活动的深层意义。

立足于整本书阅读活动给学生所带来的积极意义，针对当前整本书阅读所存在的各种问题，作为学习的组织者和引导者，我们必须给学生的整本书阅读提出具体有效的策略，以让整本书阅读学习活动真正落到实处。

首先，整本书阅读最为直接有效的方法就是让学生读好整本书。在目前的整本书阅读活动中，存在着一种很不好的现象，那就是老师在课堂上只讲阅读的策略和步骤，而基本上不顾学生是否真正读好了整本书，学生只听老师在课堂上的阅读指引，看看文学作品的讲义，而基本上没有用心地去读作品本身。就比如在《红楼梦》的阅读活动中，有为数不少的老师只是将第五回太虚幻境中的人物判词整理成讲义，简单地交待作品中各位主要人物的结局，以此来开展阅读活动，而对学生课后是否真正去阅读《红楼梦》一书，基本上持着一种不管不顾的态度。这样的方式，不是整本书阅读，而只是简单地了解一本书的概况，知道有这本书的存在而已。真正的整本书阅读，是要以品鉴作品语言，了解作品的写作手法和思想主题为目的，深入到作品世界中，一字一词地消化掉手上的一整本书，这才是真正的整本书阅读。因此，整本书阅读，首先是要读，然后再来看阅读的策略和方法，而不是先看阅读的策略和方法再来阅读。

其次，化整为零，将大部头的整本书拆分为比较小的部分，用零碎的时间慢慢消化掉整部作品。学生的学习时间非常珍贵，这是客观存在的事实，我们不可能让所有的学生都废寝忘食，整天都扑在一本《红楼梦》或者《乡土中国》上面。如果过分占用学生的课内外学习时间，这容易招致学生的反感，再者，一部上百万字的长篇小说就摆放在学生的面前，这会给学生造成极大的阅读压力，所以我们可以采用化整为零的方式，就让学生利用课内外的碎片时间，慢慢消化一整本书，而不要急于让学生完成整本书阅读。读整本书的最终目的，并不在考试，而是要让学生养成良好的阅读习惯，让他们学会鉴赏文学作品。因此，在整本书阅读时间的选择上，我们可以告诉学生，让他们要有更大的耐心，也让他们利用好碎片化时间，将整部作品一点一滴啃食掉。

最后，可以适当让阅读内容生活化，让整本书阅读变得有趣味性。对于部分学生来说，文学世界是精彩纷呈的，是多彩斑斓的，因为他们本身的文学嗅觉就比较敏锐，阅读本来就是他们的爱好。但对于更多的学生来说，文学世界是枯燥乏味的，因为他们本身就不具备敏锐的文学嗅觉，也不爱阅读。整本书阅读参与者品位不同，趣味差异，这造成了整本书阅读活动的开展效果往往达不到预期的状态。在整本书阅读活动开展的过程中，我们可以丰富阅读的方式，用学生更为容易接受的方式来开展，也许会更有利于阅读活动的落实。比如，我在组织学生阅读《红楼梦》一书时，就将其中"宝玉挨打"的情节改编为剧本，让学生在课堂上表演室内情景剧，取得了相当不错的效果。学生们通过角色扮演，揣摩人物的语言和心理，更为深刻地理解人物的性格特点，这也加深了学生对作品的理解。将文学作品改编成剧本，让学生共同参与演出，达到了增强阅读趣味性的目的。再如，我组织学生阅读《乡土中国》时，就让学生以中国乡土社会的组织特点为抓手，并结合《参与家乡文化建设》这一单元，深入潮汕当地社区内部（因我所处的区域就在潮汕），探访潮汕文化特点，了解潮汕当地社会组织特点与中国传统乡土社会组织特点所存在的共通之处，从而加强对《乡土中国》这部作品的进一步理解，这便是让整本书阅读生活化的做法。

在以短视频为主的快餐文化大行其道的今天，上至耄耋老人，下至黄髫小儿，大多数人都将自己的空余时间交给了智能手机，很多人甚至深陷其中而无法自拔，整个社会都严重缺乏阅读整本书的氛围。让学生在最适合读书的年纪阅读整本书，其深远意义不言而喻，身为教学者，应当组织学生利用好课内外时间，阅读好一整本书。"一个人精神的发育需要阅读整本书。一个人的精神发育史就是他的经典阅读史。他阅读的范围有多辽阔，他思想的领域就有多辽阔。如果我们希望自己的精神健康而丰富，那么我们必须阅读；如果我们希望自己的精神美好而高尚，那么我们必须阅读全本经典。人类思想的精髓，存在于经典之中。"[2]

对于教学者而言，整本书阅读有策略、有方法，但策略和方法绝不是读好一本书的目的，身为教学者，我们不能只扔给学生一套阅读的方法或者策略，然后就对学生的阅读活动不闻不问。对于学习者而言，整本书阅读似乎没有什么捷径可言，只能够耐心克服自己的惰性，用心感悟那蕴含在文字之中的语言之美、人文之美、理趣之美，这才算得上是真正读了一整本书。毕竟，读一整本书的终极目的，是要培养良好的阅读习惯，掌握严密的文学逻辑思维，从而去领略文学世界中的精彩。有感于此，我觉得，无论在什么样的情况下，我们开展整本书阅读活动，都要让学生有更多的耐心，而不要有太大的功利心理。我们可以讲阅读的方法和策略，也可以让阅读活动变得更有趣味性，但无论如何，让学生用最大的耐心，慢慢啃食完一整部文学作品，这其实也才是整本书阅读的正道。

参考文献：

[1] 余党绪.走向理性与清明——整本书阅读之思辨读写 [M].上海：上海教育出版社，2019.

[2] 邓彤.整本书阅读六项核心技术 [M].上海：华东师范大学出版社，2019.

第二节　品红楼之宏大结构，
看红楼之世情百态

　　《红楼梦》是我国最伟大的现实主义古典小说，代表着我国古典文学创作的最高成就，高一级语文下册中的"整本书阅读"学习任务就是阅读《红楼梦》。对现在的高中学生来说，阅读《红楼梦》全书很有必要，对提升学生的文学鉴赏能力和文学整体逻辑思维能力等都有很积极的作用。

　　针对整本书阅读的学习任务，本文就尝试从以下方面来谈一谈阅读《红楼梦》的几点体会：

　　第一，读《红楼梦》，应品鉴《红楼梦》宏大的叙事结构，学习《红楼梦》多角度多层次刻画人物形象的创作方式。《红楼梦》之前的很多古典小说，在叙事上采用的多是线式的叙事模式，就如罗贯中所著的著名古典章回体长篇小说《三国演义》，就是采用线式叙事模式，故事叙述显得比较简单，如此，所刻画的人物形象就显得比较扁平，即便平常有很多人评说《三国演义》书中所刻画的曹操、刘备、关羽、张飞、诸葛亮等著名人物形象，表现得栩栩如生，但是，在单一的线式叙事模式下所刻画的人物形象，实际比较单一扁平，有点像是纸片人，反观《红楼梦》一书，在叙事结构上，所采用的是网状叙事模式，所有人物就活跃在作者所编织好的网状叙事模式中，各人物之间相互影响，相互对应，相互映衬，人物与人物之间在命运上相互影响，网状的叙事模式，刻画出了一众栩栩如生的人物形象。相比于《三国演义》一书，《红楼梦》在叙事模式和人物形象塑造方面，就显得非常成熟了。宏大的叙事结构，丰满的人物形象，这便是《红楼梦》带给我的第一体验。

其中，林黛玉初入荣国府，与贾母初次见面，以林黛玉的视角来观摩荣国府，通过林黛玉而带出了一众人物的出场，这一章节的描写堪称小说描写中的一绝，书中的很多人物也在这里初次登场。

林黛玉在进入荣国府之前，迎候她的三等仆妇其吃穿用度已经是异于常人，而要进入荣国府，却不从正门进入，而从西边角门进入。这一章的内容通过林黛玉的视角移步换景，向读者展现了贾府上下的豪奢以及内部秩序的森严。

当贾母被丫鬟搀扶着出场，初见林黛玉时，作者的笔法显得特别老到，贾母将林黛玉拥入怀中，并"心肝儿肉地大哭起来"时，周边一众人"无不掩面涕泣"，此时此刻，贾母就是这个台上的晴雨表，众人也须跟着贾母的情绪变化而变化。或者，我们可以说，通过众人对贾母情绪变化的反应，可看出贾母就是彼时荣国府中的最高主宰者，享有最高的权力。作者不用刻意强调贾母的地位，只需稍稍调动周边众人的情绪，就可以让读者察觉出来，从这一点可看出作者超强的叙事技巧。

在王熙凤出场的这一情节中，作者向读者展现了叙事和刻画人物形象的高超笔法，王熙凤的出场，看似是平平无奇的一笔，却体现了作者的匠心，是作者在看透了世情之后的工笔细描，看作者在文中的原话："只听后院中有人笑声，说，'我来迟了，不曾迎接远客！'黛玉纳罕道，'这些人个个皆敛声屏气，恭肃严整如此，这来者系谁，这样放诞无礼？'"未见其人，先闻其声，这是王熙凤出场给读者的初次印象，而每个人都恭肃严整，唯独王熙凤却谈笑而来，这无疑暗示了王熙凤在荣国府中的地位非比寻常。

当王熙凤和林黛玉见过面之后，对林黛玉的一番恭维，让读者不得不思考，她为何会对林黛玉表现出非同一般的关切和浮夸的同情之心，看原文中的内容，作者看似平常的叙述，却让读者对王熙凤的言语和做法感到尴尬，"上下细细打量了一回，仍送至贾母身边坐下，因笑道，'天下真有这样标致的人物……竟不像老祖宗的外孙女儿，竟是个嫡亲的孙女，怨不得老祖宗天天口头心头一时不忘。只可怜我这妹妹这样命苦……'便用帕拭泪"，"忙转悲为喜道，'正是呢！我一见了妹妹，一心都在他身上了，又是喜欢，又是伤心，竟忘记了老祖宗。该打，该打！'"在贾母的面前，王熙凤又是哭又是笑，就连读者都来不及适应她的情绪变化，替她而尴尬，而她所做的一切，不过是为了讨好荣国府地位最高的主宰者——贾母，从另一个方面讲，贾母允许王熙凤如此"放肆"，这也暗示了王熙凤在贾府中的地位，这也为王熙凤掌管荣国府，协助处理宁国府事务的情节埋下了伏笔。

林黛玉进入荣国府，其所观所感，乃至作者笔下一众栩栩如生的人物形象，无不体现了作者的高超笔法，而《红楼梦》的宏大故事，也通过林黛玉的视角而渐渐展开来。

宏大的叙事结构和栩栩如生的人物形象，让读者感受到了《红楼梦》中作者对世情和人情的刻画，对社会人生的思考，读者品《红楼梦》，对其叙事特点乃至宏大的叙事结构，不可不深思之。

第二，《红楼梦》中丰富的诗词歌赋，营造出了一个色彩斑斓，深具文学韵味的文学世界，置身于《红楼梦》的文学世界中，鉴赏《红楼梦》的文学语言，用心感受《红楼梦》的语言之美，这是每一名《红楼梦》爱好者所必须做好的。《红楼梦》的文学性强，作者的语言文字表现能力特别突出，这一点是公认的，而相比其他古典小说，它有一个非常突出的特点，那就是有大量精美诗词点缀其中，构建出了一个深具古典诗韵之美的文学世界，从而使整部作品显得文采斐然，这一点也是其他古典小说望尘莫及的。不论其他写作手法，就单论作品中的大量古典诗词，《红楼梦》也是古典小说作品中独一档的存在。因此，读《红楼梦》，有时也是在品读诗词，也是在品鉴古典诗词的声韵之美。曹雪芹的诗词创作能力，在《红楼梦》一书中可见一斑。

比如在贾元春省亲的夜晚，众人题咏大观园的诗词作品，堪称精品，作者可以根据在场每一个人的性情和心思，为其量身打造诗词，借书中主要人物之口吟咏出来，由此足见作者曹雪芹的笔力。《红楼梦》一书的文学魅力，有一部分就是来自这些古典诗词。下面笔者就摘录书中人物在元妃省亲夜题咏大观园的部分作品，并且附上个人的评价：

文采风流

李 纨

秀水明山抱复回，风流文采胜蓬莱。

绿裁歌扇迷芳草，红衬湘裙舞落梅。

珠玉自应传盛世，神仙何幸下瑶台。

名园一自邀游赏，未许凡人到此来。

李纨是在作品中已经病逝而未曾出场的贾珠的遗孀，由于丈夫去世而守寡多年，李纨显得如"槁木死灰"。作品中的"绿裁歌扇迷芳草，红衬湘裙舞落梅"两句，对仗十分工整，画面感十足，与唐代律诗相比，也不遑多让，更难得的是这首诗竟然与她原本心如死灰的性情不太相同，"秀水明山""红衬湘群"等意象显得颇有生气，而进入了大观园之后的李纨，竟然渐渐恢复了青春气息，带领着诗社走向了兴盛，这首诗充满了生机，可以视为李纨性情转变的开始。

凝晖钟瑞

薛宝钗

芳园筑向帝城西，华日祥云笼罩奇。

高柳喜迁莺出谷，修篁时待凤来仪。

文风已着宸游夕，孝化应隆遍省时。

睿藻仙才盈彩笔，自惭何敢再为辞？

薛宝钗向来以情商高，精明干练，八面玲珑的性格特征，出现在作品之中，给读者留下了相当深刻的印象，其作品也彰显出了薛宝钗处事玲珑，善于讨好人的性格特点，诗中的"高柳喜迁莺出谷"，其意为喜庆的莺从幽谷之中飞到高柳上，此处喻指元春出深闺进宫为妃。"修篁时待凤来仪"，其意为茂密修长的竹林时刻等待着凤凰的到来，这里喻元春归来省亲。两句诗立意高远，委婉地奉承了元妃，这两句也非常符合薛宝钗的性格特点。"睿藻仙才盈彩笔，自惭何敢再为辞？"这两句是薛宝钗的谦逊之词，其意为元妃所题之诗辞藻华美，简直是神仙之笔，而自我惭愧，未敢再题其他作品，这又一次奉承了元妃，也反映出了薛宝钗八面玲珑的性格特点。

蘅芷清芬

贾宝玉

蘅芜满静苑，萝薜助芬芳。

软衬三春草，柔拖一缕香。

轻烟迷曲径，冷翠滴回廊。

谁谓池塘曲，谢家幽梦长。

在大观园的题作之中，贾宝玉的诗是最具有特点的，也是跟这一次大观园的题诗集会气氛大不相同的作品，从这一点也反映出了贾宝玉在性情上的特立独行。在这首题作中，宝玉用了"烟""冷""幽梦"等字眼，营造出了一种幽深生冷的意境，这首诗是贾宝玉以薛宝钗居处"蘅芜苑"为主题写的诗，贾宝玉写作此诗，其意不言自明，那就是为薛宝钗这个人物形象而服务，"轻烟迷曲径，冷翠滴回廊"两句，几乎跟元妃省亲和大观园诗会的气氛完全对立，一个"迷"，寓指宝钗之城府，让人难以看透，而"冷翠"一词，暗中指宝钗的性情，冷翠回廊，美则美，但这一"冷"字，却也道出了居处主人的生性凉薄。"谁谓池塘曲，谢家幽梦长"中的"梦"字意味深长，其意为薛宝钗的佳句来自梦中，就如著名诗人谢灵运在梦中得到"池塘生春草"之句一样。贾宝玉在大观园所题之诗与其他人的作品风格大不相同，全无阿谀奉承之意，洒脱且自然。

以上的三首作品摘自大观园诗会中的题作，这三首题作是作者根据书中人物的性格特点乃至人物后期性情转变的趋势，而借用书中人物之口题咏出来的作品，所题的作品进一步突出了人物性情，让读者看到更为丰满全面的人物形象。

再来看林黛玉自悲身世的《葬花吟》，这首诗堪比唐诗中的七言歌行体作品，读《葬花吟》一诗，联想到唐诗作品中的《琵琶行》，《琵琶行》同样也是作者自悲身世的作品，而相比于《琵琶行》借助琵琶女自感身世的凄楚，《葬花吟》借书中人物之口幽幽倾诉，并与小说人物的命运紧密结合在一起，读来更添几分缠绵悱恻之感。

葬花吟

林黛玉

花谢花飞花满天，红消香断有谁怜？

游丝软系飘春榭，落絮轻沾扑绣帘。

帘中女儿惜春暮，愁绪满怀无处诉，

手把花锄出绣帘，忍踏落花来复去。

柳丝榆荚自芳菲，不管桃飘与柳飞。

桃李明年能再发，明岁闺中知有谁？

三月香巢已垒成，梁间燕子太无情！

明年花发虽可啄，却不道人去梁空巢也倾。

一年三百六十日，风刀霜剑严相逼，

明媚鲜妍能几时？一朝漂泊难寻觅。

花开易见落难寻，阶前闷杀葬花人，

独把花锄泪暗洒，洒上花枝见血痕。

杜鹃无语正黄昏，荷锄归去掩重门。

青灯照壁人初睡，冷雨敲窗被未温。

怪奴底事倍伤神？半为怜春半恼春。

怜春忽至恼忽去，至又无言去不闻。

昨宵庭外悲歌发，知是花魂与鸟魂？

花魂鸟魂总难留，鸟自无言花自羞。

愿奴胁下生双翼，随花飞落天尽头。

天尽头，何处有香丘？

未若锦囊收艳骨，一抔冷土掩风流。

质本洁来还洁去，强于污淖陷渠沟。

尔今死去奴收葬，未卜奴身何日亡？

奴今葬花人笑痴，他年葬奴知是谁？

试看春残花渐落，便是红颜老死时。

一朝春尽红颜老，花落人亡两不知！

这首《葬花吟》格律齐整，四句一韵，深得七言歌行体的精妙。作品借用漫天飞舞，即将凋零归于尘土的落花，营造出凄冷悲凉的意境，读来就有悲楚凄恻之感，花谢花飞，归于尘土，就如老去的红颜，其中寄寓着林黛玉对生与死的思考，花落无情，葬花者却有情，空自凋零的花瓣，就如林黛玉自己漂泊不定，而只能寄身于贾府的悲凉身世，体弱多病，兼以多愁善感，看花自飘零，不由悲从中来，悲悯起这空自凋零的落花来，于是持着花锄安葬落花，而哀怜落花，不正是哀怜自己的身世吗？一曲《葬花吟》，从林黛玉口中吟咏而出，那一个人比黄花瘦，命薄如丝纸的林家妹妹形象，也不由浮现在读者的眼前。如果说林黛玉的一生就是悲剧的一生，这《葬花吟》就是林黛玉一生的最凄美写照。

读《红楼梦》，品味其中的古典诗词作品，让自己置身于充满古典文学韵味的诗词世界中，从而也品鉴古典诗词的声韵之美，并借助其中的精美诗词作品来进一步认识《红楼梦》中的人物形象，这也是《红楼梦》整本书阅读和研讨的重要学习任务。

第三，《红楼梦》是一部世情小说，写尽了世间百态，理解《红楼梦》的深刻社会主题，这是读《红楼梦》的必要任务。

有关《红楼梦》的主题是什么？相信很多人都会认为，《红楼梦》是一部伟大的反封建作品，以贾、史、王、薛四大家族的兴盛衰亡，反映了中国封建社会由盛而衰的历程，并揭示中国封建社会必将走向覆亡的事实。

无可否认，反封建应是《红楼梦》最深刻的主题，《红楼梦》毕竟是诞生于中国古代封建社会由盛而衰的阶段，而作者曹雪芹正是以自己家族的兴盛衰微，影射封建社会的发展趋势，但是，我们将《红楼梦》简单地定位为一部反封建的文学作品，这反倒显得太过肤浅，也把《红楼梦》想得太简单。

《红楼梦》的主题不可能就只停留在反封建层面上，深究《红楼梦》一书，其当为一部写尽世间百态的世情小说。看贾宝玉和林黛玉之间的爱情悲剧、贾政和贾宝玉在思想理念上的矛盾冲突、王熙凤在贾府中的所作所为这些重要情节，如果都要往反封建的主题方面贴近，《红楼梦》就会减少很多的韵味。

比如说，贾宝玉受到贾政毒打的情节，是《红楼梦》全书中的一处高潮部分，很多人会把贾政毒打贾宝玉，看作是封建保守势力戕害向往自由的年轻人，我一直觉得，这样的解读显得非常单调，贾政毒打贾宝玉，这涉及家庭教育、纲常伦理等复杂问题，当然，其中也肯定涉及了贾政、贾宝玉这对父子之间两种思想理念之间的碰撞，但如果就以"封建和反封建"蔽之，这显得过分粗暴。贾政毒打儿子，既有暴怒的导火索，也有他自己长远的考量，贾宝玉被打，有他不追逐流俗的自由狂放，也源于他玩世不恭、离经叛道，而王夫人的痛苦究竟是担忧自己失宠还是纯粹心疼儿子，贾母对贾政的责骂到底是过分疼爱孙子还是维护封建纲常秩序，最后，贾政的流泪和对自己下手太重的悔恨，这些内容，其实我们都无法用最简单的反封建主题套进去，所以，我们只能说，《红楼梦》就是一部世情小说，读《红楼梦》，其实就是在品尝世间百味。

以下文字对《红楼梦》主题内容的定位，就比较合理全面："《红楼梦》以贾宝玉与林黛玉、薛宝钗的爱情婚姻悲剧为主线，描绘了一众闺阁佳人的人生百态，展现了真正的人性美和悲剧美，是一部从各个角度展现女性美以及中国古代社会百态的史诗性著作"；"《红楼梦》是一部具有世界影响力的人情小说、中国封建社会的百科全书、传统文化的集大成者"。作者自己说："满纸荒唐言，一把辛酸泪。都云作者痴，谁解其中味？"反封建并不是《红楼梦》的全部和唯一，这是任何一位读者都应当注意的。

一席"红楼"梦，一纸荒唐言，品一回红楼，解人世风情，步入了"红楼"的世界，解"红楼"之梦，读透人生，也读透人世。读一部《红楼梦》，仿佛就品尽了世间的所有爱恨情仇，读透了《红楼梦》，感觉就是看透了种种世俗人情，尝透了人间种种酸甜苦辣的滋味，《红楼梦》真不愧是中国古代封建社会的百科全书，青年学生确实应当好好读上一整本"红楼"，读一本"红楼"，也就看透了世间种种。

第三节 变换角度，品味不一样的《红楼梦》

这一节的内容是我在开展《红楼梦》教学活动的过程中，对文本内容的思考和解读。《红楼梦》是鸿篇巨制，无论是老师的教学，还是学生的学习，都不要妄想将《红楼梦》一口吞下去，但假如采取化整为零的方式，从细微处来解读，换一个角度来欣赏《红楼梦》这部伟大的作品，我们也许会发现，《红楼梦》其实很有意思。在下面的内容中，我将分九个要点对《红楼梦》的部分章节进行解析，这九点内容也是我个人在教学过程中的思考，相比起第二节内容的整体性，本节内容就显得相当琐碎，但也更为具体丰满。

一、关于《红楼梦》整本书阅读的深度考量：

"整本书阅读"是近些年来高一级语文学习活动中的新概念，也是大多数高中语文教师和高中语文课题的重点研究方向，研究的名目繁多，方法多样，策略更是令人眼花缭乱，可实际上"整本书阅读"的最终选择权还是掌握在学生的身上，任凭我们把阅读的方法和策略研究得百般透彻，但学生如果不愿意花时间阅读，最终我们对整本书阅读的所谓研究也就无济于事了。

就拿高一必修下册的"整本书阅读"单元来说，这一单元的阅读任务是阅读中国古典小说名著——《红楼梦》，从阅读选材上说，这样的选择好像万分正确，毕竟这可是代表着中国古典小说最高成就的作品，学生没有理由不读它，拿出一两个星期的学习时间，师生共同来研读这部伟大的作品，这似乎也完全没有问题。

然而，美好的愿望往往会带来极大的失望，我们煞费苦心、大讲特讲的"整本书阅读"，到了最后往往也就只剩下应付任务而已，很多学生兴冲冲买了作品而来，闲翻上几回，然后就将作品束之高阁，不再理会。究其原因，就是高中生的学习任务本来就相当繁重，而要让学生在繁重的学业之余，还来翻看《红楼梦》

这部显得有些没趣味并且有些晦涩的作品，并且还要告诉他们，学习不能太功利，估计大部分学生都不太能够接受。

对于阅读《红楼梦》一书，除非是学生本身就抱着阅读兴趣而来，才会将其从头到尾认真读完，假如学生本身就是带着目的性而来，将很难有耐心将全书读完。对于大多数人来说，读书其实就是一项极为功利的行为，如果无法在短期内取得效果，他们一般不会轻易将大部分时间和精力放在一件付出和收益看起来不成正比的事情上。

"整本书阅读"需要学生付出大量的时间和心血，但在收益上却往往达不到期望。我们所面对的是功利的学生，他们的学业繁重，可以用来进行"整本书阅读"的时间其实有限。《红楼梦》一书对高中生来说稍显晦涩，并不是一部太容易接受的作品，厚厚一叠的大部头作品，很多学生还没真正阅读，就已经心生畏惧。既然如此，我们当用什么样的方法来做好《红楼梦》"整本书阅读"的任务呢？

我找了整本书阅读的很多指导方法和对《红楼梦》的评析作品，但反复查看之后，我总觉得要是凭着这些指导和评析来组织课堂学习，有些学生可能根本就没办法接受。对此，我选择了一种极为原始的方法，就是先化整为零。在我的中学时代，教材中所录的《红楼梦》作品，总共也就《葫芦僧判断葫芦案》《林黛玉进贾府》两篇作品，我预计就以这两篇作品为切入点，再加上我比较熟悉的《刘姥姥进大观园》《宝玉挨打》这些章节，然后就以此前一直使用的鉴赏小说的方法来进行授课，也用以前读书时看这些作品的思维来讲课，总之，就是要先让学生消除阅读的畏惧之心，然后再让其慢慢地接纳这部小说，并根据自己的阅读兴趣和课余时间，慢慢地读完整部《红楼梦》。

毕竟高中学生的学习时间和精力有限，我们不可能真的将《红楼梦》整本书阅读活动当作浩大的文学研读工程来完成，但本着让学生了解《红楼梦》的思想意义和出色的语言文字表达技巧，而让其进行有针对性的阅读，这是我们能够做到的。

二、化整为零，先易后难，从简处入手阅读《红楼梦》

让学生阅读《红楼梦》一整本书，这是当前高中语文教学的重任，然而，阅读整本书更多是美好的设想，真正要操作起来，却相当有难度。作为教师，我也开始了《红楼梦》的整本书阅读和研讨教学，但一番操作下来，最终我还是选择了化整为零，在一大本书中选择了《林黛玉进贾府》的章节，先从这里开始了我的《红楼梦》教学。

我为何选择这一章来开始《红楼梦》的教学？主要是从三个方面来考虑的。

其一，我对这一章相对比较熟悉，因为这一章是我在读书时就学习过的。虽说作为教师，我们当利用课内外的时间，认真研读《红楼梦》，然后指导学生阅读，为学生构建起《红楼梦》这部作品的清晰阅读主线，帮助学生更快、更好、更深度地阅读《红楼梦》，但是要指导学生完整读好《红楼梦》一书，其实并非易事。如果就只是随意找一些阅读资料发给学生，而对《红楼梦》的阅读就仅仅做非常肤浅的指导和囊括，那我倒觉得，还不如回到以前，就对这本书中的某一个典型章节做深度解读，也许这样反而比蜻蜓点水式的阅读要好一些。所以，我并不敢托大，就选择了从《林黛玉进贾府》这里开始教学《红楼梦》，而且，我的教学也小心翼翼，就怕出了大的差错。

其二，这一章是从林黛玉的视角来写荣国府的一众人物，贾府是从这里开始进入读者的视野之中。读《红楼梦》，避免不了品读中国古代封建社会由盛而衰的宏大主题，而贾府的兴盛衰亡也就是中国封建社会兴衰的缩影。从这一章开始，读者的主要阅读视野进入贾府，大多数读者的心绪也跟着贾府的兴衰而起伏，贾府的一切悲欢离合也从这里开始。林黛玉的"与别家不同的外祖母家"的贾府所上演的一切，是从林黛玉视角开始的，普通读者的视角跟随着林黛玉的视角也进入了贾府，去探秘一个封建大家族的内部建构。我觉得，从这里开始来教学《红楼梦》，其实就是要借用林黛玉的视角，逐渐将学生引入到贾府的深宅大院中去一探究竟。

其三，贾府中乃至整部《红楼梦》中的一些主要人物，比如贾母、王夫人、王熙凤等，都是在此处首次登场，小小的舞台，却同时汇聚了不少的主要人物，这有利于欣赏作者在人物刻画方面的写作技法和鉴赏作品中的主要人物形象。将大多数人物同时聚集在一个小小的舞台上，让不同的人物在相互交流或者处理矛盾纠葛中，彰显出不同的形象特点，这是很多成功的小说所惯有的写作技法。在此处，林黛玉进入贾府时的小心谨慎，贾母对林黛玉的祖孙之情，王熙凤出场时的装腔作势之态，都写得相当传神，人物形象栩栩如生。因此，选择从这里开始教学《红楼梦》，也有利于学生进一步理解和分析小说的人物形象和刻画形象的技法。

将《红楼梦》整本书阅读化整为零，从一个小的角度切入教学，其实也是一种不错的教学方式，我觉得，要从整体上来教学《红楼梦》不太容易，也很容易失手，从小的方面切入，则相对有把握。

三、从不同角度解析王熙凤初见林黛玉时的炸裂"演技"

《林黛玉进贾府》是《红楼梦》中的知名篇目，通过林黛玉的视角，王熙凤初次在作品中登场，王熙凤的出场，是《红楼梦》中的经典场景，是传统小说中塑造人物形象的成功片段，充分显示了作者不俗的写作功力。

从"我来迟了，未曾迎接远客"，未见其人，而先闻其声，熙凤登场，可谓闪亮，如同人间仙子，再到携着黛玉之手，一番夸赞，然后留下了几滴伪装出来的眼泪，而在贾母一番责怪的话语之后，马上又转悲为喜，悲喜之间自由切换，游刃有余。这样的王熙凤，实在是很难讨得读者的喜欢。

我在讲课过程中，就单刀直入地问学生："大家对王熙凤的第一印象如何？"

"她太能装了！"学生的回答倒也干脆利落，丝毫不掩饰，而且非常通俗，很是接地气。

其实，学生的感受，也正是我读书时，初次读到王熙凤出场时的感受，我对王熙凤的第一印象，就是"她太造作了，一点都不够自然"，但偏偏就是这样一个非常造作的王熙凤，却深得荣国府中最高权威的代表——贾母的认可。

王熙凤为何就能够受到贾母的高度认可？要在课堂上回答这个问题倒也不难，只是我并没有顺着这个问题而继续展开，只是进一步问了学生，"这王熙凤未出场，就先闻其声，总让人感觉她有些装腔作势，甚至有些恃宠而骄，你们看，她出场时是带着笑声出来的，一见了黛玉，假装用手帕拭着眼泪，待贾母说过话之后，又马上转悲为喜，你们说一说，王熙凤的演技是不是太高了？她是不是一个戏精？"

一直以来，王熙凤出场之后的能说会演，都深得大多数读者的认可，我原本也预计着学生们会顺着我的话意，而认可王熙凤的演技。然而，有学生如此说道："不，老师，我感觉她演得太差了，非常不真实，不够自然。"

学生的回答虽然超出我的意料，但也在情理之中。我一笑，对学生说道："我大约知道你们的意思，王熙凤在这里演得太用力了，以至于显得极不自然。"学生点了点头，也表示认可我的看法。

可以说，初次出场的王熙凤是很能演的，但她的演技好像又不够自然，显得太拙劣，估计贾母都能够看得出她是在演戏。既然如此，演技如此拙劣的王熙凤，为何就深得贾母的器重呢？这个问题也是上文中所提及的，王熙凤受到认可和器重，其实还在于她自身的精明能干，要不就凭她在贾母面前所留下的那几滴很假的眼泪，又如何能够博得贾母的认可和器重呢？

如此，我便对学生说道："请你们根据王熙凤初次出场的表现，谈一谈对王熙凤的初步印象，提起笔来，写下你个人所理解的王熙凤，关键是要根据本回目的内容，概括出人物形象特点来。"学生就在课堂上根据我所指引的方向，用自己组织的语言分析王熙凤的人物形象，完成课堂作业。

本课的主要任务，是借林黛玉的视角，看王熙凤的出场，让学生建立起对王熙凤的初步印象，并凭借着这个初步印象，再去体会《红楼梦》全书中的王熙凤形象，如此，本课的学习任务也就完成了。最后，我不忘跟学生说："我们要学习王熙凤的才干，她的才干是其立足贾府并在贾府风生水起的根本，但不要学习她的演技。"

四、从细微处入手，用传统简单的方式讲析《葫芦僧乱判葫芦案》

本次我所选择的篇目是《葫芦僧乱判葫芦案》这一篇，在讲课的过程中，我没有标新立异，没有另辟蹊径，就以最为传统最为简单的方式，让学生在故事情节的发展中，分析人物形象，揭示作品主题。

我之所以这么处理，无非因为如下两个方面：第一，我想用先易后难的方式，让学生也让我自己逐步啃食《红楼梦》这部作品，而不是一开始就把一整个大部头作品放在学生面前，让他们未读就先多了几分畏惧感；第二，这个篇目是我所熟悉的内容，我在初中时期就读过这一回，对其内容主题记忆犹新，讲这一回，我自感非常有把握。这两个方面就是我选择讲《葫芦僧胡判葫芦案》的原因。

当然，选择这个典型篇目，我不可能就只考虑个人原因，我还得再考虑这一篇作品对学生学习《红楼梦》整本书的意义。作为典型篇目，《葫芦僧乱判葫芦案》对学生学习《红楼梦》整本书至少有以下三个方面的深远意义：

第一，《葫芦僧乱判葫芦案》构思巧妙，别具匠心，让学生体会作品情节设置巧妙的同时，也了解其时的人情世故。贾雨村补授应天府，上任伊始，便巧遇一宗人命案，好巧不巧，案件中涉及的两方都跟贾雨村有一点关系，其中被拐者是曾对他有资助之恩的甄士隐之女——甄英莲，而打死人的是对他有提携之恩的贾政之亲戚——薛蟠，他的手下门子又刚好是当年贫贱时所认识的人，并且知道整个案件的来龙去脉。作者如此安排情节，一切看起来似乎很凑巧，但其实也是作者的匠心。将所要塑造的人物置身于漩涡之中，聚焦于人物的复杂心理，这往往是小说在塑造人物上的成功之处。作者将贾雨村置身于一个布局精巧，构思巧妙的平台上，其目的正是要让贾雨村在这个漩涡中做出选择，以彰显他的人物形象，当然，贾雨村的趋利避害也非一天养成，而是在官场这个大染缸中逐渐形成的，故而贾雨村的人物形象符合人物性格发展形成的逻辑，从这一点来看，本篇目中的种种"巧合"，其实正是作者的匠心之所在，也让读者得以窥见其时的人情世故。

第二，《葫芦僧乱判葫芦案》这一篇目在红楼梦一书中有提纲挈领的作用，"护官符"在这一回之中首度出现，这让读者得以看到当时的"官场生态"。《红楼梦》的故事是围绕着贾、史、王、薛四大家族展开的，而在本回中，四大家族通过门子之口，首度出现于护官符中，四大家族非富即贵，不是钟鸣鼎食之家，就是富可敌国的大家族，彼此通婚，相互勾连，这实际上也让读者了解到了当时的官场生态，而这一种官场生态其实也正是中国两千多年封建社会的常态。《红楼梦》后面的故事情节，主要是立足于贾府的日常，又兼顾史、王、薛三家，然后着重演绎了贾府的衰落败亡，而贾府的衰落败亡，其实也象征着中国传统封建社会的衰微败亡，从这一点来看，贾府所影射的其实正是中国的传统封建社会。我们看《葫芦僧乱判葫芦案》一篇，就可以窥见中国传统封建社会中的官场生态，而再由官场生态去追踪封建家族的发展过程。如此看来，《葫芦僧乱判葫芦案》

这一回，真值得一学。

　　第三，《葫芦僧乱判葫芦案》这一篇，在塑造人物形象方面，有独到之处，堪称是中国传统小说中的一绝，几乎是"教科书"级别的。这一篇目所涉及的主要人物并不多，主要人物就是贾雨村和门子二人，门子的精明干练和贾雨村的不动声色、虚伪冷酷，在相互对照，相互衬托之下，显得栩栩如生。门子是有能力的人，从他对贾雨村的使眼色，对整个案件的了如指掌，以及给贾雨村所出的主意，我们明显就可以看出门子的不简单，但在更为精明老练的贾雨村面前，门子还是逊了一筹，最终聪明反被聪明误。反观贾雨村，何其老练！门子一使眼色，他便知其中的不寻常之处，而在密室中屏退了左右之后，听取了门子所出的主意，他大约也知道这个主意应该是最为稳妥的，但在表面上却还是说着"不妥""再斟酌"，最后，他在经过观察之后，知道门子所言非虚，这才按照门子所定的主意判决此案，从这一点看来，贾雨村为官之道何其精明老练！最终看门子利用价值已无，到底寻了他的不是，将他远远地发配走了。这一篇目，在刻画人物形象方面，可谓入木三分，而人物相互映衬相互对照，堪称一绝。因此，从细微处学《葫芦僧乱判葫芦案》，也是学习小说塑造人物形象的技法。

　　《红楼梦》是鸿篇巨制的著作，无论是教师的教学，还是学生的学习，都无法一下子就消化这本著作，我们在教学活动中，就用化整为零的做法，从细处入手，慢慢啃食掉它，这其实也不失为一种有效的方法。

五、从宝玉挨打看贾政的"教育焦虑"

　　"宝玉挨打"是《红楼梦》中的精彩章节，其中，从宝玉为何被打，到贾政对儿子下死手打，再到宝玉被打时各人的不同表现，作者描写得相当精彩。

　　有人说："宝玉挨打"是《红楼梦》前半部的高潮部分。对于贾宝玉和贾政的矛盾冲突，有人将其归结为"追求个性解放"和"维护封建纲常"之间的冲撞。给予"宝玉挨打"如此定位，我倒也不敢妄言对错，但是，我总觉得如此解读，难免有些"过度"。

　　世人皆知，《红楼梦》是一部伟大的现实主义作品，一部《红楼梦》，描写了贾、史、王、薛四大家族由盛而衰的过程，由此影射了中国传统封建社会必将走向衰亡的趋势。正因为《红楼梦》如此宏大的主题，所以当我们在解读《红楼梦》的典型情节时，总难免要将个中种种悲恨情仇提升到家国和社会的层面。

诚然，将《红楼梦》的主题提升到家国社会的层面，这没有错误，也确实有必要，一部伟大的作品，在其诞生之后，就拥有了生命，不再是只属于作者本人而已，而是属于全体读者的，每一位读者都可以就作品本身的思想内容做出自己的解读。《红楼梦》作为一部伟大的现实主义作品，之所以伟大，其中很大原因就在于宏大的社会主题。

但是，我们偶或在鉴赏《红楼梦》的典型情节时，如果将其宏大的社会主题抛开，就将贾家的兴衰看作是一个世家大族的兴亡史，把贾宝玉与贾政之间的矛盾，看作是一对父子间的普通家庭矛盾，也另有一种风味，并且当我们抛开了社会主题之后，再来看待"宝玉挨打"，在情感上可能会显得更饱满一些。

宝玉之所以挨贾政的打，其中的理由说起来也相当简单，那就是因为宝玉"不听话"，做了一些离经叛道的事情，无法成长为贾政所期望的接班人。宝玉不好好读书，羞辱母亲的婢女，还结交戏子琪官，另外也没有好好接待贾雨村，这些行为，完全不符合传统士大夫的行为准则，有辱家门，在贾政看来甚至有可能走上"弑君杀父"的不归路，这一切都让贾政怒不可遏，最终导致了贾政对宝玉的这一场毒打。

如果把贾政就只定位在一个普通父亲的角色上，贾政的心理完全可以理解，毕竟每一个父亲都期望儿子走上"正道"，封建社会的"正道"自然是读书考取功名，即使在今天，好好读书，考上好大学，找一份好工作，这也绝对是"政治正确"，所以贾政的"怒"，是怒儿子没有走上"正道"。从宝玉所做的事情来看，也是不可原谅的，强奸母婢未遂，这样的罪名无论是在哪一个年代，都是不可饶恕的，虽然这项罪名经过了贾环的添油加醋，但贾政信以为真了，再加上宝玉没有好好接待贾雨村，不谙待人接物之道，结交在当时社会上不入流的戏子，惹得忠顺王府的人上门，这都成了贾政暴怒的导火索。

如果就从一个父亲对儿子的期望来看，宝玉挨打其实也就是一宗平常不过的家庭教育案例，其中有父亲对儿子"恨铁不成钢"的失望和恼怒，也有儿子年少不懂事而闯下弥天大祸的过错。不过，这样解读的话，也就没有了宏大的社会主题，

《红楼梦》的艺术价值显然就要低得多。但是，假如我们在教学的过程中，先从普通家庭教育案例的说法入手，来解读"宝玉挨打"的事件，然后再以此来慢慢升华，由普通家庭案例上升到"宏大的社会主题"，其实也可以增强学生对文本的印象。

因此，有时适当卸掉《红楼梦》中的宏大社会主题，不要凡事"上纲上线"，我们会发现，就先从贾政的"教育焦虑"入手，来解读"宝玉挨打"的事件，这显然有意思得多。

六、贾环，一个工于心计的"庶子"，映射出封建等级次序下的人情扭曲

在《红楼梦》中，宝玉遭受贾政的暴打，在这件事中，贾环可谓"功不可没"。作为贾政和赵姨娘所生的庶子，庶出的贾环在荣国府中的地位与嫡出的贾宝玉有天壤之别，就因为这层关系，贾环一直对贾宝玉抱有嫉恨之意。一有机会，他肯定就会下狠手，而直待将"宝二哥"打在地上翻不了身才肯罢休。

在金钏儿投井而死之后，贾环明白自己的机会来了。贾环知道，一向推崇"仁义道德"的贾政，一定容不了离经叛道、恣意妄为的贾宝玉。倘若让贾政知道了贾宝玉"强奸母婢未遂"而致其投井自杀之事，贾政一定会怒不可遏。但是，贾政还不知道这件事情，所以，他必须让贾政知道，而要让贾政知道，首先得引起贾政的注意。

于是，他故意带着一群小厮慌慌张张地跑路，果然，贾政注意到了。如此一来，下面所发生的事情也就顺理成章了。

但是，要如何向贾政说出贾宝玉"强奸金钏儿未遂"的事情，这也很考验贾环的心计。当然，贾环早就将这一切做了精心布局。

在贾政的追问下，贾环自然也就说出了井里的"大头鬼"之事，而在贾政的狐疑和恼怒之下，贾环就"自然而然"进一步地牵扯出了"宝二哥强奸未遂，害得金钏儿投井自尽"的事情来，如此，贾环也就成功地点燃了贾政的怒火。接下来，他站在角落里等着看戏就可以了。

在这里，贾环在向贾政告密时，故意略作停顿，显出有所顾忌的样子，其用意也非常明显，那就是要贾政屏退众人。从表面上看，贾环让贾政屏退众人，是

因为"家丑不可外扬",是为了维护家族的脸面,但他的真正目的不过是不想让人知道是他告的密,因为他明显就夸大其词,属于诬告。再者,他还有一层顾虑,也怕众小厮知道了此事后,会走漏风声,而让宝玉逃过一劫。如此看来,贾环何等工于心计!最后,犯了错的贾宝玉挨了怒不可遏的贾政一顿"着实打死"的暴打,最高兴的当然是一直站在暗处看戏的贾环。

兄友弟恭,这是封建社会所倡导的孝悌之义中的重要表现形式,古往今来,兄弟之间的情谊也一直存在于社会生活中的各个角落,而贾宝玉和贾环这一对同父异母的兄弟,在荣国府这座等级森严的深宅大院中,却不可能有兄弟之间的真情,有的只是嫡庶之间的强烈矛盾。在一个极力宣扬和倡导伦理道德的社会中,我们却时时看到兄弟之间相互猜忌和相互倾轧,从本质上而言,这也正是封建伦理道德的虚伪,以及对人性的戕害,而让人与人之间原本应该存在的纯粹真情荡然无存。在《红楼梦》中,作者正是成功地利用了贾宝玉和贾环这对兄弟间的矛盾,而向读者展现了在封建纲常和森严等级制度之下的人情扭曲现象。

七、宝玉挨打时,耳聋老姆姆的出现,并非"闲笔"

在《红楼梦》"宝玉挨打"的情节中,贾宝玉在贾政的喝令之下,到了贾政的房中,即将要接受处罚。贾宝玉自知父亲在盛怒之中,肯定免不了一顿责打,在这当口,贾宝玉看到了一个老姆姆走了过来。看见了老姆姆的宝玉如得了珍宝,便赶紧上来拉她,说道:"快进去告诉,老爷要打我呢!快去,快去!要紧,要紧!"偏偏这个老姆姆是一个耳聋的人,竟然把"要紧"听成了"跳井"。

王夫人的婢女金钏儿刚刚因宝玉而投井自杀,所以老姆姆将"要紧"听成了"跳井",这也属正常。贾宝玉万分焦急,但老姆姆却说道:"有什么不了的事?老早的完了。太太又赏了衣服,又赏了银子,怎么不了事的!"最终,宝玉寄望于老姆姆报信的愿望落空不成,还凭空让读者着实笑了一回,此时的贾宝玉,真可谓"屋漏偏逢连夜雨"。

老姆姆的出现,是一处妙笔,这一处情节对刻画中国传统社会世情有着非常突出的意义,让读者看到了在封建专制社会下底层民众的悲惨命运。但是,有一些资料的解读,显然就没有参透老姆姆出现在这里的特殊寓意,没有看到作者在这处情节安排上的高明之处。我曾看过这样的解析：老姆姆因为刚得了夫人的赏赐，心中满是高兴，加上耳聋，根本就听不清宝玉在说什么，这一情节让读者忍俊不禁。按照这个说法，老姆姆的出现，就是纯粹地想让读者一笑，就是为了调节气氛而已。如果这样的解读正确的话，老姆姆出现的情节，似乎意义不大。

假如再细看一遍老姆姆出现时所说的话，再联系前面王夫人在金钏儿死了之后，赏赐金钏儿母亲财物的情节，就可发现，老姆姆出现，并且将贾宝玉的"要紧"听成了"跳井"，说出了"有什么不了的事？老早的完了，太太又赏了衣服……"这一系列的情节都是作者有意为之，而且在前面的情节中，作者就已经"设伏"了。

对于贾府来说，死一个丫鬟，也不算是太大的事情，无非就是赔一点钱财的事情。金钏儿死了后，王夫人又是赏了金钏儿母亲财物，又是请了和尚来做法事超度，金钏儿母亲早已千恩万谢了。从王夫人的处理方式和金钏儿母亲的反应来看，在封建社会，穷人家子女的命真的很不值钱，而从老姆姆口中说出的话，无疑让这种现象得到了无限放大。老姆姆也是一个下人，也是出身于底层，但就连一同身处底层的人也都不把同样身处底层者的性命当一回事。老姆姆说的"有什么不了的"，就是说金钏儿投井一事，不过就是一桩普通不过的事，夫人早已经赏赐过银子了，即使是天大的事情也都摆平了。因此，老姆姆几句看似无意的话，也就是对前面王夫人逼死了金钏儿，又草草了结后事的照应。

我们看，就连下人都不把下人的命当作命，从这一点看来，在封建时代，生活于底层的人，其命运真的是悲苦凄惨。当解得了其中寓意之后，我们再来看看这段情节，这里所出现的老姆姆看似无关紧要，但这正是作者的匠心安排，因此，老姆姆的出现，并不只是让读者一笑的，而更是值得读者深入思考的"妙笔"。

八、宝玉挨打时，真的完全不惧封建专制势力，不愿意求饶吗？

在以前的粤教版教材中，是有"宝玉挨打"这篇课文的，这篇课文主要节选自《红楼梦》的第三十三回和第三十四回。因为以前粤教版教材的教学内容尚且保存着，所以，我也干脆就将以前的教学内容拿来用于课堂教学。

"宝玉挨打"是整部《红楼梦》中的著名章节，是前半部作品的高潮部分，这一章节绝对是值得教学者大书特书，也值得学习者全心全意阅读的内容。因为这一章节在《红楼梦》中的突出意义，所以，我在讲这两回的时候，也相当用心，讲得甚为详细，甚为投入。学生在学习这一章时，也相当认真。

对这篇课文，有些教学资源如此解析宝玉挨打时的表现：宝玉被打时，完全没有向贾政求饶，在贾政禁呵之后，也没有乘机到贾母处寻求庇护，而被打过之后，宝玉丝毫没有"悔过"，变得更加"叛逆"了。从这些内容来看，体现出了宝玉不愿意屈服于封建礼教，是属于封建家庭的"逆子"。

在教学的过程中，我也选择了将以上的评析内容显现于学生的面前，并让学生品鉴。我一边讲着这些内容，一边示意学生做笔记。这时，有一位学生突然打断了我的话："老师，宝玉被打的时候，可是被堵起嘴来的，他根本没办法求饶吧！"听着学生的话，我不自觉地笑了，全班学生也都笑了。我笑解析内容中的随意以及所存在的不合理之处，也笑我自己教学的随意，而没有细究解析内容，当然，我也在心里默默赞许学生在学习本章节内容时的"细致入微"。

我问学生："你们觉得贾宝玉在被其父贾政暴打的时候，他想不想求饶？""想。"学生的回答也是干脆利落，这倒也符合人之常情。毕竟宝玉并不是所谓的"硬汉"，盛怒之下的贾政，打在宝玉身上的那一顿板子绝对不是闹着玩的，宝玉如果不是被堵起嘴来，可能真的会求饶。

从上文内容来分析，宝玉在挨打之前，一直在想办法叫下人前往祖母处通报消息，如此看来，宝玉其实并没有我们所想象的那般硬气，自小生活在荣国府的他肯定知道一直秉持封建纲常理念的父亲发起怒来的可怕，所以他根本就没想过硬扛下这一顿板子，而是想方设法，要免除这一顿暴打。即使宝玉在挨打之后，没有"改邪归正"，而是变得更加叛逆了，但我们也不能因为这一点，就断定宝玉在挨打时的硬气，毕竟被打时求饶，而过后不"改过自新"的这种情况，还是经常出现的。另外，一个从小娇生惯养、锦衣玉食的公子哥儿，我们真的要指望他在被打时，怒目圆睁，敢于不合作，与所谓的"反动势力"作斗争吗？如果我们上溯到宝玉在父亲的禁呵之下，不敢跑到贾母处寻求庇护这一具体情节，恰恰也体现出了他的软弱性情。

结合以上种种来看，宝玉在挨贾政的板子时，如果不是被堵起嘴来的，那他很有可能会选择向父亲求饶，毕竟从前面他主动找人去通报消息这一点来看，他是不想挨这顿板子的。再从另一方面来讲，假如宝玉真的没有被堵起嘴来，且也没有求饶，这其实也不是他的硬气，反倒是彰显了他性格中的"软弱"，因为他屈服于父亲的淫威，估计连求饶的勇气都没了。

如果换一个角度，不要从反封建的主题入手来分析书中的人物形象，那么贾宝玉并不是反封建的斗士，充其量就是封建家庭的异类，因此，我们在读《红楼梦》时，也不要过分地赋予贾宝玉过多的阶级特性，就把他当作是一个普通的富家公子来看待，将其看作是一个有血有肉的普通人，这样才是真正了解了贾宝玉，学生也才能够认识到全面丰满的贾宝玉。

九、从世俗来定位，薛宝钗就是贾宝玉的理想伴侣

在《红楼梦》一书中，薛宝钗是作者精心刻画的人物之一，在曹雪芹的笔下，薛宝钗知书达礼，举止端庄，身上分明有一种贵族少女的气质。不过，我们看后世很多人对薛宝钗的评价，好像都不太正面。

我曾看过有人如此评价薛宝钗：深受封建礼教毒害的贵族少女形象，出身于封建贵族家庭，注定最终不可能挣脱自己身上的枷锁，不可能掌握自己的命运。

我觉得，这样的评价太平面化了，基本上就是将文学作品中的人物形象脸谱化、符号化，而完全不将其当作有血有肉的人物来看待，并且这样的解读可能不太符合作者的本心。曹雪芹的《红楼梦》确实具有反封建的宏大主题，这一点不假，但我一直觉得这部作品的反封建主题更多的是后世的牵强附会。试想，让曹雪芹这样一个出身于封建社会，从小就接受封建教育长大，并在封建贵族家庭中过着锦衣玉食的人，却站在高度反封建的立场上，从常理上而言，好像也说不通。

曹雪芹是出身于封建没落贵族家庭的人，我觉得他是想借《红楼梦》来反映一种历史发展规律，那就是任何事物，都是盛极必衰，世上之人和事，不存在永恒，总是会随着时间的冲击和淘洗，而消弭于历史长河之中。

理清了这一点，我们再看薛宝钗其人，我觉得她身上也没有所谓"深受封建礼教毒害"的特点，即使有，那也是当时天下所有女性所共有的特点，并非薛宝钗身上所独有。今天，我们讲薛宝钗深受封建礼教的毒害，那可能是因为后人站在了一个文学制高点来俯视《红楼梦》一书，这才得出如此结论。在反复品鉴薛宝钗的形象之后，我觉得曹雪芹对薛宝钗至少是没有任何

敌意的。

薛宝钗出身于一个渐渐走向没落的皇商家庭，幼年丧父，再加上她的兄长薛蟠也不成器，因此，显赫家世、封建大家族、皇商家庭等特点，共同造就了一个甚有心机、善于辞令、含而不露的薛宝钗形象，也许从这一点来看，我们完全可以持着如此论调：薛宝钗就是在封建家庭中成长起来，一直深受封建礼教毒害，无法掌控自己命运的贵族少女形象。但是，什么样的家庭造就什么样性格的孩子，薛宝钗这样的性格特点，好像也没有什么错误，况且，她又是一个知书达礼，端庄大方的少女，这样的薛宝钗，好像也没有什么可以让读者嫉恨厌恶的理由。再者，我们说薛宝钗无法掌控自己的命运，但平心而论，这个世界上又有多少人能够掌控自己的命运？

我们如果卸下"封建伦理道德"这方面的主题，就单看薛宝钗的人物形象，我觉得宝钗其实也很"可爱"。

有人说：薛宝钗非常有心机，她很想成为宝二奶奶，而在表面上却总是装作若无其事。我觉得，这样的宝钗，也没有错误。心里有喜欢的人，并努力追求，这是人之常情，而心里喜欢一个人，却总是含而不露，这不也是现实中的男女之间经常出现的事情吗？从这一点来看，这样的宝钗显得含蓄，符合东方女性的形象特点！

在宝玉被打之后，宝钗前来送药，她在言语上表达了对宝玉的关心，但在说了半句话之后，欲言又止，这再度将她的含蓄性格表现得跃然纸上。薛宝钗在送来药丸之后，对宝玉递上了最为深切的关心，宝玉在那一瞬间其实也动了情。但宝玉也就是那么一瞬间动了情，再往后，宝玉就没有对宝钗如此动情过，因为宝玉的心里就只能装得下他的林妹妹，最终宝玉和宝钗也就只能是"有名无实"。也许，这一出悲剧也正体现出了《红楼梦》这部伟大作品的精心设计和独特匠思。看《红楼们》这部处处充满世情的伟大作品，分明可以感受到曹雪芹驾驭情节和刻画世情的高明，"曹雪芹的伟大之处还在于，他没有把贾宝玉理想化，没有脱离历史条件把他绝对纯洁化。相反，他为这种绝对专一的情痴营造了一种并不绝对专一的两性关系的等级体制环境。"[1]

我觉得，就从世俗的眼光来看，一个出身名门，知书达礼，举止端庄，甚有心计，而一心一意想要自己的心上人走上"仕途经济"道路的贵族千金，这样的薛宝钗不就是最适合贾宝玉的人吗？可惜，曹雪芹要写的不是世俗的寻常路，他只不过就想写一场梦而已，毕竟，他的家世一路盛衰走下来，也是一场梦。

参考文献：

[1] 孙绍振.演说《红楼》《三国》《雷雨》之魅 [M].福建：福建教育出版社，2017.

第四章 / 语文核心素养下的大单元学习思考

　　本章内容是围绕着大单元学习主题而展开的概述，表达了对大单元学习的思考。相比于传统逐篇讲授课文的方式，大单元学习强调学习的整体性，突出单元学习内容之间的共性。开展大单元学习，加深学生对课文的理解，有利于提升学生对文本知识的整体认知。但是，开展大单元学习也要求学生必须有较高的知识接受能力，假如学生根本无法利用好课后时间来完成对文本知识的自学和探究，而事事必须依赖老师在课堂上讲解，如此，大单元学习的效果也将大打折扣。本章内容将从大单元学习的内涵入手，解构大单元学习的实质，并且围绕着大单元学习的整体目标，来创设典型教学设计，以期望给个人的授课提供一个方向和一份参照。

第一节　大单元学习，
须求学习的整体性

　　在当下学生的各科学习中，学科核心素养是一个学生所必须培养的能力和提升的目标，也是检验学生学习能力和学科知识掌握程度的重要标准。高中语文学科核心素养包括四个维度，具体如下：语言建构与运用、思维发展与提升、审美鉴赏与创造、文化传承与理解。这四个维度相互依存、相互促进，是一个由浅入深，逐层推进的过程。其中，语言建构与运用是基础，思维发展与提升是核心，审美鉴赏与创造是拓展，文化传承与理解是使命。四个维度的提升，需要学习者通过长期阅读和知识积累来不断完成，学生从小学开始，到了初中，再到高中，总共十二学年的时间一直都在学语文，从这一点来看，语文知识内容学习是一个长期积淀的过程，语文学科核心素养能力的养成也不是一日之功。

在当前的语文学习活动中，"大单元学习"是一种非常重要的学习模式，"大单元学习"的模式，对启发学生的整体性思维、探究性思维和创造性思维有非常重要的作用，对培育学生完整的知识体系，培养学生完整健全的人格思想，都有相当突出的意义。从小学阶段开始，语文就被分设为不同的单元，而不同的单元各有不同的主题，单元的设定并不是随心所欲的，所选录的文章也不是随意选入的。我一直认为，单元学习就是要学习者依据单元的主题培育相应的思维能力、语言能力和思想人格。从这方面看，单元学习是培育学科核心素养的重要途径。以部编版高一级语文下册第八单元为例，本单元总共收录了《谏太宗十思疏》《答司马谏议书》《阿房宫赋》《六国论》四篇文言文，这四篇作品都是出自唐宋时期的著名朝臣之手，都是属于典型的朝堂大夫的作品，这几篇不同的作品，都彰显出共同的特点来，那就是每一篇作品中都蕴含着作者的浓烈家国情怀，作者其人都是身体力行、身负安邦济世理想的著名朝臣。鉴于本单元的这一主题，教学者在组织学生开展学习活动时，就应当将"家国情怀"的内涵融入其中。基于本单元的课文特点。笔者认为，教学者除了引领学生学习本单元每篇课文的基本内容外，还必须将"家国情怀"列为本单元的重要培育内容，如此，也才符合学科核心素养中的"思维发展与提升"和"文化传承与理解"的培养目标。当然，家国情怀的培育也绝不可能是本单元学习的唯一，假如本单元学习就仅仅只是为了"家国情怀"理念的培育，这难免过于肤浅。如果没有全面透彻理解本单元各课文的内容，而空谈"家国情怀"，如此单元学习显然不到位。为此，本单元学习至少满足以下学习目标：1.文言文基础知识的理解和积累；2.对不同文章写作特点的分析和比较；3.理解文章创作者在相应文章中所彰显出来的思想和情感；4.全面结合和比较不同文章的思想内涵，培育学生的家国情怀。确立和完成了以上四方面学习目标之后，就可以对本单元开展整体的"大单元学习"了。在下面的内容中，本文将通过三个方面来表达对大单元学习的理解：

首先，大单元学习必须找到同一单元中各课的知识共通点。一个设定好的单元，虽然是由不同的课文组合而成，但一般都会根据单元学习目标而集合相同的知识点。作为教学者，我们肯定得考虑在同一单元学习目标之下的共通知识点，让学生在明确单元学习目标的前提下，加强对知识点的理解，增强对单元课文的印象。寻找不同课文的知识共通点，并不是从一开始就挖掘不同文章在内涵上的共通之处，如果从一开始就直通文章的内涵，寻求内涵上的共通之处，这一点对学生来说，不是那么易于接受。因此，我们先易后难，先从最简易的知识点入手，从学生最容易接受的知识点来授学，来寻求知识的共通点。就如文言虚词——"之"，大多数学生在文言文中看到这个词，大约就会将其翻译为"的"，"之"就相当于"的"，这是大多数高一学生对这个词的初步感知，但读了三年高中之后的学生，一般就不会将"之"简单等同于"的"。虽然学生们在初中时期就已开始系统、完整地阅读文言文，但对文言虚词"之"的理解，其实还不够完整和深刻。对此，我们可以将"之"字在《谏太宗十思疏》《答司马谏议书》《阿房宫赋》《六国论》四篇课文中各自出现的次数整理出来，列成表格，接着将"之"字的意义和用法，在课堂上跟学生详细地讲一讲，然后再让学生根据"之"字的用法和意义，翻译出"之"字所在句子的释义。以文言虚词"之"字作为知识的切入点，然后找到同一单元四篇不同文章中同一个"之"字的不同意义和用法，有助于提升学生的文言文阅读能力。再如学习文言句式——状语后置句，状语后置句是文言文中的特殊句式，相较于现代汉语的介宾结构状语总是置于谓语动词之前，古汉语总是将由介宾短语充当的状语置于谓语动词之后，跟现代汉语一对照，也就成了状语后置句。第八单元中的四篇课文，都出现了状语后置句，我们可以先将其找出来，然后再来比对它们之间的共同点。

下面是四篇文章中出现的部分状语后置句：

"虽董之以严刑，振之以威怒"——《谏太宗十思疏》；

"人习于苟且非一日"——《答司马谏议书》；

"使负栋之柱，多于南亩之农夫；架梁之椽，多于机上之工女"——《阿房宫赋》；

"赵尝五战于秦"——《六国论》。

我们如果让学生进一步分析这些句子的句式特点，就可以发现，多数状语后置句都包含着"以……""于……"的句式，而且"以……""于……"句式都是置于谓语动词的后面。在反复比对中，学生也就很容易找到知识的共通点，有助于提升自己对课文的记忆，有助于进一步理解文章的内容。用状语后置句作为文言句式知识讲解的切入点，让学生找到四篇文章中的状语后置句，并且准确地解析句子的意义，也有助于提升学习的效率。寻找四篇不同的文言文之间的知识共通点，帮助学生增加文言文基础知识，让学生更全面地理解文言文的特点，从语文学科核心素养来说，这也就符合了"语言建构与运用"这一目标。文言文学习，需要我们感知祖先所留下来的语言文字，并且熟悉掌握这一套语言文字，再用祖先留下来的这一套语言文字，来提升个人的汉语言文学运用水平。

其次，大单元学习应当找到各篇课文写作技法和写作风格的共通点。写作技法和写作风格是一篇文章区别于其他作品，独具自身特色的重要因素。在同一单元之下，我们必须承认每一篇课文都存在着独具特色的写作技法，呈现出独具特色的写作风格，也必须准确分析出每篇文章的独特之处来。但是，在大单元学习模式下，我们不只需要找寻作品的"异"，更需要找到作品的"同"，即找到作品在写作技法和写作风格上的共通点，这有利于加强学生对作品的理解，也更有利于学生理解汉语言文学的写作技法和不同作家不同作品的不同风格。在必修下册第八单元中，四篇课文各有特点，呈现出不同的写作风格，但也有技法和风格上的共通点。

从行文形式来看，《谏太宗十思疏》是一篇骈文，句式整齐，辞藻华美，整体节奏感强；《阿房宫赋》是一篇赋体文章，同样也是讲究韵律、注重形式的文学作品。这两篇作品的风格，反映了从初唐一直到晚唐时期，其时的中国文坛之上，骈文和赋极为流行，并频频出现于文人笔端。《答司马谏议书》和《六国论》都是出自北宋文人之手，属于极为典型的散文作品，言辞犀利，立论高远，这两篇文章是典型的政论文写作风格，也反映出中唐时期韩愈和柳宗元发起"古文运动"而提倡的"古文"，到了北宋时期，经过欧阳修等人进一步倡导，已经成了其时文坛的主流行文形式。将文章背后所涉及的写作特色，结合其时的背景，传递给学生，能够让学生逐步建立起一条较为清晰的中国文学史主线。

从写作目的来看，这几篇文章其旨都是在传达个人鲜明的政治态度，也都运用说理的方式来证明自己的观点，如果从这一方面来看，这几篇文章其实都颇有几分"雄辩"的特点。《谏太宗十思疏》作者大量运用比喻论证和对比论证的方式，"木之长""源之深""国之安"三者并举，而劝谏唐太宗居安思危，戒奢以俭；《答司马谏议书》作者主要是用道理论证和举例论证的方式，向对方坚持自己的政治主张，特别是结尾处列举的事实——盘庚之迁，进一步增强自己文章的说服力；《阿房宫赋》看来更像是一篇写景和抒情相结合的文章，但作者所罗列的大量事实，其实就只是为结尾处"后人哀之而不鉴之，亦使后人复哀后人也"这一观点而服务，全篇文章所布的局，就是为了在结尾处传达自己的鲜明观点，这篇文章其实也闪耀着"说理"的光芒；《六国论》用深入浅出的语言，分析了六国先后亡于秦国的原因，观点鲜明，论据充实，指出六国破灭的根本原因就在于"赂秦"。四篇文章都是政治目的很强的文章，都有相当充实的说理基础，让学生在学习活动中，学习这四篇文章的说理方式，有助于提升他们的思维能力和写作能力。

在这一单元的学习中，找到了四篇文章在写作风格上和说理方式上的共通点，让学生体味文章的写作风格，学习其深入浅出的"说理"方式，同时思考四篇文章在写作上的不同点，这对培养学生思维发展与提升的学科核心素养能力，有很大帮助。

再次，大单元学习应该找到同一单元中各课的情感共鸣点。之所以设立大单元学习的模式，其中有一个相当重要的原因，就是同一单元的各篇课文往往统一在同样的单元情感目标之下。在当下的教材中，这一点体现得尤其明显。

《谏太宗十思疏》《答司马谏议书》《阿房宫赋》《六国论》，如果细究这四篇文章的共同点，首先我们可以发现，这四篇文章都是出自唐宋时期的文人之手，唐宋时期是古代中国文教兴盛的时代，也是中国历史上文人政治非常突出的时期。四篇文章的作者分别为魏徵、王安石、杜牧、苏洵，四位作者也都是中国传统士大夫的形象，虽说杜牧、王安石、苏洵三人，相比于魏徵，其身上的文人特征更为明显，但实际上四篇文章的作者其时都是朝廷命官，而他们的写作目的也相当明显，那就是借用文字，向别人传达自己的政治主张，表达自己对国家前途命运的关心之情。从这一点来看，这四篇文章都彰显出非常鲜明的"家国天下"情怀，所谓"家国天下"情怀，即"身体力行，安身立命，为实现'治国平天下'的目标而努力奋斗"。

"家国天下"的情怀具体体现在：魏徵用骈文的形式，对唐太宗逐渐步入奢华生活进行劝谏，让唐太宗具体做到"十思"，并且弘扬九种美德，如此才可让国家长治久安；王安石回信司马光，对保守派干扰破坏新法进行答复，在信中具体阐述了自己的政治态度和主张，表明自己不会因为困难而退缩，表明改革是一项利国利民的举措，彰显了一代改革家的政治气度和魄力；杜牧用赋文的形式，阐述秦王朝因为穷奢极欲，不爱惜民力，最终导致灭亡，从而向当朝统治者过分追求奢华，不体恤百姓的做法委婉地表达了自己的劝诫，劝诫统治者应当爱惜民力，爱惜百姓，否则就会重蹈秦朝灭亡的覆辙；苏洵则是用六国破灭的历史经验教训，分析了六国灭亡的具体原因，通过气势磅礴的政论文形式，向其时的最高统治阶层，表达了用钱买和平的危害。这四篇文章，让我们看到了古代士大夫的气节，看到了他们的政治操守，以及对自己政治主张的坚持，"家国天下"的情怀在他们的文字里彰显了出来，这一份气节和坚持，理当成为学生学习的对象。

学习这一单元的文章，我们就应当将蕴含在文章背后的"家国天下"情怀挖掘出来，摆在学生面前，围绕着"家国天下"情怀这一个单元的共鸣点，来设计学习活动，让"家国天下"情怀成为正面影响学生人格养成的精神力量。学科核心素养的培养目标中，其发展维度包含了"审美鉴赏与创造"和"文化传承与理解"两个层面，在第八单元的学习活动中，我们引领学生们带着一双审美的眼睛，学习和品鉴蕴含在课文背后的"家国天下"情怀，从而学习历史先贤的高尚道德操守，并以"家国天下"情怀作为自己不断奋进的动力，从这方面来看，也是对我国优秀文化的传承。

大单元学习是一个整体的学习活动，在授学过程中，教师应当追求学习的整体性，将同一单元的各篇课文统一在学科核心素养目标之下开展整体学习活动，而不是将大单元学习变成同一单元各篇课文的逐篇讲授学习。因此，大单元学习应当具备以下几个鲜明特点：

1.必须注重前后知识的有效联结。大单元学习强调学习的整体性，教师在授学过程中应当引导学生将不同课文中相同、相似、相近、相对的知识点总结出来，从而形成知识的前后联结，形成学习的整体性。

2.必须在统一的单元学习目标之下开展学习活动。有了统一的单元学习目标，

95

学生在单元学习活动中才能有的放矢，从而根据单元学习目标有步骤地订立学习计划，形成清晰的学习思路和知识脉络。

3. 必须坚持学生的学习主体地位，以大单元学习目标来组建学习小组，在统一的单元学习目标之下形成学习整体，从而提升学习的效率。

一些同行在开展大单元学习时的做法，明显就不符合大单元学习的理念和初衷。比如：有些老师将单元中的每篇课文按照先后顺序，逐一讲完，然后再根据单元目标设立相关问题，让学生利用课内外时间来解答相关问题。此种授课和学习方式虽说也是在同一单元的课文之中按照统一学习目标来开展，但明显就缺乏学习的整体性，而显得支离破碎，并且忽略了学生在学习中的主体作用，明显背离了大单元学习的初衷。

从语文的学科核心素养来看，学生在学习的过程中必须养成熟悉运用语言文字、主动思考探究、辨别是非真假的能力，从而萌发出对汉语言文学的热爱之情，并以中华优秀传统文化的传承者自居。统一的大单元学习目标，有助于培养学生联系前后知识的能力，在统一的单元目标下打造学习整体，让学生根据目标，利用好课内外时间查找学习资源，将获得的各种学习资源融会贯通，这有利于培养学生的主动学习精神。根据统一的单元目标设置探究性问题，围绕着问题深入思考，并表述个人观点，这有利于提升个人的思维探究能力和整体语言表达能力。

建立在学科核心素养培养目标之下的大单元学习，如果老师还是按照传统的授学模式，逐一将每一篇课文的知识硬塞给学生，学生熟悉运用语言文字的能力、主动探究的精神也就无从培养起来，学生长期处于被动接受知识的状态下，很容易渐渐失去主动学习的精神和能力。因此，学科核心素养之下的大单元学习，就应当围绕着"培养学生的主动学习能力""培养学生的思维探究能力""培养学生文化传承的自觉"来打造课堂，从而完成有整体性，有针对性，有科学性的大单元学习。

第二节 大单元学习教学设计
——淡泊以明志，守正而修心
——七年级语文下册第四单元研读

一、序言：

在有关"大单元学习"概念解说这一章中，我原本也准备选录高一的课文内容来创设一篇整体的教学设计，高一语文的"参与家乡文化建设""《乡土中国》整本书阅读""《红楼梦》整本书阅读"等几个单元，必须用"大单元学习"的方式来开展学习活动，而我也确实用了"大单元学习"的模式来组织开展这几个单元的课内外学习活动。

但是，用单篇课文组成的单元来开展整体的大单元学习活动，我在平常的授学活动中其实做得不够多，开展得不够彻底，自己因教学高一年级语文，写过为数不少的有关大单元学习的读书笔记和学案，但总觉得其内容显得过于琐碎，整体性不高，况且也没有存档，故难以为用。因此，我这段时间一直在苦恼于本章内容不够充实，缺乏与之相对应的学案。

恰好之前做过一个七年级语文的大单元学习教学设计，我想，对于学生而言，初高中衔接学习是针对中学生学习的重要课题，初中的语文学习和高中的语文学习是一脉相承的，不论是哪一阶段的学习，语文科学习的知识技能、审美鉴赏、文化传承的目标基本一致，而了解初中语文的学习特点和学习内容，其实也有利于更好地了解高中语文的努力方向和高中学生在语文科方面的知识需求，因此，在这一章内容中，我选录了之前所做的七年级语文下册第四单元"大单元学习"的教学设计，并且根据本单元的知识内容，定单元学习主题为"淡泊以明志，守正而修心"。

二、设计背景：

随着大单元学习成为当下语文学习中的重要学习方式，越来越多的学校和语文教师，选择了这种学习模式来组织学生开展课堂学习活动。在当下语文学习活动中，大部分教师都偏向于语文教学的工具性功能，而忽略了语文学习的人文性功能，基于这一点，本单元设计以部编版七年级语文下册第四单元为载体，从塑造学生的理想人格入手，设计了"淡泊以明志，守正而修心"的学习活动。

三、学习目标：

1.语言建构与运用目标：学习第四单元的各篇课文，完成对文章内涵的理解，鉴赏现代文中的文学笔法，积累文言文中的基础知识。

2.思维发展与提升目标：对比阅读不同的文章，了解不同文章的不同写作特点，注重对问题的研讨，在学习中培养语言表达能力。

3.审美鉴赏与创造目标：在对文章的研读中，品味高尚的人格情操，树立正确的人生观和价值观，坚持语文学习就是修身养性的理念。

4.文化传承与理解目标：品味现代文和文言文的不同魅力，萌发出对祖国语言文字的热爱之情，自觉担当起汉语言文学传承的文化使命。

四、教学用时：

三节课。

五、学习过程：

1.教师给学生布置以下的学习任务：学生利用课后时间，通过各种渠道，获取学习资源，先行预习《叶圣陶先生二三事》《驿路梨花》《最苦与最乐》三篇文章，通过反复阅读课文，先理解三篇文章的内涵。

解析：这个学习环节主要是学生的自学过程。在学习过程中，最忌对学生进行"填鸭"式的教学。将知识强推硬塞给学生，即便学生能够在短时间内理解知识，但因为缺乏兴趣点和自主学习的能力，过后很容易就将已经掌握了的知识忘记。当然，学生的自主学习过程并不是教师放任学生随意地翻阅资料和查找资源，也不是教师随意抛给学生某一个学习任务，然后对学生的具体学习情况不管不顾。

在布置相关学习任务之前，教师必须对学生的具体学情做出调查和评估，然后才可以有针对性地布置学习任务。针对学生的学情分析，教师可以采取问卷调查或者课后访问的方式来完成，考虑大多数初中学生还没有使用智能手机的实际情况，因此，发放的调查问卷应当为纸质调查问卷，而不应该发放在手机终端上使用的调查问卷。

有关学生的预习，教师可以列出如下的具体任务：

（1）先借用工具书，查阅《叶圣陶先生二三事》《驿路梨花》《最苦与最乐》三篇课文生字词的读音和释义，扫清字词上的障碍。

（2）阅读《叶圣陶先生二三事》一文，用列提纲的方式，简要列出文中主要写了叶圣陶先生的哪些事件，并写一篇简短的心得体会，说一说自己在叶圣陶先生身上学习到了什么精神品格。

（3）阅读《驿路梨花》一文，用文字简要概括文章的故事情节，描述本文所塑造的人物形象，重点体会本文故事所设置的几处"悬念"，查阅资料，充分理解"悬念"对小说情节和塑造人物形象的意义，用简要文字谈一谈"驿路梨花"的多重含义。

（4）阅读《最苦与最乐》一文，感受梁启超先生明白如话，但又直入内心的散文式写法，用文字描述文章中梁启超先生有关"最苦"和"最乐"的含义，结合本文的内容，表述个人对"最苦"和"最乐"的看法。

（5）比较阅读《叶圣陶先生二三事》《驿路梨花》《最苦与最乐》三篇文章，充分理解三篇文章在文章体裁上的不同，分析三篇文章所传达的价值观，归纳概括三篇文章的主题，并思考三篇文章对个人修身养性方面所起的积极作用。

2. 教师根据学生的知识需求，向学生提供《陋室铭》和《爱莲说》的学习资料，让学生充分阅读两篇文言文，通过反复阅读，并借助文本中的解析，逐步掌握文言文基础知识，进一步理解两篇文章所要传达的价值观。

解析： 七年级学生在知识内容的学习上尚处于小学到初中过渡的阶段，文言文基础知识的积累相对还比较单薄，学生预习《陋室铭》和《爱莲说》两篇文章，首先要加强对文言文基础知识的学习。在此学习环节中，学生应当借助相关的工具书，并结合文本中的解析，将两篇文言文翻译成现代文。学生可以相互合作，大家相互对照各自所翻译出来的现代文，如果翻译存在不太合理的地方，同学之间相互讨论，改进不足。

这个学习环节对于七年级的学生来说，存在着比较大的难度，学生要自主完成课文翻译，就必须借助工具书，老师也应该给学生必要的支持和指导，协助学生完成这个学习环节，从而达到初步理解全文的目的。

有关学生在这两篇文言文方面的预习，老师可根据实际情况，列出以下具体的学习任务：

（1）借助工具书或者网络资源，查阅两篇文言文的生僻字词的读音和释义，初步熟悉两篇文言文的基本内容。

（2）精读《陋室铭》一文，借用相关的学习资源，了解中国古代文人的精神操守和追求，尝试着用简要的文字说一说《陋室铭》一文说了什么样的内容，传达了什么样的精神，以及对自己个人生活方面的启发。

（3）精读《爱莲说》一文，借助相关的学习资源，了解"莲"这一事物形象在中国古代文学作品中的文学意蕴，将《爱莲说》中所触及的精神内涵概述出来，用文字谈一谈本文对自己在为人处世方面的精神启发。

（4）比较阅读《陋室铭》和《爱莲说》两篇文章，再度用文字简要概括《陋室铭》中"陋室"的特点，说一说作者笔下"陋室"的文学意蕴，谈一谈《爱莲说》中的"莲"的象征意义，借此完成对中国古代文学形象的初步感知，提升对文学形象的理解。

（注：初中生正处于人生观、价值观、世界观逐步成型的时期，通过解读"陋室"和"莲"的文学形象，逐步丰盈学生的精神世界，这是学习这两篇课文的最大精神价值。）

（5）根据"淡泊以明志"的单元主题，用自己的语言概括《陋室铭》和《爱莲说》的课文主题，说一说《陋室铭》和《爱莲说》如何体现出"淡泊"的主题，关键谈一谈作者用什么艺术手法来体现"淡泊"主题，然后说一说自己在这两篇文章中汲取了哪一种为人处世的价值观。

3.学习驱动问题设计：

（1）请认真学习《叶圣陶先生二三事》，品味叶圣陶先生的人格魅力，说说叶圣陶先生的为人处世给你的人生带来什么样的启发？

解析：这篇课文是作者回忆叶圣陶的文章。课文通过回忆与叶圣陶先生交往中的几件小事，主要表现了叶圣陶先生严于律己、宽以待人的节操和风范，流露出对叶圣陶先生的追思敬仰之情。

文章所写的都是叶圣陶先生的生活琐事，所忆内容相对较多而且杂，既有作者亲身感受的事情，也有来自他人的转述和评价，这几件小事，彰显了叶圣陶先生宽以待人、严于律己的高尚品德，也感受到了他在作文、为人方面的力求完美，在工作上的以身作则和鞠躬尽瘁，叶圣陶先生的高尚品德，给了我们极大的人生启发，启示我们做一个严于律己、宽以待人、认真踏实的人。

（2）请认真研读《驿路梨花》，了解其中的故事概况，思考主人公梨花的做法传递了一种什么样的价值观？

解析：《驿路梨花》一文，主要叙述了"我"和老余在西南边区的一座山上迷路，然后栖身于一座小木屋中，在"我"和老余猜测小木屋究竟是谁搭建的一系列疑问中，故事中的悬念一个个被揭开。这座小木屋里有柴、有米、有水，原是解放军战士无偿所建，是专门给路过的行人落脚用的方便之所，经过梨花姑娘、梨花妹妹等人的维护，一年又一年地起着作用，梨花姑娘以及其妹妹的做法，传递了人间的善意，她们用自己的实际行动，用心守护了这座给过往路人起到极大便利的小木屋，从而也号召着更多的人一起参与到共同守护小木屋的行动中来。在作者的笔下，小木屋不只是一处与人便利，帮助过往行人的场所，更是一个传递助人为乐的善意和美德的精神驿站，它将召唤着更多的人一起参与到传递助人为乐精神美德的实际行动中来。

（3）请品读梁启超先生的《最苦与最乐》，全面了解梁启超先生对痛苦和快乐的理解，并说说自己学习生活中的痛苦和快乐。

解析：梁启超先生认为人生最痛苦的事情就是该尽的责任还没有尽，而最快乐的事情就是已经尽了自己的责任，梁启超先生对痛苦和快乐的理解，可谓"体察入微"，挣脱了世俗对痛苦和快乐的肤浅理解，用通俗易懂而又极为深刻的语言，讨论了一个人对人生、对社会、对国家所应当尽的责任，对我们的学习生活也有非常大的启发意义。对于一个学生而言，在学习中，能够尽自己在学业上所应当尽的责任，那便是最快乐的事情，如果在学习上一直背负着未尽的责任，那就会让自己感到痛苦。这也是梁启超先生这一篇文章带给我们的最大启发。

（4）请比较阅读《陋室铭》和《爱莲说》，根据两篇文章的内容，品味二者共同的淡泊情怀，具体谈谈不同的作者在人格养成和道德修养方面的共同做法。

解析：《陋室铭》一文表达了作者对居室环境和道德素养方面的看法，在作者看来，居住环境简陋并不是一件难堪的事情，即使个人居所简陋，但只要道德高尚，那就胜过了一切，这就是在文章中作者所言的"斯是陋室，惟吾德馨"，体现了一种崇高的道德追求，彰显了一种不求奢华物质条件，只求高尚德行情操的淡泊情怀，这对当前社会上过分追求外在物质条件的思想有很大的劝诫意义。

《爱莲说》一文，作者直抒胸臆，毫不掩饰自己对莲的喜爱，原文如此写道："独爱莲之出淤泥而不染，濯清涟而不妖，中通外直，不蔓不枝，香远益清，亭亭净植，可远观而不可亵玩焉"，莲花是花中君子，出于淤泥，却不沾染尘土，不媚不艳，只留给世人一种淡雅的清香，莲花之品格启示我们，应当保持着一份淡雅的性情，不与世俗同流合污，自觉提升个人道德素养，做一个道德高尚之人。

《陋室铭》和《爱莲说》，都是以相当精炼的文字，阐述了为人处世的道理，婉曲地表达了一份至真至诚的淡雅情怀，勉励读者做一个德行高尚之人，两篇文章都是以相关的事物形象为载体，来阐述对为人处世的看法，两篇文章将道德的提升放在首位，对七年级学生的人格养成有很重要的意义。

（注：这两篇文言文篇幅较短，内容相对简单，对于七年级的学生来说，虽说存在一定的理解难度，但其实也不算太难，我们让学生研讨这个问题，就一定要建立在学生透彻理解全文内容的基础上，如果学生没有理解透彻两篇文言文的内容，而强行设计和研讨探究性问题，这是不合理的。）

4.课内作业：学生以"淡泊以明志，守正而修心"为主题，并结合本单元的课文，用自己的语言来表达个人在现实生活中，应当要以什么样的态度来对待世俗的名利。

答案示例：这一单元的研讨学习，给我很深的感触，学了《叶圣陶先生二三事》《驿路梨花》《最苦与最乐》这三篇文章，我认为自己应当做到"守正而修心"，学了《陋室铭》和《爱莲说》这两篇文章，我觉得自己应当做到"淡泊以明志"。

　　无论是叶圣陶先生的严于律己、宽以待人，还是梨花的乐于助人，亦或是梁启超先生对于快乐和痛苦的看法，这都深深地启示了我，应当自觉提升自己的修养，坚持做一个德行高尚的人。《陋室铭》和《爱莲说》则通过事物载体，相当形象地表达了自己的道德观。

　　研习这个单元，我觉得自己就一直带着一份不断上进的精神力量，不断地汲取其中的文学营养，让自己一直将道德的提升放在人生追求的首位，而不是一直醉心于追求世俗的名利。

　　5. 课后作业：1. 鉴赏《驿路梨花》的写作特色，具体了解该文的叙述模式，并用简明的文字表述出来。2. 背诵《陋室铭》和《爱莲说》。

六、教学设计反思：

　　大单元学习是基于同一单元主题，对同一单元下不同篇目课文进行综合性阅读、理解、思考，然后再提升个人学习能力的学习活动，在此学习过程中，阅读是最基本的学习任务，也只有先一步完成最基本的阅读任务，然后才能进一步完成其他学习任务，在学习过程中，我不断向学生强调阅读的重要性，"阅读的目的一般可以分为三方面，为获得乐趣而阅读，为获取信息而阅读，为语文学习而阅读。学校教育背景下的阅读，应该包括三种目的，而且三种目的要融为一体。为了帮助学生找到阅读的门径，需要多种阅读策略的支持，但阅读策略不是教出来的，而是学生在阅读过程中自主建构的"。[1]本单元学习必须涵盖这三方面的阅读目的，反复阅读可以加强对文本的理解，七年级的学生处于小学升入初中的承上启下阶段，有目的性地充分阅读对他们而言相当重要。正因为如此，我在构建本单元的教学设计时，就强调要让他们利用好课后时间，先完成对本单元课文乃至其相关课外知识的阅读，通过不断阅读从而加强对本单元课文的理解，如此再来开展大单元学习，也许可以事半功倍。从阅读能力方面而言，学生们经过了小学时代大部分时间的集体朗读课文之后，到了初中时期，这种常见于小学阶段的集体朗读课文的学习情境会相应减少，独立阅读和思考的情境会相应增加，而让学生利用好课内外时间对本单元作品进行充分的自主阅读，有利于加深学生对文本的理解，提升对文本内容的认知程度，这对大单元学习来说相当重要。

当然，我选择七年级语文下册来设计大单元学习，虽然是因我个人对学生自主阅读的思考，但其中也还包括以下两个方面的考量：

一方面，是机缘巧合，也包含着我个人的一点期望。此前因为学习任务，而做了这方面的教学设计，于是，这一次我就顺手将这个大单元学习的教学设计选录了进来。前段时间，与我共事的一位朋友因外出学习交流一年，被对方学校安排了初中语文的教学工作，而向我大吐苦水："初中语文从来没有教过，教材也完全不熟悉，都得重新备课。"我打趣说："从高中语文换到初中语文，刚好可以摸索初中语文教学和高中语文教学的衔接点，探索语文教学的规律，洞悉学生成长的轨迹。"对方说："那这项工作得由你来做。"我莞尔。其实，如果现在让我来接手初中语文教学工作，我还真的颇有几分兴趣，毕竟语文学习对学生人格的影响是深远的，也是长期的过程，假如一直立足于高中语文教学，难免会出现短视的现象，看学生的知识成长和人格养成，就少了长时间的观察，可能也就不够立体。因此，对任教初中语文，我其实带着一种期待和莫大兴趣，因此我才带着极大的兴趣创设和收录了这份七年级语文的大单元学习教学设计。

另一方面，这是我个人课题研究方向使然。近两年，我一直致力于广东省教科研项目《核心素养下打造德学兼修精品语文课堂的研究》工作，项目的主要研究方向为打造"德学兼修"的语文课堂，探索语文学科的知识内容对学生人格养成和道德提升方面的积极作用。学生的人格养成是一项长期工程，也是一个人终身学习的过程。初中阶段是学生人格养成的关键阶段，以初中语文的知识内容作为切入点，找到初中语文学习和高中语文学习的衔接点，并由此探索中学语文的教学规律，在语文教学中洞察学生个人成长的轨迹，这是《核心素养下打造德学兼修精品语文课堂的研究》的重要选题意义和研究意义，也是我在本章中选录《淡泊以明志，守正而修心——七年级语文下册第四单元研读》的目的之所在。

不过，我再度回望和反思自己所做的《淡泊以明志，守正而修心》的单元研习教学设计，发觉这个教学设计有部分内容已经超过了初中学生的理解和学习能力范围，换句话说，在很多地方，我可能过高地估计了初中学生的自学和探究能力，从而用高中生的标准来要求初中生，因此，我感觉自己所做的教学设计，在形式上来说似乎说得通，但真正要推之于课堂学习，应该颇具难度。但是，回想过来，《淡泊以明志，守正而修心》的大单元学习教学设计主要是以初中语文教学为基点，并探索初中语文学习和高中语文学习的衔接点，以学生的理想人格形成为终极目标，无论如何，将语文学习和塑造理想人格两者紧密结合起来，在七年级学生群体中做一次大胆的尝试，这或许是一个不错的选择！

参考文献：

[1] 吴欣歆 . 培养真正的阅读者——整本书阅读之理论基础 [M]. 上海：上海教育出版社，2019.

第三节　借大单元学习的模式，
深刻缕析儒道两家的治国理念

本节内容我借用了高一级语文必修下册第一课的三篇课文，在课堂上对儒家和道家的治国思想进行研讨和思考。在以下内容中所构设的研讨性问题，是我在这三篇课文授学活动中，进行大单元学习模式授课的尝试。但因为我并没有完全按照大单元学习的模式来组织课堂学习，而只是将这三篇课文的某些共性呈现于课堂上，与学生进行探究性讨论，因此其中内容就显得有些支离破碎。在以下内容中，我就个人对《子路、曾皙、冉有、公西华侍坐》《齐桓晋文之事》《庖丁解牛》三篇课文的研讨性授课活动，分为两个要点来说明。

一、研读《子路、曾皙、冉有、公西华侍坐》《齐桓晋文之事》《庖丁解牛》，横向比较春秋战国时期的孔孟之道和老庄之道：

部编版高一级语文必修下册的第一课所选录的课文分别是《子路、曾皙、冉有、公西华侍坐》《齐桓晋文之事》《庖丁解牛》，这三篇文章组合成了必修下册的第一课。假如按照传统的教学方法，毫不夸张地说，这三篇课文几乎就相当于一单元的学习量。如此安排第一课，我感觉是要释放一个信号：在课堂学习中必须删繁就简，以学生为学习的主角，让其利用好课后时间，通过自主学习，学好课文的基本内容。在学生完成对课文基本内容的学习之后，再围绕着中国传统儒家和道家两家的思想理念，来设计探究性的问题，让学生横向比较儒道两家的思想，最终完成对本课的学习。

既然如此，围绕着本课的三篇文章来设计问题，从而让学生纵向了解孔孟之道和老庄之道，并横向比较儒道两家的思想，这相当必要。

对此，我们可以将本课问题的范围和方向设计如下，同处春秋战国乱世，孔孟之道和庄子之道截然不同。试分析以下问题：

1.孔子和孟子身处春秋战国的纷乱世道，面对着当时天下战乱四起，生灵涂炭的现实，而秉承什么样的治国理念？请根据《子路、曾皙、冉有、公西华》《齐桓晋文之事》两篇文章的具体内容，简要阐述。

2.身处战国中期的乱世，庄子倡导用什么样的处世之道来规避风险，而保全自己？请根据《庖丁解牛》的具体内容，简要阐述。

3.儒道两家思想是中国两千多年封建社会统治思想的基础。无论是孔孟之道，还是老庄之道，都对中国后世产生了深远的影响，特别是对历代士大夫理想人格的养成有着深刻的影响。请根据文本内容，写一篇不少于500字的评论性文章，谈谈儒道两家是如何影响士大夫理想人格养成的。

以上所设计的三个问题，是在完成对课文基础知识学习的前提下，拓展延伸出来的问题。为何设计这三个问题？

问题解析：

1.第一个问题立足于《子路、曾皙、冉有、公西华侍坐》《齐桓晋文之事》两篇文章，要求学生通过对课文的自主学习，了解孔子对"先王之道"的尊崇和"礼乐昌盛"理想社会的追求，也了解孟子所构建的"保民而王"的理想蓝图，然后根据文本内容，谈孔子和孟子的治国之道。

2.第二个问题是针对《庖丁解牛》一文所体现出来的"养生"理念而设计的。庄子身处战国中期的乱世，这一阶段诸侯国之间的兼并战争进一步加剧，各国之间围绕着利益上的争端，而相互攻伐。庄子以"庖丁解牛"为喻，形象阐述了如何在乱世中安身立命。学生必须了解这方面的内容，才可以完成这个问题。

3.第三个问题是在充分理解三篇文章的内容，并且要求学生在对儒道两家各自的思想理念有全面理解的基础上，进而将两家思想进行比较，然后以文字的形式表达出来，这既考查学生对儒道两家思想的理解，也考验学生个人的语言表达能力。

总结：

假如要让学生完成以上三个问题，最基本的要素就是要完成对文本内容的学习，假如没有完成对三篇文章基本内容的学习，而推出以上问题，学生肯定无法跟上学习的节奏。那么，我们煞费苦心所设置的问题，也只不过是一纸毫无用处的学习简案而已，而无法真正触发学生的探究性思维。如此，让学生利用好课后时间自主完成对三篇文章的学习，这就显得十分必要。

二、在春秋战国乱世，儒道两家，哪一家的思想更适合作为诸侯国的治国思想？——大单元学习辩论赛构想：

"在春秋战国乱世之中，儒家思想和道家思想，这两家思想哪一家的思想更适合作为诸侯国的治国思想？"这个问题是我在讲授完高一级语文必修下册第一课的《子路、曾皙、冉有、公西华侍坐》《齐桓晋文之事》《庖丁解牛》之后，所想到的问题。

对于绝大部分学习者来说，我所设计的问题看似毫无意义，因为我们从"事后诸葛亮"的角度来看待中国历史的发展历程，儒道两家思想都很不适合乱世时的治国之用，而我们纵观中国历史，也都知道，无论是春秋时期，还是战国时期，绝大部分诸侯国的强盛，都离不开法家的严刑峻法，春秋时期的齐桓公重用管仲，推崇法家，从而成就霸业，而战国时期的秦孝公任用商鞅进行变法，最终一扫六合，统一天下。所谓"乱世用重典"，推崇"仁义道德"的儒家思想和主张"无为而治"的道家思想，其实都不适合成为乱世的治国思想。

虽然，上面所设计的问题看似毫无用处，但如果将其铺展开来，并设计成一场辩论赛，这有利于学生进一步加深对儒道两家思想的理解，进一步加深对中国长达两千多年封建社会的治国理念的理解。

假若就从《子路、曾皙、冉有、公西华侍坐》《齐桓晋文之事》《庖丁解牛》三篇文章的内容出发，围绕着"儒道两家哪一家更适合成为诸侯国治国思想"的问题，将学生分为辩论的两方，让其各持观点，展开辩论，我觉得这可能会是一次非常有意思的学习活动，这一次辩论赛也是双方之间在思想上的针锋相对和有力碰撞。

对此，我也根据课文内容，并按照我个人的理解，将双方的辩论观点预设如下：

甲方：(支持儒家思想) 我觉得儒家思想更适合成为春秋战国时期诸侯国的治国思想。儒家思想所追求的是"天下大同"，主张推行"仁义道德"，而回到先王治下的"礼治"社会。按照儒家所设计，一国国君首先应该要有"仁德之心"，以"仁德之心"来推行王道，而让天下人心悦诚服来归附。即使在春秋战国乱世之下纷争不断，但只要国君下定决心，用自身所具备的军事实力，先确保自己有一个良好的外部环境，并维持好国内秩序，然后修德义，以仁政治国，让自己治下的国家成为乱世之中的"王道乐土"，便不愁天下人不来归附。修德义，行仁政，则远人来服。道家所讲的"无为而治""小国寡民"的理念，其实是消极回避问题的做法，很容易让一个诸侯国在乱世之中毫无作为，也无法吸引远方的人来归附。

乙方：(支持道家思想) 首先，无为而治并不是毫无作为，小国寡民也不是道家所追求的最高理想。道家向来的主张，就是一切都要顺应自然规律，所谓"道"者，即天地之间一切事物的内在运行规律，并由此而衍生出来的人类社会各类法则。道家所推崇的，向来就是不违背自然存在的客观规律，在治国上，具体体现为不过分干预民众的生活生产，而在遵照"道法自然"的规律，让百姓于乱世之中规避风险，让国家在纷争之下独善其国，百姓在道法自然的统治下，安居乐业，国家在遵照"天道"的情况下，创设让百姓安居乐业的大环境，这样的国家，在"顺乎天道"的理念下，不违背客观规律，不走弯路，又何尝不能迎来国家的繁荣昌盛呢？无为而治并非无作为，而是一种高质量、高境界的"有为"，让一个国家以及其国内百姓在设定好的秩序中，良好运转，好好生活，这不就是治国的最高境界吗？如果说道家的理念不堪大用，那为什么楚威王要用重金聘请庄子为国相，而孔子和孟子四处游说，兜售自己的政治主张，却总是收到诸侯国君的冷眼呢?

以上内容即是我所预设的辩论赛中的两方观点,我觉得,假如我们想让学生更深刻地理解儒道两家的思想,其实也可以采取这样的方式,从而帮助学生对儒道两家的思想理念理解得更透彻。

第五章

学习任务群，让语文课变得更"鲜活"

　　本章内容以"学习任务群"的学习模式和特点作为概述对象，并对"学习任务群"的学习模式乃至学习效果作深度思考。在学习任务群的学习模式之下，学生根据明确的学习任务，深度参与学习，在学习过程中，增强对知识、对文化的理解。从预期的学习效果来看，在学习任务群之下开展学习活动，可以让语文课变得鲜活有趣味，可以激发学生的创造性思维，让语文课不再只是依托于课内知识，且不再显得过于单调。但学习任务群的组织和开展，必须是在老师的精心安排和布局之下，学生也必须深度参与其中，如此，学习任务群才能彰显出其应有的价值来。

第一节　学习任务群，
学生自主学习和深度参与的学习模式

　　"学习任务群"是近年来语文学习中的新概念，与语文学科核心素养相辅相成，高中语文将语文学习活动明确划分为 18 个学习任务群，分别为："1. 整本书阅读和研讨；2. 当代文化参与；3. 跨媒介阅读与交流；4. 语言积累、梳理和探究；5. 文学阅读与写作；6. 思辨性阅读与表达；7. 实用性阅读与交流；8. 中华传统文化经典研习；9. 中国革命传统作品研习、专题研讨；10. 中国当代作家作品研习；11. 外国作家作品研习；12. 科学与文化论著研习；13. 汉字汉语专题研讨；14. 中华传统文化专题研讨；15. 中国革命传统作品研讨；16. 中国当代作家作品研讨；17. 跨文化专题研讨；18. 学术论著专题研讨"。[1]

18 个学习任务群，基本涵盖了语文学习中的阅读、思考、表达、研讨各方面的综合能力，任务群划分明晰，学科核心素养的培育目标十分明确，而且坚持学生思维探究能力的培养，坚持学生的学习主体地位。在语文学习活动中，将"学习任务群"落实到位，对养成学生的语文学科核心素养意义非凡。同时，也启示广大语文教师，语文教学必须打破传统教学模式的桎梏，要彻底告别以往"老师讲、学生听"的"满堂灌"授课模式，在新的学习形态下，构建学习任务群，提升课堂效率，最大程度激发学生对语文学习的兴趣。

作为语文学习的新形态，"学习任务群"在近些年来备受广大老师和学生的青睐，很多老师在构建"学习任务群"时极其用心，学生对"学习任务群"也表示欢迎，"学习任务群"的全面实施和有效落实，提升了教学效率，让学生找到了学习兴趣点，"学习任务群"在近些年的语文课堂学习中的效益也有目共睹。

站在教师的学习指导角度，再从学习内容的划分和学习任务的具体细化而言，18 个学习任务群从本质上说其实就是专题教学的划分，"划分专题教学的类型，还有一种'内隐'的维度，即教师的'操控程度'。'操控'即操纵和控制，这是以教师为主体、以知识为中心、以课时为基本单位的教学方式的重要特征。语文专题教学带有强烈的'反传统'色彩，但正如一切新生事物一样，当它从传统中走出来时，身上也不可避免地会带有传统的烙印"。[2]在传统教学活动中，教师对课堂的操控太过于用力，往往忽视学生自主学习能力和探究思维的开发，在学习任务群中，我们即使再怎么强化学生的学习主体地位，再怎么强调培养学生的探究性思维和学习能力，但反映在专题教学划分中，教师对课堂学习的操控程度还是很深。在信息时代，我们也许应该学会改变授学方式，学会放下。学习任务群给了学生具体的学习任务，对学习做了明确的任务划分，并且从高一贯穿到高三，其学习时间跨度特别大。在学生的语文学习活动中，帮助学生划分好学习专题，落实好具体的学习任务，让学生作为学习的主体，快乐学习，也许这就是我们改变教学理念和方法的切入点。

回顾过往的高中语文教学形态，大多数语文教师应该都有体会，那就是老师教得相当辛苦，学生也学得相当无趣，原本应该是生动活泼、鲜活有趣的语文课堂，被硬生生地折腾成了"毫无趣味可言、全然没有生气"的沉闷课堂。有的老师常常将以往语文课堂的无趣归咎于语文课堂学习的内容不直接体现在考试试题中，所以导致学生不愿意花时间和精力来学习语文。直接将问题的板子就打在了考试的身上，这难免显得过于简单粗暴，何况我们把学习目的简单归结于考试，这背离了教育的初衷。

我一直认为，传统的语文课堂之所以不大受学生的待见，而广大的语文教师认为语文难教，其中有很大的原因，就是身为语文教师的我们，在很多时候主动剥夺了学生主动学习、协作学习、用心探究的权利，抢夺了他们学习主体的地位，而将课堂变成了教师自己表演的舞台。简单地说，我们需要让学生觉得学习语文是一件可以自己动手、思考、用心，并且非常有趣的事情，学习任务群的设立，正好符合了学生既动手又动脑且自己可以非常用心来完成的要求。

从高中18个学习任务群来看，学习任务群是建立在语文学科素养上的专题学习活动。坚持学生的学习主体地位，落实好"学习任务群"的学习活动，让语文课鲜活起来，变得有血有肉，这是当前语文课所应该坚持的方向。

高中语文学习任务群与大单元学习联系紧密，二者之间可谓"你中有我，我中有你"。相比于大单元学习，"学习任务群"学习目标的定位显得更为精粹明晰，也更加突出学生的学习主体地位，学习跨度也更大。大单元学习的学习范围主要着眼某一个单元的知识内容，一个单元细分为不同的课文，在学习目标的定位上有时难免不够集中精粹，"学习任务群"划定了明确的学习任务，集中突出对某一方面能力的培养，学生围绕着既定的任务来锤炼提升，从这一点看，学生在学习任务群中的学习主体地位明显更为突出。

或者，我们可以这么说，大单元学习是在既定的大单元中，培养学生的综合阅读思考能力，而学习任务群是横跨整个高中阶段，为培养某一方面的能力而设立的有针对性的集中性学习任务，从其设立的宗旨来看，大单元学习和学习任务群都是围绕着高中语文学科核心素养的培育而设定的学习活动模式，二者其实都注重从语言文字的阅读理解能力到思维探究能力的培养，再到文学鉴赏能力和文学审美趣味的养成和提升。

从"学习任务群"所设立的初衷、学习的模式和学习的时间跨度来看，在构建"学习任务群"时，我们应当让学生注意如下几个方面的问题：

第一，学习任务群贯穿高中三年，应当将其当作一项长期的学习活动来完成，而不是零敲碎打，浅尝辄止。以"语言积累、梳理和探究"的学习任务群为例，从其名称我们就可以看出，其中的学习任务是一个循序渐进的过程，语言首先得积累，当积累到一定载量之后，就必须将个人所累积的语言进行梳理，然后再进行探究，让自己的语言表达能力在长期锤炼中得到提升。语言表达的积累及提升，是一个长期且烦琐的过程，并非短期内可以达成，因而我们必须让学生知道，高中三年的语文学习活动，就是不断与语言文字打交道，必须做到不厌其烦，而不能幻想通过一两篇作文的训练，或者是通过作答几份试题，就能够提升的。况且，大部分学生从高一到高三，其语言表达能力从稚嫩渐渐地走向了成熟，这当中必须有大量时间的锤炼和练笔，而不可能一蹴而就。因此，将"语言积累、梳理和探究"的学习任务当作高中三年语文学习的长期任务，这是高中语文学习的必要过程。

一般而言，大部分学生从初中步入高中，其语言表达明显就带有初中生偏重叙述，而缺乏议论的特点，在高中阶段，学生在语言表达的锤炼方面，应当渐渐由偏重叙述向叙议结合过渡。从表达方式所呈现的效果看，叙述语言是将自己所看到的、听到的、了解的事情，原原本本表述出来，所侧重的是表述事件的原来样貌，而议论语言则是将自己所知道的事情，按照自己的理念和观点，呈现在读者面前，其中注入了作者的观点态度，加入了作者对事件的思考，因而更为侧重作者对所表述事件的看法。对照之下，议论性的语言似乎是叙述性语言的升华，故而，让学生在高中阶段锤炼出叙议并重的语言能力，能够熟悉各种语言艺术手法，是教师必须让学生做好的一项学习任务。

构建学习任务群，并真正落实学习任务，不是一朝一夕的事情，而是贯穿于高中三年的长期学习过程中，每一个学生都应该累积点滴之功，然后才能行稳致远，促成个人语言表达能力的厚积薄发。

第二，"学习任务群"注重学生的学习体验，注重学习与生活相结合，而不仅仅停留于书本知识上，在落实"学习任务群"的过程中，应该注重生活化体验，走学习与生活相结合之路，坚持学生的学习主体地位。

"学习任务群"并非对书本知识的简单识记而已，而是要在学好语文学科知识的基础上，将语文学习生活化，使其变得鲜活有趣，如果只是将"学习任务群"当作是书本知识的积累，便可能背离了"学习任务群"设立的初衷。

以"当代文化参与"学习任务群为例，它重点突出了"参与"二字，在课内外学习活动中，假如构建"当代文化参与"学习任务群，我们就必须让课本知识与实践活动相结合，让语文学习活动变得有趣味性，变得贴近生活，从而让学生更加容易接受语文课堂学习。

高一级语文必修上册中，第四单元的主题是"参与家乡文化建设"，第五单元的主题是"《乡土中国》整本书阅读活动"，从"学习任务群"的设定来看，第四单元正好呼应了第二个学习任务群"当代文化参与"，第五单元正好呼应了第一个学习任务群"整本书阅读和研讨"，无论是采用大单元学习的模式，还是落实好"学习任务群"的学习活动，这两个单元的学习活动都必须坚持学生的"学习主体"地位，因为"当代文化参与"和"整本书阅读和研讨"，重在学生的学习体验、知识的获取和阅读素养的提升，必须靠学生自己亲身体验。我们讲"当代文化参与"，总不能替学生参与文化活动吧！我们讲"整本书阅读和研讨"，总不能替学生将文本阅读了吧！在"学习任务群"中，教师可以提供方案，传授方法，教会技巧，但是不能大包大揽，把原本属于学生的任务，全部都给做了，不然"学习任务群"就没有存在的必要。

在开展"参与家乡文化建设"和"《乡土中国》整本书阅读"大单元学习活动时，我就是将"当代文化参与"和"整本书阅读和研讨"两个任务群落实其中，将两个单元的内容结合起来，从而打造出《潮汕文化传承助力乡村振兴战略》的项目式学习案例。

在《潮汕文化传承助力乡村振兴战略》的学习案例中，我先从《乡土中国》整本书阅读活动切入，让学生在阅读过程中，了解中国传统乡土社会特点，并以此特点对举潮汕地区的乡土特点，接下来就将单元学习的各项任务进行具体分割，分割成不同的任务学习小组，总共包括"潮剧戏艺组""潮味美食组""传统建筑组""民俗活动组"，以不同任务作为抓手，让学生根据落实好的任务，查阅文献资料，相互交流，探究合作，并且走入社区探寻古巷乡风，了解潮汕文化的存在形式，分析潮汕文化传承对当地乡村振兴的实质性意义。学生在学习过程中，通过实践，得到了文化参与的体验，了解到散落在乡间里弄的传统文化样式，原本稍显枯燥乏味的高中语文学习活动，便有了趣味性。在学习任务中，学生不仅经过了一次语言文字表达的洗礼，也得到了丰富的文化体验，而这一切当然得归功于坚持学生学习主体地位的做法。

在落实"学习任务群"的学习活动过程中，我以阅读体验、审美鉴赏、文化传承的核心素养作为基本目标，将学习任务群落实到大单元学习中，坚持学生的学习主体地位，从而让单元学习的效率大为提高，让学习任务群也落到了实处。

第三，"学习任务群"是在现代学习媒介多元化和信息渠道来源丰富便捷的基础上提出来的学习模式，主要是以自主学习为基础，着眼于学生综合阅读理解能力和语言表达能力的培养，因而，在落实"学习任务群"的学习活动过程中，应让学生利用好各种现代媒介，让现代媒介与传统学习方式相结合，提升学习效率，让学生借助便捷的学习渠道和丰富的学习资源，成长为"博学"之人。

以魏徵作品《谏太宗十思疏》的学习为例，在传统的学习模式下，课文主要是由老师讲、学生听并做好笔记的模式来完成学习，由于本篇课文是文言文，属于骈文，并且课文中魏徵所言的"十思"内容，涉及的知识也相当繁多，在传统的授课模式下，这些内容都要通过老师利用有限课堂时间的有限讲授来完成，但是，在如此有限时间和空间内，又如何能够保证文言文基础知识、骈文知识、古代文化常识、相关写作背景这些内容的完整讲授？在传统的授课模式下，课堂的时间和外延都有限，但一篇古文的知识载量却非常大，因此，在传统授课模式下的文言文教学活动，就容易出现学习时间少和知识载量大的矛盾，很多文言文课堂，到了最后，也只是停留在老师将课文的内容基本上翻译了一遍的阶段而已。

在如今信息渠道来源多样，学习资源丰富的学习模式下，文言文学习活动的学习目标和基础知识内容都可以通过构建"学习任务群"的模式来实现和完成。在学习新模式之下学习《谏太宗十思疏》，可让学生通过跨媒介阅读和交流的模式，借助便捷的网络渠道，利用好学习资源，来了解文言文中的"一词多义、词类活用、古今异义、文言句式"等基础知识，了解"骈文"的概念、特点和历史发展过程，学生只有理解透彻了这些知识内容，才能够更好地品读《谏太宗十思疏》。《谏太宗十思疏》的写作背景也有些繁杂，毕竟唐太宗向来是以"明君"的形象，出现在读者的心目中，而魏徵为何劝诫唐太宗做到"十思"，诸如此类问题，教师完全可以划出任务，让学生利用课余时间完成。如此，就不至于总是让相关的文言基础知识和古代文化常识挤压了课堂时间，而利用了课余的时间，就让课内和课外完成了对接，拓展了课堂的外延。

文言文课堂的知识内容相当烦琐，在传统授课模式下，假如老师没有在课堂上将这些知识内容讲清楚，学生也很难通过其他渠道获得，在信息化时代，知识的获取变得简单了，老师可以围绕着课本的基本内容，列出学习清单，交待学习任务，让学生利用好网络资源来完成学习，如此极大地解放了老师和学生在知识学习上的依附关系，学生的学习自主性大大增强了。

现代社会是信息社会，无论是学生还是老师，在学习中，应当借助便捷的网络渠道，善用各种现代媒介，构建"跨媒介阅读与交流"的学习任务群，挣脱传统媒介和传统学习模式的束缚，利用好各类信息资源，开拓自己的知识视野，从而提升学习的效率，而不至于总是让语文课堂陷于"课堂乏味""知识繁杂""学习效率低"的泥淖之中。

立足于语文学科核心素养，看高中语文的 18 个"学习任务群"。其实，18 个"学习任务群"即是对语文学科核心素养的具体细化项目，如果说语文学科素养是整体学习目标，"学习任务群"就是在整体学习目标之下细分出来的学习专题模块，而"学习任务群"又常常将具体的学习任务落实在"大单元学习"之中。

"整本书阅读和研讨"是高中语文的一个学习任务群项目，而在必修上册和下册教材中，都有所对应的整本书阅读单元，上册的整本书阅读单元必须完成的篇目是《乡土中国》，下册则为《红楼梦》，从语文学科核心素养的培育目标来看，"整本书阅读和研讨"正是从学生的语言积累、思维提升、审美鉴赏和文化传承等各方面来综合考量而提出的阅读任务，这无疑跟高中语文的学科核心素养遥相呼应。

基于语文学科核心素养、学习任务群、大单元学习三者之间的相互联系，我们在课堂学习活动中构建"学习任务群"时，必须遵循如下原则：

1.学习任务群的落实，当在培育"学科核心素养"目标的前提下。如果没有遵循培育"学科核心素养"目标的原则，即使落实了学习任务，那也违背了语文学习的初心。比如落实"当代文化参与"的学习任务群，曾有教学者如此开展学习活动：借助必修上册中的"参与家乡文化建设"单元，让学生查访潮汕地区的祭拜现象、美食文化、传统建筑，但没有对文化现象所承载的深层、厚重的文化意义做出解读，这导致了课堂学习看起来闹哄哄的，但学生却没有深入思考现象背后的文化意义，也造成了学习活动有任务，但没有思考，更没有审美鉴赏，学习的盘铺得非常大，可几乎没有文化深度可言，这也就违背了"学科核心素养"的培育目标。如果教学者仅仅是让学生对当前的某些文化现象做走马观花般的观览，而没有指导学生思考、鉴赏，如此"学习任务群"也就只是空有"任务"，而难言"学习"。

2.学习任务群的落实，必须利用好大单元学习。立足于"学习任务群"，将构建好的学习任务，细化到具体的单元学习中，如果不将学习任务细化到具体的大单元学习中，便会造成"学习任务群"空荡荡，似乎没有着力点，也会造成"大单元学习"缺乏明确具体的目标，缺乏学习的连续性和完整性。例如必修下册的整本书阅读任务——阅读《红楼梦》，在教材中，阅读《红楼梦》的任务清单就显得比较简洁，多数内容必须在"学习任务群"的落实中，再根据实际情况，提出具体细化的任务和措施。在落实《红楼梦》的阅读任务时，我们可以对学生提出具体的任务要求，可以围绕着《红楼梦》中庞杂的人物关系网，而让学生做出一张作品人物关系图来，可以让学生捕捉《红楼梦》中所隐藏的线索，来揭示主要人物的命运结局，也可以让学生找出《红楼梦》中的诗词，鉴赏作者的诗词创作水平。

学习任务群是围绕着"学科核心素养"而提出的具体有效的学习模式，对高中生来说，它贯穿了高中三年的学习，无论是学生还是老师，都应当在落实"学科核心素养"的前提下，将每一个"学习任务群"都当作长期的学习任务来完成。

参考文献：

[1]《普通高中语文课程标准》[S].北京：人民教育出版社，2020.

[2]李煜晖.探索和发现的旅程——整本书阅读之专题教学[M].上海：上海教育出版社，2015.

第二节 构建"学习任务群"典型学习课例
——《潮汕文化传承助力乡村振兴战略》项目式学习课例

一、序言：

本项目式学习活动主要是依托于高一级语文上册第四单元"家乡文化生活"和第五单元"《乡土中国》整本书阅读和研讨活动"两个单元的学习内容，以大单元学习目标为重要抓手，在学习的过程中，落实"整本书阅读和研讨""当代文化参与""语言积累、梳理和探究""思辨性阅读与表达"等学习任务群具体培育目标的项目式学习课例。

学习任务群是高中语文学习中的新概念，在学生的学习活动中落实学习任务群，这是一个长期的学习过程，也是一个整体的学习过程，学习任务群的落实，不可能在一日之间达到既定目的。有感于此，我将对潮汕文化的传承与探究，与当代乡村振兴战略结合了起来，以此作为学习主题，组织学生开展学习活动，并将这个学习活动当作是一项长期工程来进行，以锤炼学生对文化现象的辩证思考能力、整本书阅读和研讨能力、现代汉语语言综合表达能力等方面的语文素养，让学习任务群的具体学习任务在本项目式学习活动中落到实处。我也期望本项目式学习活动是学习任务群在学生高中三年语文学习活动中有效落实的良好开端，期望学生能够沿着我在本项目中所架设好的学习计划和学习步骤，认真探究，深入理解、思考，相互合作，促进自己语文素养的有效提升。这也是我个人对本项目式学习活动的思考和期望。

二、《潮汕文化传承助力乡村振兴战略》项目式学习活动方案

项目简介：本项目是立足于传承潮汕优秀文化，并依托高一级语文必修上册"家乡文化生活"大单元学习所提出来的项目式学习活动。当前潮汕地区大部分年轻人，对家乡归属感不强，对本土文化缺乏自信心。本项目拟借助对潮汕文化的调查研究，向世人展现潮汕文化的独特风姿，让学生感受潮汕文化的独特魅力，生发对家乡文化的自豪感，探索并提出潮汕文化传承助力乡村振兴的具体方案，从理论和实践上参与家乡文化生活建设。

驱动问题	核心问题：从地缘和人文方面来说，潮汕文化具备什么样的特点？潮汕文化在当前的乡村振兴战略中可以扮演什么样的角色？ 问题描述和解析：这个问题是整个项目性研究学习的核心问题，了解潮汕文化的鲜明特点，探究潮汕优秀文化在当前乡村振兴战略中所应当扮演的角色，这是本项目研究学习的实用意义。潮汕的这片土地，留存着古代中国太多的鲜明印记，也将是未来中国乡村振兴的窗口。我们似乎可以在这片土地上清晰地看到我们的过去，也可预见未来乡村振兴的前进方向。潮汕文化传承和乡村振兴战略相结合，给我们想象的空间很大。探究潮汕文化内核及其在推进乡村振兴发展过程中所起的作用，对于助力潮汕乡村振兴发展，无疑具有重大的意义。 从所处地缘来看，潮汕地区三面环山，单面临海，处于一个比较封闭的地理单元之中，这样的地理单元，决定了潮汕文化的封闭性特点，但由于潮汕地区人多地狭，又面临海洋，这又促使潮汕先民除了耕耘脚下土地，也将向外的目光放到了眼前的茫茫大海，从这一点看，潮汕文化体现出了十分鲜明的海洋性特点。 从潮汕先民的迁徙足迹来看，潮汕文化发端于古代中国的河洛文化，潮汕先民是出身于中原一带的汉族，为了躲避唐朝末年和五代时期的战乱，纷纷举家合族南迁至闽赣一带，后迁入广东东部潮汕平原，与当地居民长期融合，逐步形成了潮汕民系。从潮汕先民的迁徙和潮汕文化的起源来看，潮汕文化遗留了古中国宗族社会的鲜明特点，即重视地域，重视血缘，宗族观念浓厚。 综上所述，潮汕文化因为本身所处的独特地理单元及潮汕先民的起源，因而呈现出了封闭性、海洋性、重地缘血缘、宗族观念浓厚的特点。 潮汕地区的乡土性相当明显，这源于古代中国的宗法观念以及由此延伸出来的宗族社会，基于这一点，每一个潮汕人似乎都跟乡土脱不了关系，每一个潮汕人的身上都或多或少带有乡土的气息。在这一片乡土观念极为浓厚的土地上推进乡村振兴工程，潮汕当地封闭性和海洋性的民系特点，是一个绕不开的话题。如何平衡好潮汕优秀文化传承和乡村振兴的着力点，让潮汕文化传承助力乡村振兴战略，这是我们所应当深入研究的重要议题。立足于乡村振兴战略，深究潮汕文

驱动问题

化内核，让学生感受家乡独特文化魅力的同时，找到潮汕优秀文化传承助力乡村振兴的具体方略，这是本项目学习的根本目的。

驱动子问题一：美食、英歌、潮剧、宗祠庙宇，作为潮汕地区展现给世人的文化名片，在潮汕当地处于何种生存状态？请深入调查家乡的文化生活，走访美食、寻访英歌、欣赏潮剧、察看宗祠庙宇，得出相应的结论。

问题描述和解析：食在潮汕，潮汕地区作为美食之乡，饮食以精细、工巧、味鲜等特点而举世闻名，从而也吸引了为数不少的海内外游客前来品尝，精美的饮食文化无不体现潮汕人勤劳能干、勇于创新的特点。

英歌作为深具潮汕特色的舞蹈，主要盛行于汕头的潮阳、潮南两区和揭阳的普宁市，英歌以水浒英雄为形象，舞蹈动作粗犷有力、整齐划一，代表着潮汕百姓对风调雨顺、五谷丰登、国泰民安等美好愿望的祈求。

潮剧是以潮汕话为表现语言，以深具中国古典特色的乐器，诸如大锣鼓、铜锣、扬琴等汇集成为潮乐，并以此作为配乐的戏曲剧种。潮剧隶属于岭南戏曲，保留了中国古典戏曲一唱三叹、唱腔悠扬的特点，剧本台词深得中国古典诗词神韵。

精美的建筑是潮汕呈现给世人的另一种文化样式，其中以当地的宗祠庙宇等古典建筑最能彰显中国古建筑的特色，符合中国建筑学中"天人合一"的理念，特别是这些古建筑中的绘画、雕刻等工艺精美，无不体现古建筑的中国古典之美。宗祠庙宇的建筑特点也深刻体现在当地的传统民居上，寻访潮汕地区的寻常古巷，一座座深具宫廷建筑特点的"四点金""下山虎"的传统民居，深刻地反映出潮汕地区传统建筑的古典、大气、格局齐整、山水相依的特点。

学生根据上述问题，进行分组合作学习，具体分为四个小组，分别为：潮味美食组、民俗活动组、潮曲戏艺组、传统建筑组，深入走访家乡的大街小巷，深入社区生活，寻访和欣赏潮汕地区的各类美食、民俗活动、潮剧戏艺、传统建筑，在调查的过程中，撰写观察记录，注重分析美食、民俗、潮剧、建筑背后所承载的文化意义，以此撬动潮汕文化的内核，思考潮汕文化传承对当今乡村振兴战略的实质性意义，并形成书面报告。

驱动子问题二：潮汕人身上有极为浓厚的乡土情结，由此而衍生出潮汕文化中极为明显的"乡贤文化"，请你实地走访，分析乡贤文化在潮汕当地社区中的具体体现。

问题描述和解析：乡贤文化是原生于古代中国乡土社会的文化现象，中国是一个农耕社会，百姓对土地有浓厚的依恋情结，古代中国的普通百姓一辈子都在和土地打交道，在长期"生于斯，长于斯，死于斯"的生活环境中，中国人身上普遍都有一种"原乡"情结。潮汕先民源于古代中国河洛一带的汉族，加上潮汕人长期生活于一个比较封闭的地理单元之中，因而身上也具有非常浓厚的"原乡"

驱动问题	情。"原乡"情结是乡贤文化形成的根本要素，许多在外打拼的潮汕人，在外面事业有成之后，往往都会选择回馈家乡，参与家乡的文化建设，修建道路、水利等公共工程，造福桑梓，因此成了潮汕当地民众所尊崇的"热心乡贤"，在改革开放初期，原籍潮汕的热心乡贤，积极参与家乡的建设，带来了资金和技术，助力潮汕经济起飞。直至今日，乡贤文化还是潮汕文化的重要组成部分，建设美丽家乡依然是广大潮人所共同尊奉的信条。 　　学生根据上述问题，寻访乡贤文化在潮汕当地社区中的具体体现，让乡贤文化继续为潮汕地区经济发展和文化建设发挥积极作用，让热心乡贤回馈家乡的热情成为当地乡村振兴的助力，这也是本问题探究的意义所在。 　　驱动子问题三：潮汕当地四处可见宗祠、庙宇，潮汕人非常重视祭祀活动，因而也形成了深具特色的祭祀文化，请分析潮汕人如此重视祭祀活动的原因。 　　问题描述和解析：在古代中国，祭祀活动是国家的头等大事，潮汕人来自中原河洛一带，重视祭祀，这是传承自古代中国的行为习俗，再加上潮汕地区长期处于一个相当封闭的地理单元之中，因此也得以比较完整地保留了古代中国的民俗活动。潮汕地区随处可见的宗祠，其实是潮汕人重视血缘和宗法观念浓厚特点的体现，而这一特点也恰恰源于古代中国。潮汕人一直没有摒弃重视祭祀的传统，在重要的节日，依然会选择在宗祠之中对祖先进行祭祀，这也深刻地反映出了潮汕人不忘自身文化根脉，缅怀祖先开创基业功劳的优良品质。 　　另外，潮汕地区三面环山，单面临海，放眼望去皆为茫茫的大海，这也促使广大潮汕人将外出谋生的主要方向放在了茫茫大海上，这就是潮汕文化中的"海洋性"特点，因为潮汕先民外出谋生者极多，也造成了一种现象，那就是留守家中的妇女和孩童特别多，潮汕人重视祭拜神明，一方面祈求风调雨顺、国泰民安，另一方面祈求阖家平安，特别是祈求在外的亲人平安。潮汕先民所面临的生存环境之恶劣，往往超出了现代人的想象，特别是外出谋生的先辈，既要面临茫茫大海的未知生死，又要面对异国他乡的异常艰难，在这种生存境况下，其处境可谓"朝不保夕"，故而，潮汕人重视祭拜神明，其实就是表达对大自然的敬畏和祈求亲人平安，以及对美好生活的盼望。 　　寻访潮汕民俗风情，了解潮汕当地祭祀文化传统的形成，思考每一项祭祀活动背后所承载的文化意义，并以一种辩证的思维深入思考在当前的乡村振兴工程之中应当如何安放潮汕地区由来已久的祭祀文化，这无疑是学生在本项目式学习活动中所应面对的难点。 　　驱动子问题四：潮汕话内部并非铁板一块，而是因地域的不同造成了不同的口音，请你调查归类潮汕话所存在的不同口音，并思考造成这种不同的原因。 　　问题描述和解析：潮汕话是由唐朝中原河洛一带的雅语正音演变而来，但如果深入探究潮汕话，就会发现潮汕地区内部不同地域之间，其口音差距极大，这

	一点也在表面上造成了潮汕地区内部之间在地域上的撕裂，大致而言，潮汕话口音以榕江为界，呈现出南北不同的特点，北部口音颇有"吴侬软语"的特点，发音较为纤细悠长、柔婉多变，南部口音就显得"粗犷有力"，发音较为短促有力、音韵铿锵，不同的口音之下，也呈现出不同的民系特性，潮汕地区北部的榕江平原、韩江平原上的潮汕人，农耕民族的特性似乎更浓一点，其中以揭阳城区、潮州为代表，潮汕地区南部的练江平原上的潮汕人海洋性民族的特点似乎更浓一点，其中以汕头的潮阳和潮南两个区域为代表。
驱动问题	潮汕话内部口音区别悬殊，这一点首先是由潮汕当地的地理环境所决定的，因为所谓潮汕平原内部并非一马平川，而是受各山川形胜的阻隔，而主要被割裂成为韩江平原、榕江平原、练江平原三个板块，因为地理上的阻隔，造成了交通上的不便，长此以往，就造成了口音上的悬殊差异。另外，潮汕人源于中原地区的农耕民族，安土重迁是农耕民族的普遍特性，闭塞的乡土特点，也让大多数潮汕人一辈子都生活在同一地域，生于斯，长于斯，死于斯，多数人一辈子的活动范围几乎不超过方圆五公里，这种闭塞的生活环境，也加剧了不同口音的形成。 不同的口音在表面上撕裂了潮汕地区的内部社会，但从实际上而言，此种撕裂事实上也是中国人一直以来的地域歧视。假如抛开口音差异，放下地域矛盾，其实所有潮汕人原本都是一家，各地域的潮汕人其实都有共同的信仰和大同小异的民俗习惯，无论是潮州、揭阳，还是潮普惠一带，乃至海陆丰地区，其实都属于潮汕地区，地域上的不同，使潮汕文化带有一体多元的特点。只有所有潮汕人都求同存异，团结一体，不要带有地域间的歧视，各地域之间互通有无，这才能真正传承先辈留下来的优秀文化，让整个大潮汕地区的乡村迎来真正的振兴。 驱动子问题五：在深度解构家乡文化特点后，请你根据潮汕文化所呈现的特点，提出潮汕优秀文化传承助力乡村振兴战略的具体方略。 问题描述和解析：潮汕文化呈现出乡土性、海洋性并存的特点，潮汕人勤劳善良，极富进取心，重视情义，家庭观念浓厚，乡贤文化在潮汕大地中根脉深厚，这些特点皆是助力乡村振兴的有利因素。在具体方略的提出方面，本次学习活动不敢奢望学生真的提出具体可行的方案，而只是希望学生深度了解家乡文化生活，然后能够切身参与家乡的文化建设，并以学业有成，将来回馈家乡的理念来勉励自己认真学习，发扬老一辈外出谋生的潮人热爱家乡的传统，让目前这些在校的学生以后成为守护家乡文化、热爱家乡文化、发扬家乡优良文化传统的中坚力量。 针对上述问题，本项目方案将"潮汕优秀文化传承助力乡村振兴战略的具体方略"预设如下：

驱动问题	1.打造"美食之乡"，以"舌尖上的潮汕"来发展旅游业，吸引海内外游客前来感受潮汕文化的独特魅力。 　　2.深度宣传"乡贤文化"，号召在外学业有成和事业有成的潮汕人支援家乡的文化建设和经济建设。 　　3.在潮汕地区的乡村区域发展新型农业，充分发扬潮汕人勤劳能干的优良品质，以新农业促进潮汕地区的乡村振兴工程。 　　4.深入挖掘潮汕文化的文化内核，利用潮汕人团结进取的特点，在潮汕地区内部布置适合地域经济发展的产业，各地域之间在产业上形成互补，相互促进，以经济发展带动文化建设，让潮汕地区的乡村区域全面振兴。 　　问题小结：在驱动问题的设计上，本项目式学习活动以"潮汕文化的传承与乡村振兴战略之间的关系"来设计核心问题，然后围绕着核心问题，展开设计子问题，子问题中涵盖了潮汕地区的民俗文化、建筑艺术、乡贤文化、语言特点等，而每一个子问题最终都指向潮汕地区的乡村振兴战略，各个问题层层推进，又相互勾连，互为一体，最后又回归到乡村振兴战略的话题上。在学习任务的驱动上，做到了既让学生全面深入了解家乡文化生活，又立于"潮汕文化传承和乡村振兴战略"的具体方略任务之下，让学生可以在学习活动中有参与家乡文化建设的体验。
学习目标	1.语言建构与运用：在学习过程中，通过对潮汕文化的寻访，撰写观察记录和研究报告，养成比较熟练的语言组织能力和逻辑能力，也建立较为成熟的语言表达体系，从而培养出熟悉转换应用性语言和文学性语言的高中语文素养。 　　2.思维发展与提升：在对潮汕文化的寻访中，立足于潮汕优秀传统文化，思考文化现象背后所承载的文化意义，寻求潮汕民俗、美食、建筑的文化内核，培养出通过现象看到本质的思维能力。 　　3.审美鉴赏与创造：深入分析探讨潮汕文化在当今乡村振兴工程中的战略性意义，以辩证和发展的目光看待潮汕文化，追溯潮汕文化的过去，着眼潮汕文化的现在，展望潮汕文化的未来，全方位感受潮汕文化的独特魅力。 　　4.文化传承与理解：全方位了解家乡的文化生活，积极参与家乡的文化建设，在对潮汕文化的全方位了解中，增强对家乡文化的自豪感，做潮汕文化传承的积极者和自觉者，并为家乡的乡村振兴出谋献策。

	《潮汕文化传承助力乡村振兴战略》项目式学习过程性评价量规						
评价指标	评价等级及分数				得分		
	A（16—20）	B（11—15）	C（6—10）	D（1—5）	学生自评	小组评价	教师评价
项目学习评价设计	学习态度	对该学习项目有浓厚学习兴趣，主动参与合作学习，认真、准时完成承担的任务	对该学习项目有较高的学习兴趣，能较好参加合作学习，按时完成承担的任务	对该学习项目学习兴趣一般，不够主动参与合作学习，基本能完成承担的任务	对该学习项目不感兴趣，不主动参加合作学习，未能按时完成承担的任务		
	调查实践	能深入当地社区调查，综合运用文献、访谈、问卷等方式，调查潮汕文化现状，观察报告记录详细	全程参与实地调查，运用其中一种调查方式了解潮汕文化现状，观察报告内容较充实	有参与实地调查，运用其中一种调查方式了解潮汕文化现状，观察报告内容不够具体	基本能参与实地调查，运用其中一种调查方式了解潮汕文化现状，未能形成观察报告记录		
	知识拓展	对潮汕文化有较深入的理解，对振兴家乡文化有独特的观点	对潮汕文化有一定的了解，对振兴家乡文化有一定的思考	对潮汕文化了解较片面，对振兴家乡文化看法单一	对潮汕文化不了解，对振兴家乡文化没什么想法		
	思维提升	能辩证地看待潮汕文化与时代发展之间的关系，并能联系现实，探究"在现阶段如何更好地发挥潮汕文化对乡村振兴的助力作用"	能较好地理解潮汕文化与时代发展之间的关系，并能联系现实，对"在现阶段如何更好地发挥潮汕文化对乡村振兴的助力作用"有自己的思考	对潮汕文化与时代发展之间的关系理解不够透彻，基本能立足现实，对"在现阶段如何更好地发挥潮汕文化对乡村振兴的助力作用"做出思考	未能理解潮汕文化与时代发展之间的关系，对"在现阶段如何更好地发挥潮汕文化对乡村振兴的助力作用"不能独立思考		

评价指标	评价等级及分数				得分		
	A（16—20）	B（11—15）	C（6—10）	D（1—5）	学生自评	小组评价	教师评价
学习结论	能深入把握现阶段潮汕文化发展现状，对"潮汕文化助力乡村振兴"从多方面、多层次提出具体可行的措施	能把握现阶段潮汕文化发展现状，对"潮汕文化助力乡村振兴"提出具体可行的措施	能基本把握现阶段潮汕文化发展现状，对"潮汕文化助力乡村振兴"提出的措施较具体	对现阶段潮汕文化发展现状了解不够透彻，对"潮汕文化助力乡村振兴"提出的措施不够具体			

《潮汕文化传承助力乡村振兴战略》研究性学习项目总结性评价量规

项目学习评价设计	评价指标	评价等级及分数				得分		
		A（16—20）	B（11—15）	C（6—10）	D（1—5）	学生自评	小组评价	教师评价
	学习态度	对研究主题有浓厚兴趣，主动参与合作学习，认真、准时完成承担的任务。	对研究主题有较高的兴趣，能较好参加合作学习，按时完成承担的任务。	对研究主题兴趣一般，不够主动参与合作学习，基本能完成承担的任务。	对研究主题不感兴趣，不主动参加合作学习，未能按时完成承担的任务。			
	调查过程	能深入当地社区调查，综合2—3种调查方式调查潮汕文化现状，有丰富的调查材料	全程参与实地调查，运用1—2种调查方式了解潮汕文化现状，有相关调查材料，形式不单一	有参与实地调查，运用1种调查方式了解潮汕文化现状，调查材料单一	基本能参与实地调查，未有相关调查材料			

评价指标	评价等级及分数				得分		
	A（16—20）	B（11—15）	C（6—10）	D（1—5）	学生自评	小组评价	教师评价
文化理解	对潮汕文化有较深入的理解，对振兴家乡文化有独特的观点，对家乡文化助力乡村振兴有非常强的信心	对潮汕文化有一定的了解，对振兴家乡文化有一定的思考，对家乡文化助力乡村振兴有较强的信心	对潮汕文化有一定的了解，对家乡文化助力乡村振兴有一定的信心	对潮汕文化了解不够，对家乡文化助力乡村振兴没什么想法			
调查报告	调查报告撰写条理清晰，能深入把握潮汕文化发展现状，从多方面提出具体可行的措施，内容丰富，语言流畅、严谨，有说服力	调查报告撰写条理清晰，能基本把握潮汕文化发展现状，提出具体的措施，内容较充实，语言通顺，有说服力	调查报告撰写有条理，能基本把握潮汕文化发展现状，提出较具体的措施，内容简单，语言平实，不够严谨，有一定的说服力	调查报告撰写不够条理清晰，未能准确把握潮汕文化发展现状，提的措施可行性不强，内容空泛，语言不严谨，缺乏说服力			
分享交流	能紧扣研究主题进行分享，思路清晰，语言表达流畅，见解独到。PPT内容丰富，制作精美，演示效果佳	能围绕研究主题进行分享，思路较清晰，语言表达通顺，有自己的见解。PPT内容较充实，演示效果良好	能基本围绕研究主题进行分享，思路基本清楚，语言表达不够通顺，见解大众化。PPT内容较简单，演示效果一般	陈述主题不够突出，思路不清晰，语言表达不通顺，PPT内容空泛，演示效果不佳			

项目学习评价设计

　　本项目主要通过发放纸质评价量规的形式，让学生在学习过程中和学习活动结束后，完成过程性和总结性的自我评价。从过程性评价的目标来看，本项目式学习主要着眼学生在学习活动中的参与程度、调查方法的运用、观察记录的撰写、思维的提升、调查结论的呈现。前两个评价指标是侧重于项目式学习方法、态度的评价，后两个评价指标侧重于学习效果的评价。从总结性评价的目标来看，本项目式学习主要着眼于学生对乡村振兴工程的信心和为家乡的发展出谋献策，上述两方面是本项目式学习的实用意义。

项目安排	本项目式学习活动主要依托于部编版高一语文必修上册"家乡文化生活"的单元学习目标，并结合了《乡土中国》整本书阅读的活动，有规划、有组织、有目标开展的研究性学习项目。在本项目的学习活动安排中，我们依据科学安排、合理布局、有序推进的理念，有条不紊地开展了学习活动，具体安排如下： 　学习阶段一：了解潮汕民俗文化的存在形式和载体。 　任务名称：走访潮汕古巷，品"潮"文化之独特魅力。 　活动目标：深入潮汕乡村城镇的社区内部，走访散落在深巷古寨、寻常街市的潮汕文化，了解潮汕文化的存在形式。 　活动形式： 　以分小组探究合作学习的形式开展学习活动，具体步骤如下： 　1.将全班学生分为四个小组，分别为：潮味美食组、民俗活动组、潮剧戏艺组、传统建筑组。 　2.每一个小组中的各个成员分工合作，分别对本小组所承担的学习任务进行有效寻访，搜索有关的学习资源，深入实地考察。 　3.将自己得到的各类学习资源融会贯通，小组成员之间相互合作，共同探究，删繁就简，围绕项目学习主题筛选所掌握的潮汕文化资料，形成小组学习成果。 　4.将小组成员共同合作完成的学习成果制作成PPT文档，在课堂上分享交流，以期让同学们领略潮汕文化的独特魅力，增强个人对家乡文化的自信心和自豪感。 　实施要求： 　1.要求学生有目的有目标进行寻访，不论是美食组、民俗组，还是潮剧组、建筑组，都应该积极了解每一种文化现象背后所承载的文化意义，而不能将寻访活动变成简单的游玩、品尝美食、看热闹的活动。 　2.每一位参与活动的学生都必须撰写观察记录，这样既有利于对观察现象的记忆存留，也有利于个人文字语言表述能力的提升，使用手机拍摄景点、建筑、美食等对象，也要求附上相应的文字。 　3.学生要积极主动地参与过程性的评价，总结自己在学习活动中的得与失，并且与同一小组的同学相互交流探讨，以认识到自身在学习活动中所存在的不足，并且改进自己的不足。 　4.对待潮汕地区极为盛行的祭祀文化，要抱着辩证的眼光来看待，思考潮汕人为何如此重视祭祀活动，考查潮汕人每一项祭祀活动背后所承载的文化意义，对祭祀文化不能够简单一刀切。 　时间安排：本阶段的学习所用时间大约一周。学生先利用周末的时间，深入社区，走访街巷，也可查阅文献或咨询长辈，并在课后进行整理归类，然后在课堂上利用三个新课时，进行交流探讨，展现小组的学习成果。

	预期成果形式：本活动预期成果主要形式为学生撰写的调查报告和学生制作的展示潮汕文化的PPT，具体为以下项目——潮汕文化存在形式总结报告、潮汕文化的载体和意义总结报告、品味潮文化之魅力PPT。 　　评价形式：使用过程性评价量规进行自我评价，同学之间进行适当交流。 　　**学习阶段二**：寻找潮汕文化内部的共通点，寻求"潮"文化促进家乡文化建设和经济建设的内动力。 　　**任务名称**：忆潮人先贤，品潮音古韵，开共创共荣之路。 　　**活动目标**：了解遍布于潮汕地区每个角落的乡贤文化，了解潮汕话的不同口音和特点，并思考和提出"潮"文化在当下应如何助力乡村振兴的策略。 　　**活动形式**： 　　将走访潮汕社区和研读文献的方式相结合。在了解乡贤文化方面，主要是以走访的形式来进行。在了解潮汕话不同口音方面，可以借助文献来了解，也可与身边同学相互交流，或询问长辈，或者通过手机视频等媒介来了解。具体步骤如下： 　　1.了解在外潮人的奋斗史，走访社区中华侨捐资建设的学校、道路、医院、水利工程等，寻找乡村中公共工程的捐资芳名榜，思考乡贤文化对当下乡村振兴工程的积极意义。 　　2.借助文献，了解潮汕话中因不同地域而产生的不同口音，并且思考产生这种差异的根本原因，然后思考全体潮人应该用何种态度来积极面对潮汕地区的乡村振兴工程，用何种方式来为中华民族的伟大复兴添砖加瓦。 　　3.学生利用自己的学习成果，尝试着为自己的家乡文化建设提出具体的意见，其中包括如何美化家乡的环境，如何推进家乡的产业升级，如何让潮汕文化成为潮汕乡村振兴的内动力。 　　**实施要求**： 　　1.学生用走访社区和研读文献的方式来开展学习活动，走访社区的主要目的在于深入了解乡贤文化产生的文化土壤，并察看潮汕乡村区域风貌，客观分析当前乡村在发展中存在的问题，并进一步思考乡贤文化对当下乡村振兴的重大意义。 　　2.学生主要利用文献研读的方法，大致了解潮汕话不同口音产生的原因，并分析潮汕内部社会撕裂的缘由，提出解决这一问题的方法。受限于年龄和阅历，很多学生并不了解潮汕话内部所存在的分歧，也并不知道潮汕社会内部所存在的撕裂问题，这个问题可以借助手机视频来了解，或者向长辈询问。 　　3.针对当前潮汕地区乡村发展所存在的具体问题，比如宗族势力过分强大，祭祀文化过于盛行，部分乡村环境较差，然后提出针对当地乡村振兴的具体方略，并且思考应当如何让宗族文化、祭祀文化与当前的乡村振兴战略共存，如何有效地美化乡村的环境。
项目安排	

项目安排	时间安排：本学习活动用时大约一周。学生利用好周末或课后时间，走访社区，研读文献，了解乡贤文化在不同社区中的具体体现，了解潮汕话的不同口音，然后再将搜集到的资料进行精简，形成详略得当的学习成果，通过 PPT 在班中展现。展现成果大约用两个新课时。 预期成果形式：本活动预期成果主要形式为学生撰写的调查报告和学生制作的建设潮汕美丽乡村构想的 PPT，具体为以下项目——潮汕乡贤文化产生的土壤和社会影响报告、潮汕方言口音差异调查报告、潮汕优秀文化助力乡村振兴战略调查报告、建设潮汕美丽乡村构想 PPT 评价形式：使用总结性评价量规进行自我评价，全班学生都进行一次潮汕文化常识的小测试。

三、《潮汕文化传承助力乡村振兴战略》项目式学习活动案例

（一）项目概况

本项目是依托于部编版高一语文必修上册第四单元"家乡文化生活"大单元学习任务，并结合第五单元"《乡土中国》整本书阅读和研讨活动"部分内容，让学生以小组为单位，在自主合作学习中承担具体的学习任务，而开展的项目式学习活动。

本项目式学习主要针对当下潮汕地区年轻一代家乡观念日渐式微的现象，并围绕着潮汕文化的传承问题，本着全面深入探寻潮汕文化的目的，将散落在乡村古巷、寻常巷陌、宗祠庙宇中的极富潮韵乡情的散装文化样式，整理成为有系统、有目录的文化集册，以供人观览，同时，本项目也期望通过对潮汕文化的探访学习活动，让原本寻常可见的潮汕文化，通过文字解说、精美摄影、制作视频等方式展现在年轻人的面前，从而让潮汕文化鲜活起来，让年轻一代能够品味到潮汕文化的独特魅力，增强潮汕年轻一代对家乡的自豪感，并自觉参与到家乡的文化建设中。

在学习过程中，本项目注重理论和实际相结合，让学生深入社区内部，探访潮汕文化的存在形式，理解潮汕各项民俗背后的文化意义，并对潮汕文化传承助力乡村振兴战略，提出有建设性的方略，让本项目式学习活动体现出应有的实用价值来。

在学习时间安排上，本项目精心规划，科学安排，充分利用好学生的周末和

课余时间，让学生将搜集到的资料删繁就简，去粗取精，利用较少的时间在课堂上展现成果，而不过分占用学生的学习时间。

在本项目式学习活动中，学生尝试着撰写观察记录，撰写研究报告，其个人语言表达能力也在锤炼中得到了释放，从而获得了写作能力的提升，学生尝试着用 PPT 展现自己的学习成果，在 PPT 的制作过程中，其现代信息技术应用能力和多媒体操作能力也得到了实质性的提升。

本项目式学习活动融学生的文化传承使命、写作技能提升、探究思维培养、技术能力操作于一体，让学生一边学习一边提升，可谓一项有利于学生终身发展的学习活动。

（二）项目活动过程

学习阶段一：了解潮汕民俗文化的存在形式和载体。

任务名称：走访潮汕古巷，品"潮"文化之独特魅力。

活动目标：深入潮汕乡村城镇的社区内部，走访散落在深巷古寨、寻常街市的潮汕文化，了解潮汕文化的存在形式。

任务细化：

以分小组合作探究学习的形式开展学习活动，具体任务分工如下：

1. 将全班学生分为四个小组，分别为：潮味美食组、民俗活动组、潮剧戏艺组、传统建筑组。

2. 每一个小组中的各个成员分工合作，分别对本小组所承担的学习任务进行有效寻访，搜索有关的学习资源，深入实地考察。

3. 将自己得到的各类学习资源融会贯通，小组成员之间相互合作，共同探究，删繁就简，把自己所掌握的各类学习资源进行精简。

4. 将小组成员共同合作完成的学习成果，在课堂上分享给全班同学，让所有同学都感受到潮汕文化的独特魅力，增强学生个人对家乡文化的自信心和自豪感。

学习阶段一存在的问题描述：

1. 部分学生在深入社区寻访潮汕文化之前，只是出于对"潮"文化的好奇之心，而会把本次寻访之旅当作是单纯的品尝美食、观览风景、围看热闹的活动。

2. 部分学生在寻访文化的过程中，可能只是注重形式，而忽略了对文化内涵的分析理解，从而会导致所搜集整理出来的学习成果空有其表，而缺乏厚重的文化内涵。

3. 部分学生对文化形式的分类不够细化，对资源的精简不够合理，会导致学习成果在分类上不够精准，在精简方面无法真正做到详略得当，让人一目了然。

针对上述问题解决方法如下：

1. 在学生进行潮汕文化的寻访之旅前，先有针对性地设计问题，主要侧重让学生思考"潮汕人重视祭祀的原因"和"每种文化现象背后所承载的文化意义"，这样也让学生能够带着问题，对潮汕文化中的街巷美食、民俗风情和戏曲文化进行有意义的思考，从而让整个寻访活动显得有的放矢。

2. 让学生在寻访的过程中写好观察记录，将自己所看到的文化现象，用文字记录下来，以便于寻访活动的记忆留存，而不至于将寻访活动当成走马观花，同学之间相互探讨，交流在寻访活动中的心得体会，所搜寻到的资源，尽量刨除掉其中过分注重形式的部分，而找到潮汕文化的内核。

3. 让学生在搜集资源的过程中注意归类细化，先做好归类工作，以节省后期整理学习成果的时间，向学生推荐高效的视频剪辑工具、图片拼接修剪工具，利用好课后时间，教导学生掌握 PPT 制作技术和展示方式，做到图文并茂，让学习成果以最佳的样貌展现在观众的面前。

学习阶段二：寻找潮汕文化内部的共通点，寻求"潮"文化促进家乡文化建设和经济建设的内动力。

任务名称：忆潮人先贤，品潮音古韵，开共创共荣之路

活动目标：了解遍布于潮汕地区每个角落的乡贤文化，了解潮汕话的不同口音和特点，并思考和提出"潮"文化在当下应如何助力乡村振兴的方略。

任务细化：

将走访潮汕社区和研读文献的方式相结合。在了解乡贤文化方面，主要是以走访的形式来进行。在了解潮汕话不同口音方面，可以借助文献来了解，也可与身边同学相互交流，或询问长辈，以及通过手机视频等媒介来了解。具体任务承担如下：

1. 了解在外潮人的奋斗史，走访社区中华侨捐资建设的学校、道路、医院、水利工程等，寻找乡村中公共工程的捐资芳名榜，思考乡贤文化对当下乡村振兴

战略的积极意义。

2. 借助文献，了解潮汕话中因不同地域而产生的不同口音，并且思考产生这种差异的根本原因，然后思考全体潮人应该用何种态度来积极面对潮汕地区的乡村振兴工程，用何种方式来为中华民族的伟大复兴添砖加瓦。

3. 学生利用自己的学习成果，尝试着为自己的家乡文化建设提出具体的意见，其中包括如何美化家乡的环境，如何推进家乡的产业升级，如何让潮汕文化成为潮汕乡村振兴工程的内动力。

学习阶段二存在的问题描述：

1. 部分学生对热心乡贤积极参与家乡文化建设，回馈家乡的动机存在误解，甚至会有学生认为热心乡贤回馈家乡的目的是要满足个人"衣锦还乡"的愿望，这导致部分学生在寻访潮汕先贤对家乡的贡献方面，出现理解上的偏差和情感上的懈怠。

2. 很多学生受限于学习时间和个人阅历，对潮汕话不同地域不同口音的现象理解不透彻，且又缺少相应的时间和精力去了解，对地域口音差异造成内部撕裂的原因无法理解，全体潮人团结一致、开拓未来在他们看来可能只是一句口号。

3. 学生对家乡的产业布局了解不清楚，对于乡村振兴的根本目的和具体措施，以及所存在的难题，了解非常肤浅，也很难根据潮汕文化的传承问题，针对当前家乡的乡村振兴工程而提出具体有效的方案。

针对上述问题解决方法如下：

1. 让学生借助文献，了解海内外潮人的奋斗史，了解在外潮人建设家乡的具体工程，学生可以走访身边由华侨捐资修建的学校、医院、道路，从这些公共工程中，品味潮人对家乡的拳拳热切之心，从而也以参与家乡文化建设的自觉者来要求自己。

2. 学生借助文献，或者是通过网络，了解潮汕话不同地域不同口音的特点，并向有阅历的长辈询问，同学之间相互探讨交流，在交流的过程中注意记录总结，并且进一步思考潮汕乡贤文化对乡村振兴的积极意义。

3. 学生通过走访和文献研读的方式，了解家乡的经济格局，对家乡的产业布局进行分析，指出产业布局所存在的不合理之处，并以此对家乡的乡村振兴工程进行调查，为乡村振兴工程出谋划策，提出具体方案。

学习任务和存在的问题小结：

本学习任务是围绕着寻访潮汕文化、探求潮汕文化内核、提升学生家乡自豪感、提高学生参与家乡文化建设热情、培育学生语文学科核心素养的目的而开展的单元学习活动。本项目式学习活动注重学生在理论和实践上相结合，让学生深入社区内部，寻访家乡文化生活的存在形式和表现形式，思考文化现象背后所承载的文化意义，并且整理成学习成果，与全班同学进行交流，而不是让学生坐而论道，空谈理论。在具体的学习任务群中，"学生自主研究往往缺乏计划性。他们不考虑达成研究目的所完成的任务，没有对这些研究任务进行梳理和排序。很多学生都是边读边零零星星记录一些心得体会，或摘录文献中的句子。"[1] 在本次学习活动中，学生遇到的问题比较多，主要体现在课后时间不够充裕、学习面比较窄、探究性思维不强等方面。围绕着产生的问题，我们主要根据学生的实际状况，在理论知识、信息技术、寻访活动中给予了支持，对于学生来说，本学习活动所调查的对象基本上是自己身边所喜闻乐见的文化样式和景观建筑，因此，虽然面临着种种问题，但他们都保持着充分耐心，再加上教师团队的悉心指导和技术支持，所有问题最终都迎刃而解，从而圆满地完成了各项学习活动，推出了精美的学习成果。

（三）活动成果交流与评价

在本学习活动中，学生参与热情高，探访路线远，文化理解深，经不断寻访和学习，绝大部分学生都成功地推出了个人的学习成果，整个项目式学习活动已圆满完成。在本项目式学习活动中，我们在学生的学习过程中和学习活动总结阶段，都设计了有针对性的评价量规表，并让所有学生都完成了自我评价。评价量规表格详见于上文《〈潮汕文化传承助力乡村振兴战略〉项目式学习活动方案》项目评价设计表格中，以下是本项目式学习活动过程和结果评价的详细数据：

过程性评价数据：

1. 89% 的学生深入当地社区内部，寻访潮汕民俗文化。

2. 72% 的学生在寻访的过程中撰写了观察记录

3. 90% 的学生认为在寻访潮汕民俗文化活动中获得了知识面的拓展

4.85% 的学生认为在寻访潮汕民俗文化活动中获得了探究性思维能力的提升

总结性评价数据：

1.88% 的学生在寻访活动完成之后形成较完善的书面报告

2.55% 的学生在寻访活动完成之后形成内容丰富的 PPT 学习成果，在分享交流环节表现良好

3.96% 的学生对潮汕地区的乡村振兴有信心

4.60% 的学生对潮汕优秀文化传承助力乡村振兴有具体建议

学生学习过程整体评价：

学生对本活动学习热情很高，都能积极参与对潮汕文化的寻访活动。

尤其是在美食文化的寻访方面，很多学生一边品尝着潮汕的美食，一边思考着美食所承载的文化意义和可能为当地带来的经济效益，一些学生将潮汕美食制作成美篇或公众平台图文，以网络的方式传播，俨然成了潮汕美食文化的宣传文案，这也让更多人了解到潮汕美食，品味到潮汕美食文化的独特魅力。

学生在寻访宗祠庙宇方面，非常注重对潮汕文化起源和传承的探寻，对潮汕先民迁徙入粤的路线也做了研究，这项活动似乎也成了很多学生对潮汕文化的寻根之旅。

部分学生在寻访当地由热心乡贤捐资修建的公共工程的活动过程中，展现出了较强的思考能力，他们对潮汕乡贤文化的思考也让身边同学受到启发，学生们在相互学习的过程中，也都共同促进了各自思维探究能力的提升。

本学习活动对于学生来说，跨度较大，时间较长，但绝大部分学生都认真参与，相互学习，相互交流，整个学习活动办得有声有色。

学生学习成果整体评价：所有学生都在已经规划好的学习计划中，按照所设定的问题和所接受的分工任务，认真参与，都推出了自己的学习成果。

分小组对潮汕文化进行寻访所展现出来的成果显得相当精美，各小组成员精心合作，各司其职，有的学生负责摄影，有的学生负责后期剪辑，有的学生负责文案编写，有的学生负责 PPT 制作，分工明确，所展现出来的成果在精美程度上超过了我们的现象，尤其是在美食文化和建筑文化的展现上，更是绚美多彩、音色俱佳。

对潮汕地区产业布局和对乡村振兴提出具体方略方面，学生们在研读文献之

后，也提出了比较具体详细的措施和方案，这也充分反映了学生在本学习活动中所体现出来的学习热情和探究能力，以及对家乡文化建设的热情。学生们在本项目式学习活动中体现出了极大的家乡自豪感和深深的潮汕文化情结，以及对建设美好家乡的美好愿望。"家乡文化生活"大单元学习通过本次精心组织策划的学习活动，落实了具体的学习任务，使学生个人的语言表达能力得到了提升，语文学科核心素养得到了培育，学生们也获得了极大的学习成果，整个学习活动圆满结束。

（四）活动成效与反思

在本项目式学习活动中，教师和学生精诚合作，有规划、有计划、有步骤地开展各项文化调查、社区寻访等活动，在经过两个阶段性的学习活动后，终于完成各项研究性学习任务，无论是教师还是学生，都在本项目式学习研究中收获良多。良好的学习过程总是会给人带来美好的回忆，而善于反思总结可以给人带来专业技能和思想境界的提升。现在，将教师团队和学生代表对本次学习活动的整体反思总结如下：

1. 教师团队的整体教学反思：组织学生进行项目式学习活动是提升自身专业水平、丰富个人教育方法、更新个人教育理念的好途径。一个项目式学习活动，从策划到实施，再到学习成果的完成，就是一个不断付出并且不断收获的过程。

策划和组织学生进行项目式学习活动，要善于利用好各种教学资源，同事之间要进行资源共享，在教学方法和理念上做到互补共进。在组织学生开展学习活动的过程中，要善于倾听学生的理念和想法，要充分肯定学生在研究性学习中所彰显出来的优点和获得的学习成果，让学生有更充足的信心面对整个项目的学习。

在文化传承的核心素养上，我们要充分利用好当地的文化资源，让学生打造出学习成果，同时切实感受到潮汕文化的独特魅力，而不能将热爱家乡、参与家乡文化建设变成一句口号。我们必须让学生的寻访活动体现出一定的文化意义，也承载着厚重的文化使命感，这样才能让学生在学习活动中生发出对潮汕文化的喜爱之情，对家乡文化的自豪感，以及对参与家乡文化建设的热情。

在寻访活动过程中，我们必须引导学生对每一种文化现象进行深入思考，培养学生透过现象看到本质的能力，而不是人云亦云。有关本项目式学习的终极目标，我们在开展学习之前曾有如下顾虑：本项目式学习不能变成展现潮汕民俗负面形象的"展览"。一些学校开展以"潮汕文化"为主题的单元学习任务,组织学习活动的老师没有很好地挖掘潮汕文化的内核,只是将潮汕人重视拜神的特点展现了出来,也没有对此做任何问题探究,片面地突出潮汕人重男轻女的观念,此种单元学习到了最后,客观上就变成了宣扬潮汕人既迷信,又重男轻女,如此学习活动,就失去了该有的积极意义。因此,我们在组织学生开展学习活动,落实具体学习任务时,一定要教导学生注重对问题的思考,对任何某一种现象都不能简单下结论,而应该是在深入调查之后,揭示其本质意义,从而得出正确的结论。

在项目式学习过程中,我们必须培养学生的动手能力,让学生亲自参与图片、视频的编辑,让学生进行调查报告的撰写,让学生感受研究出成果的愉悦之情。在本项目中,要充分发挥学生的自主能动性,让学生在不断学习中提升,从而圆满完成整个项目的学习,最后学生本人或小组的学习成果也要在班级中充分展现。

学无止境,学习之路漫漫,在学习的过程中,我们要善于总结,累积经验,要以闻过则喜的心态,主动发现问题,改进自身的不足,这样才能让个人的专业技能不断提升,才能带领学生在学习之路上走得更远。

2.学生代表整体学习反思:本项目式学习活动对于我们学生来说,是一次非常难得的学习机会。本项目式学习活动大大拓宽了我们的知识视野,也大大提升了我们的探究性思维能力。

这次学习活动对我们来说,首先是很"好玩"。我们每天面对着课本,学习书本中的各类知识,这样的学习生活难免显得有些枯燥。在"家乡文化建设"的单元学习中,我们可以将足迹走得更远,也可以将目光放得更远,这无疑给原本显得有些枯燥乏味的学习生活注入了一泓清泉,而让学习活动变得鲜活了起来。在探访潮汕文化的过程中,我们可以品尝美食,还可以游览美轮美奂的潮汕古建筑,一边寻访,一边思考,一边学习,这样的学习活动无疑要有趣得多。因此,也使本次活动变得相当"好玩"。

本次学习活动对我们来说,也非常"有料"。在寻访潮汕文化的过程中,我们感受到了潮汕文化的独特魅力。无论是对美食戏曲,还是对民俗建筑,或者是对植根于潮汕大地的乡贤文化,在对这些文化的寻访过程中,都体会颇深。通过寻访和了解,我们才知道自己的家乡居然深藏着这么多的文化宝藏。通过这次学习活动，我们对潮汕文化的感情得到了一次升华，对家乡的自豪感也油然而生。

　　本次学习活动，对我们来说，更是一次"有心"之旅。学习是一个非常考验人的耐心，非常考验人的自信心的过程。在学习活动开始之前，很多人对本次学习活动能否圆满完成，对自己能否顺利做出学习成果，其实缺乏耐心和信心。随着学习活动的不断深入，很多同学一边学习，一边总结经验，不断提升自我，发现了问题，就及时解决，有了好的发现或成果，大家一起分享，整个团队在学习资源和学习成果上互通有无，所有人最终都完成了学习成果。这次学习活动，也让我们的耐心和自信心得到最大限度地锤炼。

　　这次学习活动，也让我们深深感受到，一个人身上所肩负的使命和责任。我们是潮汕人，更是中国人。我们不止肩负着传承潮汕文化的使命，更肩负着传承整个中华民族文化的使命。传承潮汕文化，从本质上来说，是对区域优秀文化的传承，将其放在整个中华民族的复兴工程之中，传承潮汕文化无疑也是中华民族复兴事业的一部分，所以我们要肩负起自己的使命，传承家乡的优秀文化，并在当前乡村振兴发展战略中，发扬区域优秀文化的光荣传统，并以此作为乡村振兴工程的驱动力。

　　青年学生，要不辞劳苦，要不断学习，更要与时俱进，在学习的过程中根据时代的发展要求，不断充实自身的知识和技能，以促进自己的成长，而让自己以后成为国家发展、民族复兴的中流砥柱和栋梁之材。

　　小结：在本项目式学习活动中，教师团队和学生代表都对整个学习过程做了非常深刻的反思，这次深刻的反思也必将是本项目式学习活动中整个教师团队和所有学生不断前行的动力。潮汕文化的寻访之旅多姿多彩，潮汕文化助力乡村振兴更是带着神圣的使命，在往后的学习中，我们必将本着兢兢业业、一丝不苟的教科研精神，投入到新的学习活动中，以争取更大的成绩。

参考文献：

[1] 李煜晖 . 探索和发现的旅程——整本书阅读之专题教学 [M]. 上海：上海教育出版社，2015.

四、《潮汕文化传承助力乡村振兴战略》乡贤文化调查"学习任务群"学生代表作品

这一篇作品是学生们在具体学习任务指引下，组建起学习调查小组之后，通过不断调查研究、撰写观察记录，然后进行合理裁剪，而写作出来的调查报告。在"潮汕文化传承助力乡村振兴战略"的项目式学习活动中，接受了具体学习任务的学生都非常积极，纷纷组建具体的学习任务群，对潮汕文化进行实地探访，然后用心创作，创作成果包括"品味潮文化 PPT"、《潮汕英歌舞文化调查研究报告》《传承潮汕美食文化宣传文案》《乡贤文化助力乡村振兴战略调查研究报告》、"带你走入真实的潮汕 MP4"，成果格式包括文档、PPT、视频等，学生的学习成果十分丰富，这也足以看出学生在这个学习活动中的投入和用心。受限于本书篇幅和格式，无法将各类成果都呈现于此，在此就选择由我个人指导的作品——《乡贤文化助力乡村振兴战略调查研究报告》。以下内容就是《乡贤文化助力乡村振兴战略调查研究报告》原文：

乡贤文化助力乡村振兴战略调查研究报告

乡贤文化是极具中国乡土特色的原生文化样式，起源于中国西周时期，在西周的宗法制和分封制之上发展而来，在两汉时期正式形成，贯穿了中国两千多年的封建社会，成了中央集权国家权责下沉的重要体现，深刻影响了中国两千多年封建社会的社会基础和基层结构。

在西周时期，并未出现"乡贤"的正式称谓和文化，其时一些未选入官学的知识分子遗落民间，成了民间力量的领袖，这部分知识分子就是"乡贤"的雏形，西周的宗法制从本质上而言，是家庭血缘关系的延伸，分封制建立在宗法制的基础上，是对宗法制的补充，主要是依据与周王室血缘亲疏关系和对周王室贡献大小来确定分封爵位，宗法制和分封制基本上确立了其后中国封建社会的基层结构。两汉时期，随着中国乡土社会的基本稳定和人才选拔制度的进一步发展，乡贤文化逐渐形成，乡贤也成了封建国家统治基层，维持地方稳定的重要力量。

长期深耕于中国乡土社会的乡贤文化，有两个方面的鲜明特征：第一，滋生于中国的农耕文明。以血缘关系为纽带和宗族力量为基础的乡土社会，具有相当

明显的封闭性和内生性，这是乡贤文化所滋生的文化土壤。第二，是对国家统治权力的补充。中国广阔纵深的国家基础，决定了封建国家的权力无法真正深入到民间基层，这就需要借助民间力量来辅助维系社会秩序，乡贤从本质上来说，即是民间力量对封建国家机器基层统治权力的补充。

潮汕地区深具乡土社会的特点，依然保留了以血缘作为纽带，以宗族作为乡村基层结构的特点，古代中国的很多文化传统在潮汕平原上也被比较完整地保留了下来。乡贤文化具有非常鲜明的乡土特点，潮汕地区的水土风情非常适合乡贤文化的生长，而乡贤文化在潮汕也有很深的根脉。

本活动小组依据具体学习任务，立足于"乡贤文化助力乡村振兴战略"学习活动，在潮南区各区域调查乡贤文化在当地的体现形式和存在形态，了解乡贤文化一直以来在促进家乡经济文化建设方面所起的积极作用，以更好地了解乡贤文化对助力当今乡村振兴战略的积极意义。

通过不断走访和查阅资料，本活动小组一共走访了潮南区峡山街道、胪岗镇、成田镇、陇田镇等各区域，走访场所包括学校、医院、路道等。一直以来，潮汕乡贤心系家乡，热心于家乡文化事业和公益事业。本活动小组以广东省著名侨乡汕头市潮南区作为调查对象，通过实地考察、文献研读、询问当地乡民的方式，获得了比较完整的调查信息。现将潮汕乡贤对家乡文化建设所做出的贡献总结如下：

第一，创办学校，兴学育才。潮南区作为广东省著名侨乡，早年移居海外的侨胞众多，海外侨胞在外事业有成之后，往往都会选择回馈家乡，造福桑梓，在改革开放早期至二十世纪九十年代，潮南区各乡镇新建的中小学，几乎每一所学校的建设款项中都有海外华侨的资金，看着家乡的一所所"华侨学校"，我们仿佛也看到了热心乡贤回馈家乡、造福桑梓的热情。随着近年来中国经济的腾飞，早年外出前往国内其他地方经商的潮汕人，也会在事业有成之后，热情地支援家乡文化建设，捐资兴办学校。比如潮南区晓升中学是由旅泰侨胞郑明昇老先生独资筹建的一所完全中学，学校于2003年招生办学，郑老先生本着"兴学育才，造福桑梓"的理念兴办晓升中学，解决了峡山街道四千多学子的学位问题。

第二，兴办医院，增添医疗设施，解决当地群众看病难的问题。潮南区人多地狭，原本的医疗资源极为有限，当地群众看病难的问题一直存在。以前，当地的群众身体出现重大疾病，要么就靠硬扛，要么就得跑到汕头城区看病，这样费时费力不说，也往往延误了病情。为了缓解当地群众"看病难"的问题，旅居香港的著名企业家吴镇明先生，投资兴办潮南区民生医院，民生医院位于潮南区峡山街道练南村，医疗设备先进，交通方便，主要服务于潮阳、潮南两区三百多万人口，有效缓解了当地群众看病难的问题。

第三，修筑道路，兴修水利。本学习小组在本次走访活动中发现，以前潮南区有很多乡村的道路残破不堪，甚至有些道路都是黄泥路，每逢下雨天就泥泞不堪，群众出行相当不方便。有为数不少的乡村，以前都没有接上自来水，或者是自来水管年久失修，群众饮用自来水困难。后来，乡村贤达筹集资金，修筑道路，兴修水利，解决了当地群众的饮水问题。比如峡山街道东溪村、胪岗镇四和村、陇田镇敦灶村、成田镇三湖村等为数不少的乡村以前都存在着交通不便、饮用自来水不便的问题，后来经热心乡贤筹款，基本解决了上述的问题。

乡贤文化曾在潮汕地区的文化建设中发挥了巨大作用，直至今天，乡贤文化依然在潮汕大地上发挥着独特的积极作用。整体而言，乡贤文化有利于凝聚人心，让乡民形成共识，而"乡贤"本身就是当地群众的道德楷模，是群众传扬模仿的对象，乡贤文化的存在，有利于引领当地群众积极修身立德，有利于文明和谐社会的构建。随着乡村振兴战略的全面开展和持续深入，乡贤文化在乡村经济文化建设中，必将进一步发挥其应有的积极作用，为当地乡村带来更多的物质精神财富，促进当地的文化建设。

值得一提的是，在发扬乡贤文化的过程中，我们必须注意以下的两个方面：

1. 乡贤不等同于"乡中的有钱人"，乡贤首先是道德上的楷模，那些能够为家乡发展做出贡献的道德楷模，才可以称为"乡贤"。

2. 潮汕地区的乡贤文化具有很鲜明的乡土特点，但也跟祭祀活动有很大牵连，比如有些热心乡贤捐给神明和宗祠的香油钱，要远远多于其他项目，当然很多香油钱最后也用于乡里的修路、兴学等项目，但乡村的祭祀文化过于兴盛，其实不利于社会主义新农村的建设。

乡贤文化在潮汕地区有深厚的文化根脉，本活动小组依据具体学习任务，深入社区，寻访乡贤文化，深刻了解到乡贤文化在潮汕地区文化经济发展史上举足轻重的作用。在中华民族即将迎来伟大复兴的今天，我们应当积极发扬乡贤文化，凝聚乡村群众共识，让乡贤文化助力乡村振兴，为建设美丽家乡而奋斗！

第六章 课文联读和群文阅读，深度解构文学作品的学习模式

本章内容主要立足于"课文联读"和"群文阅读"的学习概念，将这两种学习概念的内涵进行解析，并对二者之间的异同进行分析。课文联读和群文阅读在组织形式上有诸多相似之处，但二者在学习的核心要素上却存在截然不同的特点。不过，就从语文学科核心素养学习出发，来看二者在学习上的终极目的，课文联读和群文阅读应该是殊途同归的。因为不论是课文联读还是群文阅读，都是为了深度解构文学作品，加深学生对文学作品的理解。下面的内容将从课文联读和群文阅读的概念解说入手，深刻分析二者在学习模式上的特点，全面理解二者给学生的学习所带来的实际效果，并且选录个人对课文联读和群文阅读的理解性和分析性文章，以增进读者对本章内容的认知和理解。

第一节　深度解析课文联读和群文阅读的异同

在当前的高中语文教研和学习活动中，"课文联读"活动和"群文阅读"活动是相当流行的学习模式，频频地出现在各级公开课活动中。无论是"课文联读"，还是"群文阅读"，从其本质来看，二者都十分注重学生的阅读体验，要求学生挖掘诗文作品的深层内涵，因此，"课文联读"和"群文阅读"二者之间有着极其紧密的联系。

　　但是，从学习的组织开展形式来看，二者又有明显的区别。"课文联读"是指学习者将不同的诗文结合起来阅读，在阅读过程中比较不同诗文之间的异同，挖掘作品的深层内涵，从而加深对文学作品的理解。"群文阅读"是指在同一个群体内部，围绕着同一个议题，对相关文学作品进行阅读，根据所阅读的内容，对文学作品提出各自的观点和看法，在各述其志的情况下，完成对文学作品的深层解读。

　　从阅读的过程和效果来看，"课文联读"所注重的是对不同文学作品的统合，"群文阅读"所注重的是对不同观点的融合。

　　二者各有侧重点，在学习活动的开展过程中也各有特点，各有自身的组织形式。如果换用形象的说法，"课文联读"就相当于相同的一群人或一个人，在统一的学习目标下，比较阅读不同的课文；"群文阅读"就相当于相同的一群人，在同样的议题下，深度解构多篇文学作品。鉴于二者的不同特点，教学者在组织开展学习活动时，应当遵照二者的相关宗旨，依据其学习模式，在学习活动中做到有所侧重。

　　有感于"课文联读"和"群文阅读"的不同，我觉得，在高中语文课堂上，如果组织学生开展"课文联读"活动，就更应该侧重"同"的解读，即解读不同作品的相同点；如果组织学生开展"群文阅读"活动，则更应该侧重"异"的展现，即展现不同学生的不同观点。

　　"课文联读"设立的初衷，就是要让学生寻找到不同作品之间的联系，比较不同作品所使用的艺术手法和思想内容，不同的作品本身就已经彰显出不同的意蕴和内涵，从这方面而言，找到不同作品的共通点，借此加深对不同作品的印象，对不同作品完成在思想内涵上的进一步认知，这符合"课文联读"的设立初衷，因此，在"课文联读"上，我们更加应该侧重"同"。

　　"群文阅读"主要是围绕着相同的议题而开展的阅读活动，虽说"群文阅读"是在同一个议题的情境之下，解决所存在的问题，从而达成问题观点的最终统一，但是，在解决问题过程中，不同知识层次的学生基于不同作品从不同角度来解构文本，所彰显出来的不同观点，无疑极大地丰富了"群文阅读"的过程和内涵，学生的不同观点和认知往往在深层解构文本时相互碰撞，学生的阅读理解能力和思维探究能力就是在此过程中得到提升，故而，在"群文阅读"过程中，应该侧重"异"。

"课文联读"和"群文阅读"都是当下高中语文学习中的新概念学习模式，在组织学生开展学习时，我们当以"阅读"为核心，做好阅读、思考、探究的统合工作，从而让学生对阅读有更好的体验，对文学作品有更深刻的理解。

但是，无论是"课文联读"，还是"群文阅读"，在当前的教学活动中，很多人对其还是存在着一定的误解。为此，我们应当进一步明晰"课文联读"和"群文阅读"的概念，熟悉二者的学习组织形式，不然，光知道有教学的新概念，却不知其学习模式和核心理念，这明显就不利于学习活动的有效开展和语文学习效率的提升。

一、课文联读，是课文与课文之间的联合阅读，而不是两篇课文在学习上的简单累加：

作为语文教学新概念之一的"课文联读"，时时出现在目前的一些公开课活动中，但有些老师在组织"课文联读"的课堂学习活动时，却没有理解好"联读"的内涵，而将"联读"的课堂变成了两篇课文的简单累加。所谓"联读"，即重在"联"字，要注重课文之间在艺术手法、思想情感、语言特色、文学意蕴之间的联结。简要言之，所谓"课文联读"，必须沟通两篇课文之间的内在联系，才能构成"联读"，如果两篇作品无论在哪方面都毫无联系可言，就不要强行"联读"。然而，在平常的教学活动中，有些老师根本就没有注意到"课文联读"的模式和内涵，在一些公开课中，"课文联读"也显得相当勉强。基于此，我认为，在"课文联读"的课堂学习活动中，我们必须注意以下三个方面：

第一，"课文联读"的课堂绝对不是两篇课文的简单叠加，如果将两篇课文的知识内容强行塞入一个课堂，逐一来讲解两篇课文的知识内容，如此课堂，不叫"联读"，而叫作"四不像"。

我曾听过一位年轻的老师设计开展的"课文联读"公开课，她的授课内容所选择的是杜甫的诗歌作品《登高》《登岳阳楼》，在课堂上，老师按照顺序，将《登高》和《登岳阳楼》的知识内容讲解一遍，然后再围绕这两首诗歌的思想内容来设计探究性问题。这个公开课用时是一课时，就一个课时的时间被强行塞进两首诗歌的基本知识内容，这样的课堂显得有些臃肿，而且在节奏上显得非常紧凑。也许，老师在打造这一节课时的初衷是"全面"，学生的学力并不相同，对知识的接受步调并不统一，"全面"的课堂内容讲解，得以照顾学力不同的所有学生。但是，这样的课堂看起来就像是两首诗歌的基本知识内容的简单叠加，并不是真正的"课文联读"的课堂。假如仅仅是要满足讲解两首诗歌基本知识内容的需求，就根本没有必要组织"课文联读"的课堂，倒不如就将原本的两首诗分在两个课堂来讲授和学习，这样就不会让整个课堂显得过度臃肿，而不够自然。

因此，在任何时候"课文联读"的课堂都绝对不是两篇课文的简单组合而已。授学者在组织"课文联读"学习活动时，首先不能将"联读"的模式弄错了。

第二，"课文联读"是两篇课文之间的联合阅读，重点落在"联"字上，因此，"课文联读"学习，应当找到两篇课文之间的联结点，并围绕联结点来设计问题。在组织学生开展课堂学习活动时，老师不要强求面面俱到，而将两篇课文的知识内容硬塞入课堂中。如果硬要在"课文联读"课堂上追求对课文知识内容的全面解读，难免会顾此失彼。

在"课文联读"学习活动中，课文的一些基本知识内容，是必须放手让学生在课后自主学习或合作学习来完成的，如果在"课文联读"的课堂上，还需要老师向学生讲一首诗或一篇课文的字词注音和释义，如此就失去了联读的空间和意义。比如在《登高》和《登岳阳楼》的联读课堂上，还向学生讲两首诗的大意，讲最基本的思想内容，这难免就会挤压了"联读"的空间，诗歌的基本内容在课堂上讲得太多，学生接受的也基本上是诗歌的基础知识，根本没有更多的空间和时间去思索诗歌的深层意蕴，到最后，整个课堂仅仅讲清了《登高》和《登岳阳楼》的大意而已，"联读"也就失去了意义。

找到两篇作品的联结点，这才是"联读"课堂的正确模式。如果围绕着《登高》和《登岳阳楼》的课堂联读学习来设计问题，我们大约可以找出如下的联结点：

1. 从标题的内容来看，两首作品都是登临作品，杜甫的诗歌中，登临的作品并不少，从《望岳》，到《登楼》，再到《登高》和《登岳阳楼》，从这些登临作品写作风格和思想内容的先后变化，我们似乎看到了杜甫思想轨迹的变化，从早年时的奋发向上，到中年时的忧国忧民，再到晚年时的穷困潦倒却还是心有家国。《登高》和《登岳阳楼》都是杜甫晚年的作品，比较两首诗在思想内容上的相似之处，借助诗歌，分析杜甫的思想，并指出杜甫的伟大之处，这是两首作品的第一联结点。

2. 杜甫诗歌的最大特色就是"沉郁顿挫"，《登高》被誉为"唐诗七律"的压卷之作，《登岳阳楼》也是被赞誉为"唐诗五律第一"的作品，这两首诗是深具"沉郁顿挫"特色的作品，在已经充分感知诗歌思想内容的基础上，就这两首诗的字、词、句，并就诗歌的韵律和意境，指出这两首诗为何就是"沉郁顿挫"的佳作，这是两首作品的第二联结点。

3.《登高》和《登岳阳楼》都是杜甫晚年漂泊于荆襄一带所写的作品，结合两首诗歌的基本内容，感知杜甫晚年一直颠沛流离的事实，然后就杜甫在作品中所传达出来的情感态度，感受杜甫在诗歌中所流露出来的深切悲情，明确杜甫究竟是为何而悲，在此基础上体会杜甫思想中的浓烈"家国情怀"，这是两首作品的第三联结点。

以上三点，是我个人围绕着《登高》和《登岳阳楼》的联结点，所提出的问题设计方向。"课文联读"就是要沟通两篇课文之间的内在联系，立足于联结点，进而设计问题，这才是"课文联读"的学习课堂。总之，"课文联读"重在"联"，在联读课堂上，一些无法达到"联"的标准，或者一些根本就无须"联"的学习内容，要适当舍弃。其实，联读课堂，贵在"精"和"深"，而不要刻意追求"全"。

第三，"课文联读"是沟通不同作品之间的内在联系，达到解构文学作品深层意蕴的目的，从而帮助学生对文学作品深度理解的学习模式。从其设立初衷和学习效果来看，"课文联读"课堂不只要沟通不同文学作品在艺术手法、写作特点、主题思想方面的联系，还更应该寻求不同作品间在思想内核方面的内在联系。

围绕着文学作品的写作手法、主题等方面的联结点来设计"联读课堂"，这固然没有问题，但"联读"课堂的本意就是要让学生深挖文学作品的内涵，从而培养学生的思维探究能力和自主合作学习能力，因此，在"联读"课堂中，围绕不同文学作品之间的思想内核来设计"联读"的问题，显得很有必要。

在讲授苏轼的作品《赤壁赋》时，我当时就有如此的想法：如果要选择另一篇文学作品来设计"课文联读"的学习活动，我应该选择哪一篇课文？如果不考虑太多方面的内容，最简单直接的就是选择《念奴娇·赤壁怀古》这首词。很多老师在围绕着《赤壁赋》设计"联读"课堂时，都会不约而同地选择《念奴娇·赤壁怀古》。

选择《念奴娇·赤壁怀古》至少有以下几方面的好处：1. 这两篇作品分别出现在语文必修上册和下册，从学生的学习时间来看，两篇作品相距不远。2. 这两篇作品同样都是苏轼被贬谪黄州时期所写，挖掘这两篇作品的思想内容，有助于学生更深刻理解苏轼的思想。3. 两篇作品都出现了同样的审美主体，那就是"赤壁"古战场，了解苏轼在面对"赤壁"古战场时，所流露情感的异同，这有助于学生加强对作品的理解和记忆。

但是，选择《念奴娇·赤壁怀古》作为《赤壁赋》的"联读"作品，劣势也十分明显，因为两篇诗文都是苏轼的作品，再怎么探究，也都是苏轼的思想和作品特点。

因此，我没有选择《念奴娇·赤壁怀古》，而是选择了另一篇作品，就是白居易的《琵琶行》。

《赤壁赋》和《琵琶行》联读？相信很多人看到我将这两篇作品放在一起，都会觉得不可思议，因为无论从作品的体裁，还是从作品的写作风格，乃至从两者的主题思想，都是相去甚远，要将两者结合起来组织"联读"课堂，这似乎不太可能。

但是，"联读"课堂的最终目的，就是要读者深入作品的思想内核，挖掘作品内在意蕴上的联系，如果从思想内核入手，来寻找《赤壁赋》和《琵琶行》之间的联系，我们就可以发现，同样是被贬谪到僻远之地，但二人的态度截然不同，一个人在作品中是表现得洒脱从容，另一个人在作品中则是黯然神伤，情到动人处不能自已。

在这两篇诗文的"联读"课堂中，我设计了如此问题：在《琵琶行》和《赤壁赋》中，作者同样是听到了音乐，但对待音乐的态度却截然不同，请分别找出白居易在听到琵琶曲和苏轼在听到洞箫之后的不同表现，并对二人所流露出来的情感态度做简要分析。

从这个问题入手，再分别比较在《琵琶行》和《赤壁赋》中，白居易和苏轼对事对人的态度，自然而然，就可以进一步挖掘出更为深层的文化内涵来，甚至可以以此撬动中国古代士大夫的思想内核，从而进一步增强对中国传统文人思想境界的理解，如此，对文学作品和对古代文化思想的理解就显得更为立体。

深挖文学作品的文化内涵，找到不同作品在思想内核上的内在联系，这是"课文联读"课堂的重要内容，无论是老师，还是学生，在"联读"课堂上，都应当注意不同作品之间在思想内核上的"内在联系"。

从学习内容来看，"课文联读"虽然不是课文与课文之间的简单累加，但"课文联读"必须是两篇或者两篇以上课文之间的联合，如果没有多篇作品的联合，也就没有所谓的"联读"。从学习模式来看，"课文联读"重点在于沟通不同作品之间的联系，故而，在"联读"的课堂上，找到不同作品之间的联结点，是"联读"的必要过程。从学习目的来看，"课文联读"是通过寻求不同作品之间的共通点，挖掘文学作品的思想内涵，加强对文学作品的印象，锤炼学生对文学作品的鉴赏能力和解读能力，因此，在"联读"课堂中，应当围绕着提升文学鉴赏能力和解读能力来设计探究性问题，以提升学生的思维能力。

如果从语文的学科核心素养来看，"课文联读"学习活动与学科核心素养之间在培育目标上也存在着不谋而合的默契。高中语文学科素养包括语言建构与运用、思维发展与提升、审美鉴赏与创造、文化传承与理解四个维度。

"课文联读"首先得围绕着不同的作品来思考探究，思考不同课文之间的内在联系，这有利于学生的思维能力的提升，如此也就吻合了"思维发展与提升"的培育目标，就如围绕着《赤壁赋》和《琵琶行》联读"的课堂主题，而思索苏轼和白居易在听闻乐声之时的不同表现，并思考二人各自不同的思想，在思考过程中也就有利于学生思维的发展和提升。

在"课文联读"的课堂上，围绕相关的作品，解读不同作品的艺术特色，鉴赏不同作品的思想主题，在反复对照和深入鉴赏下，加强对文学作品的理解，提升个人对文学作品的鉴赏和审美能力，这就对应了核心素养中的"审美鉴赏与创造"的培育目标，比如在《登高》和《登岳阳楼》联读"的课堂上，我们就杜甫这两首诗的沉郁顿挫风格做出具体分析，对这两首诗的意境进行鉴赏分析，然后在比较中，进一步分析杜甫晚年诗歌的写作特色，在立足于鉴赏写作特色的基础上，再行理解杜甫个人的思想品格，学生通过对不同作品思想内容的反复鉴赏和分析，提升了个人对文学作品的鉴赏能力。

在"课文联读"的学习活动中，学生有相关的学习任务，必须围绕着探究性问题进行思考，必须对不同作品的思想内容和艺术特色进行鉴赏，在这些环节中，学生必须自己组织语言，对相关问题和现象进行描述和解答，这就是对"语言建构和运用"能力的锤炼。

思考探究、鉴赏审美、语言表述，这种种学习能力的交织、累加和发展，贯穿于"课文联读"的学习活动中，而从语文的核心素养来看，我们的终极目的，就是要让学生能更为熟悉地使用自己的母语，置身于汉语言文学的世界中，徜徉于名家作品之间，自然而然地评析出作品的艺术特点，品味出作品的文学意蕴来，这是"课文联读"所追求的终极目的，也是一份"文化传承与理解"的使命追求。

从简单的作品联结，到沟通作品之间的内在联系，寻求共通的思想内核，再到寻求和品味不同文学作品的文学意蕴，让"课文联读"的课堂成为文学深度解读和艺术特色鉴赏的课堂，这也是"联读"课堂所追寻的至高目标。

二、群文阅读是建立在统一议题上，对不同文本的内涵进行深度解构的学习模式：

"群文阅读"是建立在对多篇课文共同学习的基础上，寻求多篇文学作品在思想情感、艺术手法、写作风格上的共通、共振、共鸣之处，并对多篇文学作品中共同存在的问题做探究性学习的学习模式，"群文阅读不在于单纯的数量扩张，其立意在于文本之间的链接、群聚与组合，即'关联'，以文本的内在关联推动阅读中的思考和发现，为深度思考与学习创造条件"[1]，"群文阅读"与"课文联读"相比，二者既有相似之处，也有不同之处。

"群文阅读"和"课文联读"一样，其前提都必须是多篇文学作品的联合，也必须寻求不同作品之间的联结点。当然，相比于"课文联读"，"群文阅读"之所以定位为"群"的学习模式，是因为"群文阅读"所涉及的课文，通常要比"课文联读"所涉及的课文要多。"课文联读"所涉及的文学作品，在通常情况下就是两篇诗文，"群文阅读"所涉及的文学作品，一般都是三篇或者三篇以上，所以才定位为"群文"。

从学习的过程而言，"群文阅读"是师生围绕着同一个议题，将涉及此议题的多篇文学作品放在同一个"学习任务群"中一起来阅读；"群文阅读"是先有议题，然后再围绕着议题来阅读，在问题中找到共识，并完成学习任务，最终解决相关的学习问题。我曾听过这样一节公开课，课程主题是"鲁迅作品中的'看客'群像"，任课老师围绕此主题，布置学生在课后完成对鲁迅作品《祝福》《药》《阿Q正传》各篇文章的深度阅读和分析，描绘出鲁迅先生笔下的"看客"形象和心理，并且进一步分析"看客"产生的社会土壤，然后学生们在课堂上相互交流，展示自己所看到的鲁迅作品中的"看客"群像。该老师的这一节公开课，议题的角度新颖，能激发学生的兴趣点，设计的问题非常有探究意义。这节公开课先定下议题，学生们围绕议题来阅读文学作品，然后解决问题，这就是一节很典型也很成功的"群文阅读"公开课。

"课文联读"虽说也是将不同的文学作品放在一起来阅读，在寻求相关作品的联结点时，也往往会出现与相关作品都有勾连的议题，但"课文联读"不是像"群文阅读"一样先有议题，然后再阅读相关作品，"课文联读"所涉及的不同课文的共同问题，往往是在学生阅读学习过程中，随着课堂节奏的逐渐推进而逐步出现。相对而言，"群文阅读"的议题非常集中，师生们在统一的议题中，组建"学习任务群"，学生们围绕相关学习任务，进行探究性学习，然后完成学习任务。因为"群文阅读"的议题集中，其学习任务也往往是对文学作品深层意蕴的解读，在挖掘和解读作品的内涵方面，显得更为深刻；"课文联读"是将相关的作品放在一起阅读，也会涉及对文本深层次的解读，但不是在统一议题之下展开的学习活动，在作品内涵解读方面往往没有"群文阅读"深刻，从"课文联读"的定位上来看，它更像是完成对作品知识内容本身的学习。

"群文阅读"是围绕着统一议题，对相关文本进行探究性阅读的学习活动，我们在组织学生开展"群文阅读"活动时，应当注意如下三个方面：

第一，统一的议题是"群文阅读"的核心，没有统一的议题，就没有真正的"群文阅读"。由于"群文阅读"是先提出统一的议题，再围绕着统一议题选择相关课文进行阅读的学习活动，因此，在开展"群文阅读"学习活动时，就必须先提出统一的议题。

当然，在"群文阅读"活动中，我们所定的统一议题必须有一定深度，毕竟开展"群文阅读"的目的就是完成深度解构文本的目标，完成思维探究能力和审美创造能力的提升，如果"群文阅读"所提出的统一议题缺乏深度，那么就没有

"群文阅读"的必要。

比如，我们将几篇课文列在一起学习，然后设计如下问题："这几篇文章在写作手法上有什么相同之处？"这种问题设计，更像是完成课文的基本学习内容，它更像是"课文联读"的范畴，像这样的问题，其实没有太大的探究性意义，解答这个问题，只不过就是完成了最基本的学习任务而已，因此，像这样的问题，如果是作为"群文阅读"中的补充问题，那还说得过去，如果直接将这类问题当作"群文阅读"的统一议题，是不适合的。

针对"群文阅读"往往是先有统一议题，然后在统一议题之下，针对思维探究、语言组织能力的提升而展开学习的事实，我们所设计的"群文阅读"的统一议题，既要能够贯穿几篇作品的思想内容，也必须显得有内涵有深度。我一直认为，在"群文阅读"的学习活动中，如果能够设计出能触发学生思考传统文化现象，提升学生的文学鉴赏和审美能力的统一议题，如此"议题"就是相当成功的。

我在讲授古诗文的过程中，曾思考过这样的问题：水和月的意象，常常出现在诗词作家的作品中，而水与月的交融，往往形成了一种独特的意境，在水月交融的意境之下，或蕴含着作者洒脱豁达的人生态度，或寄寓着作者豪迈雄壮的思想感情，或包含着作者不满于现实的愤懑之情。因为这样的思考，我设计了如此议题：水月交融，古典意境中的文人操守。

因为水和月的意象，我设计了相关的中心议题，并且结合相关的议题，找了三篇相关的诗文，分别为苏轼的《赤壁赋》、张孝祥的《念奴娇·过洞庭》和朱自清的《荷塘月色》，并以此开展了"群文阅读"活动。三篇作品，从体裁上看，分别为赋、词、现代散文，三篇作品有着最大的共通点，那就是都在作品中涉及了水和月的意象，在作者的笔下，水月交融的意境成为一处寄寓个人理想的田园。

苏轼在《赤壁赋》中，通过自我开脱，排遣心中的愁闷和烦恼，而直面自己所经受的挫折，表达了一种从容的人生态度，月光之下的茫茫江面，也就成了苏轼对人生悟透的恬然自适和豁达从容的精神田园。张孝祥在《念奴娇·过洞庭》中，以月光之下洁白一片的澄澈江面，寓指自己的雪肺丹心，即使境遇再困难，也不改自己的豪情壮志，皎洁月光下的广阔湖面，寄寓着作者的豪情壮志。朱自清在《荷塘月色》中，抒写了自己的"意难平"，表达了自己对其时黑暗现实的愤懑，月光和荷塘融为一体，水和月相互交融，成了一方隐逸幽深的意境，朱自清不满于现实，想要反抗却又无力反抗的压抑之情，就深藏在隐逸幽深的意境中。

通过对"水月交融"意境的展现和解读，学生对古典文学的意境有了更为深刻的理解。在统一议题之下的"群文阅读"，获得了相当不错的学习效果。鉴于此，我认为，在"群文阅读"学习中，统一的中心议题必须有深度，如此才能提升学生的思维探究能力和文学鉴赏能力，进而才能更好地理解传统文化，并以传统文化的传承者自居。

第二，"群文阅读"是在统一议题之下，学习群体对多篇文学作品的探究性阅读，在"群文阅读"的学习模式下，应该注重"群"的建设。我一直认为，"群文阅读"的"群"，既可指学习内容中所涉及的多篇文学作品，也可指在学习过程中学生围绕着统一议题所组建的"学习群体"，从通俗方面讲，也可认为是具体的"学习任务群"。

从学习内容和学习模式来看，"群文阅读"可以视为对"高中语文学习任务群"的延伸和补充，如果说"学习任务群"是高中语文的基本学习框架，"群文阅读"就是在"学习任务群"之下所开展的具体学习内容。比如说，我们定下了统一的议题："时局维艰的文学记忆，救亡图存的理想之光"，并选择三篇同样都是出自民国时期文人之手的文学作品，分别为《荷塘月色》《拿来主义》《故都的秋》，然后组织"群文阅读"的学习活动。这三篇作品其实都是现代文学中的优秀作品，对学生的语言积累和组织、文学阅读和鉴赏等方面都有积极意义。因此，我们可以将"学习任务群"的"语言积累、梳理和探究"和"文学阅读与写作"落实其中，而让"群文阅读"学习活动在"学习任务群"的框架下，显得学习目标清晰，学习活动有迹可循。

在理清了"群文阅读"和"学习任务群"二者之间的关系后，我们在组织学生开展"群文阅读"时，就可以对应"学习任务群"的具体目标，将"群文阅读"分割为具体可行的学习任务。

据此，我们可以在"《荷塘月色》《拿来主义》《故都的秋》群文阅读"学习活动中，将具体的学习任务分割如下：

1.请利用好课后时间，先行预习三篇作品，了解三篇作品的写作背景，分析时局维艰产生的原因和作者对时代现实的情感。

2.分析理解三篇文学作品的写作手法，特别注意《荷塘月色》中的比喻、通感手法，《拿来主义》中的象征手法，《故都的秋》中的对照、烘托手法。

3. 借助学习资源，品鉴三篇文章的语言特点，充分感知三篇作品中隐藏在字里行间的对国家命运前途的关怀和担忧之情。

4. 分析和总结三篇作品的思想内容和作者对国家命运前途的关切之情，指出三篇作品的思想内容对当今时代的积极意义。

5. 请写一篇作品短评：通读三篇作品，谈谈个人最欣赏的是其中的哪一篇作品，并用具体的语言文字详细地说一说自己的理由，300字左右。

以上的五个具体的学习任务，我们可以将其落实到五个学习小组中，让每个小组的学生根据具体的学习任务，搜索学习资源，整理成为书面作业。如此，既开展了"群文阅读"的学习活动，也将学习的具体任务依照"学习任务群"的具体目标进行了落实。同时在"群文阅读"活动中，学生通过对时局维艰的搜寻和分析，了解当时文学的时代特点，也得到了一次"爱国主义"教育。对应"学习任务群"，学生的语言积累、语言表述、文学鉴赏、思维探究等各方面的综合能力都得到了提升。所以，在"群文阅读"中，做好"群"的建设，将"群文阅读"的具体任务分割好，落实到学习群体中，这也是一种非常有效的学习方法。

第三，"群文阅读"应该允许并倡导对作品的多元解读，允许学习群体中不同认知个体的观点在思想上的碰撞和交锋。"群文阅读"是在具体的统一议题下，围绕着多篇文学作品而开展的探究性阅读学习活动，有对应的学习群体，学习群体有具体的学习目标，学习的内容涉及多篇文学作品，在这种学习模式下，观点的碰撞和思想的交锋将是"群文阅读"活动中经常出现的现象，作为学习活动的组织者，我们应该允许这种现象的存在，而不应该搞"一言堂"，禁锢作为学习主体的学生所彰显出来的不同观点。

学生们的思维能力和语言表达能力，往往就是在与他人不断交流碰撞之中得到提升。在课堂上，不同的观点融会在一起，各种不同观点融聚成为多元开放的学习平台，学生可以在这个学习平台上听取他人对文学作品的见解，也可以向别人展示自己对文学作品的看法，通过相互交流，思维探究能力和语言表达能力得到了相应提升。

就如学习古典诗歌《哀江头》《望海潮》《扬州慢》三首作品，假如我们按照传统的学习方法，无非也就是老师在课堂上将三首作品的基本知识内容逐一讲解清楚，然后留下相应的课后作业给学生。采用传统的教学方法，这三篇作品就是互不勾连的个体，学生们往往也是按部就班完成对作品的学习而已，而缺乏对学习的有趣体验。

如果给这三首作品定下统一的议题，然后开展"群文阅读"活动，我们会发现学习活动会有趣得多。统一的议题定为"古典诗词之中的城市记忆"，然后我们围绕着议题，设计以下问题：

1. 请分别概括，三首古典诗词各自涉及历史上的哪一座城市？每一首诗词中所涉的历史背景是什么？

解析：这个问题不难解决，是属于刚性知识内容，三座城市分别为唐朝长安城、北宋杭州城、南宋扬州城，其中涉及的历史背景分别是唐朝安史之乱后、北宋王朝的全盛时期和南宋金兵南下之时。这个问题可以让学生利用课后时间来完成。将三篇作品结合起来，围绕着共同点来打造问题，这容易触发学生的兴趣。这个问题旨在唤醒学生的自主学习能力，学生们在自主学习过程中，借助网络渠道，查找相关资源，辨伪存真，相互探讨，完成问题。

2.《哀江头》和《扬州慢》中，同样都展现了经受战火的城市，触及了一座城市的苦痛记忆，有人认为《哀江头》主要是讽刺唐玄宗和杨贵妃的，有人认为《扬州慢》主要是谴责金兵南侵的行径。对此，你如何看待？

解析：这个问题在设计上就已经呈现了多元解读的趋势，而允许学生在这个问题上提出不同观点，然后相互交流。

《哀江头》确实用大量语言展现了当年的唐玄宗和杨贵妃贪图享乐，而导致山河破碎的事实，同时作者也展现了一个支离破碎的长安城，在诗中始终都在表达对国破家亡事实的思考，因此，本诗并不只停留在"谴责"的层面上。

《扬州慢》确实反映了金兵给扬州城带来的巨大破坏，而作者在词中用扬州城的昔日繁华景象与当前破败景象进行对比，并用"二十四桥仍在""冷月无声"等意象展现了凄凉之慨，既表达了对金兵的谴责，也表达了一种历史兴亡、世事无常的沉重感慨。

3.《望海潮》用细致入微的描写展现了杭州城的繁华景象，有人认为这是一首彻头彻尾的献媚之作，对此你如何看待？

解析： 柳永确实在这篇作品中用了大量语言描写杭州城的富足繁华景象，虽说有献媚之嫌，但其中所用的大量意象以及展现出来的景象，都是符合事实的，所以谈不上"彻头彻尾"。

4. 三首作品中所展现的景象，留给了一座城市深刻的记忆，请你根据相关历史事件，分析作者笔下的城市记忆为何会让读者留下如此深刻的印象？

解析： 这个问题同样也是可以多元解读的问题。作者笔下的城市记忆之深刻，往往源于作者对细节的刻画相当到位，描述的画面十分贴近当时的实际情况，且在艺术手法上的使用也十分巧妙，故而让读者留下深刻印象。当然，这个问题本身就是可以多元解读的，学生们要根据作品的内容，谈出个人对诗歌中写作内容、艺术手法、主题思想的理解。

在"群文阅读"学习活动中，因为每个人理解角度不同，所以经常会出现对作品的多元解读现象，身为学习活动组织者的我们，就应当合理引导，在文本解读上，求同存异，允许多元声音的存在，如此才能让学生的思维探究能力和语言表达能力得到提升。

"群文阅读"应当是在统一议题之下所开展的学习活动，应当注重"学习群体"的建设和解构不同文学作品内涵能力的培养，同时必须在统一议题之下向学生倡导对作品的多元解读，以提升学生的个性化思维探究能力，这也是"群文阅读"学习活动在组织开展过程中所应当注意的要点。如果对"群文阅读"内涵的理解不足，对当下新概念语文的学习模式和培育目标认识不足，就很容易将"群文阅读"学习活动当作是几篇课文的简单叠加学习。

三、课文联读和群文阅读同为语文学习新概念，新概念之下的语文学习模式都着重于学习的整体性和学生学习的自主探究性：

"群文阅读"和"课文联读"一样，从来都不是简单的课文叠加学习而已。无论是"群文阅读"，还是"课文联读"，我们在学习的过程中，都要秉持着"1+1＞2"的理念，注重课文内涵的挖掘，简而言之，"群文阅读"和"课文联读"的组织目的，从来都不只是为了完成课文基本知识内容的学习，如果只是为了完成基本知识内容的学习，就直接将每一篇文章当作独立个体，让学生在课堂上按部就班来学习就可以了，又何必大费周章来组织这些新概念学习活动呢？我们组织这些新概念学习活动，其根本目的就是让学生对文学作品的理解更深刻，从而培养学生们的文学鉴赏能力和思维探究能力。

比如我们将《荷塘月色》《故都的秋》《我与地坛》三篇文章合起来组织"群文阅读"活动，统一中心议题为"同一座城市，不同的情感体验"，我们肯定不可能只是为了让学生读懂这三篇文章而已，而是要在统一的议题框架下，体验不同作品的不同情感，深度解构文学作品的思想内涵和文学意蕴，也对应高中语文"学习任务群"中的"语言积累、梳理和探究"和"文学阅读与写作"，达到高中语文学科核心素养的培育目标。

其实，群文阅读、课文联读、大单元学习、学习任务群等高中语文学习的新概念，无论是从其学习模式，还是从其培育目标来看，都有共通之处，这些新概念学习活动，其本质目的都是要让语文学习更为高效，让语文课堂变得"鲜活"起来，在具体的学习过程中，都注重不同文学作品之间的沟通和联合，培养学生对不同文学作品的深度理解能力，在深度阅读的过程中进一步深入挖掘文学作品的文化内涵，达到思维探究能力、文学鉴赏能力、语言表达能力全面提升的目的。当然，不论是哪一种新概念的学习活动，都必须在高中语文学科核心素养的培育目标下去开展，如果违背了此目标，新概念学习活动就很容易沦为一句口号。

语文学习，其实可以很高效，也可以很有趣味性，在当前的语文学习中，我们应当充分理解好语文学习新概念的内涵，让自己的语文课变得更有深度，更有探究性，更有趣味性，这样，学生们才能更好地投入到语文课堂学习活动中来。因此，在学科核心素养的培育目标下，做好"新概念"教学，带给学生非同一般的语文课，这是语文教学者所应当做好的事情。

参考文献：

[1] 余党绪.走向理性与清明——整本书阅读之思辨读写.[M].上海：上海教育出版社，2019.

第二节　水月交融，古典意境中的文人操守
——《念奴娇·过洞庭》《赤壁赋》课文联读思考

一、张孝祥作品《念奴娇·过洞庭》和苏轼作品《赤壁赋》中的共通意境：

《念奴娇·过洞庭》原作：

洞庭青草，近中秋、更无一点风色。玉鉴琼田三万顷，着我扁舟一叶。素月分辉，明河共影，表里俱澄澈。悠然心会，妙处难与君说。

应念岭表经年，孤光自照，肝胆皆冰雪。短发萧骚襟袖冷，稳泛沧溟空阔。尽挹西江，细斟北斗，万象为宾客。扣舷独啸，不知今夕何夕！

在读张孝祥《念奴娇·过洞庭》一词时，我看到了其中有如此的情景描写："玉鉴琼田三万顷，着我扁舟一叶"，对此，我不禁感慨：如此情景，极为熟悉，我也曾在某一篇古典诗文中读过同样的情景，这一篇诗文就是苏轼的《赤壁赋》。

不需要耗费过多的时间，思维稍一转动，我就联想到了《赤壁赋》中的"纵一苇之所如，凌万顷之茫然。浩浩乎如冯虚御风，而不知其所止，飘飘乎如遗世独立，羽化而登仙"。在《赤壁赋》一文中，苏轼"泛舟于赤壁之下"的情景极具画面感，让我对其印象极为深刻。在《念奴娇·过洞庭》中，作者所描绘的"月夜洞庭、玉鉴琼田、明河共影、扁舟一叶"同样也非常具有画面感。

于是，"泛舟于赤壁之下"和"扁舟稳泛洞庭"两种情景就在我的脑海中形成了奇妙的联合。讲《念奴娇·过洞庭》时，我尝试着问讲台下的学生："大家觉不觉得作者在明月夜泛舟于广阔的湖面之上，这极像苏轼在明月夜泛舟于赤壁之下？"经我一提醒，下方的学生也纷纷点头。

仔细审视《念奴娇·过洞庭》和《赤壁赋》，二者对水、月、人、物的描写，从景到意，都极为相似。月光之下，广阔的水面之上，一叶小小的扁舟晃晃悠悠。辽阔的天地之中，只有水中那一条小小的船，天地的寥廓和孤舟的渺小，给读者带来了视觉上的强烈反差。

不同的文人，却有相似的经历，于是都在水与月中构织着极其相似的意境。不同的文笔，在写水、月、孤舟时，却分明有异曲同工之妙。天地苍茫，水域广阔，孤舟水中，如此景象，简直就是一幅写意的中国山水画。这也就是二者在景和意上的共通之处。

然而，其境共通，其意相似，其情却不相同。苏轼在《赤壁赋》中，泛舟赤壁之下，却感慨人生之短暂，生命之渺小，有如沧海一粟，在看似洒脱的情志中，蕴含着作者浅浅的黯然神伤，以及隐然出世的悲慨。读《念奴娇·过洞庭》，却浑然不感作者有颓伤悲观之意，在张孝祥的笔下，中秋月夜的洞庭湖一片澄澈，洞庭湖的澄澈即是作者心境的澄澈，作者泛舟于洞庭湖中，孤舟漂泊于广阔的湖面上，却完全没有人生渺小的感慨，而以湖面的澄澈雪白，喻指自己内心的洁白，由此抒发个人的坚定意志、豪迈气概、洒脱情志，而其中的豪迈，远超《赤壁赋》。

看《念奴娇·过洞庭》和《赤壁赋》各自的写作背景，再看苏轼和张孝祥二人的境遇，其实颇为相似，在同样的境遇之下，一样都是驾一叶扁舟，停驻于广阔水域中，却表述了不同的感情。观二者之不同，解其中之味，而将其缕出，供课堂品味，这不失为学习的真滋味。

二、水的灵动，月的柔美，水月交织的独特意境：

在中国的古诗文中，"水"往往是灵动的象征，而"流动的水"通常代表着"时光的流逝"，"月"往往是思乡怀人的载体，一轮当空的皓月通常寄托着对远人的思念。水的体态是轻柔的，月光也是柔和的，两种柔美的事物结合在一起，频频出现在诗词作品中，成了很多文人寄寓情思的载体，而让读者感触颇深。

《赤壁赋》和《念奴娇·过洞庭》分别出现在高一语文的必修上册和必修下册中，一篇是赋，另一篇是词，二者虽在体裁上不同，但所使用的意象却很是相似。《赤壁赋》所描写的地点是在赤壁之下的开阔江面上，其时正值"七月既望"，《念奴娇·过洞庭》所描写的地点是在洞庭湖的广阔湖面上，当时是"近中秋"。同样都是皓月当空的夜晚，同样都是在宽广的水域上，"水中映月"之景都出现在文本中，更为巧合的是，作者本人都是驾着一叶小小的扁舟，泛游于广阔水面上。

于是，"水"和"月"分别在苏轼和张孝祥的笔下，生发出深邃的意境来，从所营造出来的意境而言，二者都体现出了相当鲜明的山水画意境，这也是二者的共性。不过，二者对"水"与"月"意象的情感寄托，并由此而产生的意境，也是各有非常鲜明的个性。

在《赤壁赋》中，苏子问客人曰："客亦知夫水与月乎？逝者如斯，而未尝往也；盈虚者如彼，而卒莫消长也。"流水东逝，就如不断消逝的生命，永远不可能回头；皓月当空，但时满时亏，不可能永远都保持着原来的状态。但是，即便生命就如流水一般，不断流逝，可生命一直都在向前，这也是自然界的规律，而月圆月缺，却总是回归到它原来的状态，诚如生命，有时得到，有时失去，但生命其实还是原本的生命。

苏轼用"水""月"的意象给自己受过挫伤的生命，寻求一处灵魂的歇息站，从而让自己在得到了休整之后，可以从容洒脱地面对接下来的生活。

在《念奴娇·过洞庭》中，张孝祥如此说道："素月分辉，明河共影，表里俱澄澈。"水月相融，映照出一片澄澈的天地，上上下下，都笼罩在一片如雪的柔和月光中，词人借此直指心境，自己的内心就如此时天地间这般澄澈。词人又感慨："应念岭表经年，孤光自照，肝胆皆冰雪。"自己在外的时间，唯有孤冷的月光陪伴自己，但心中肝胆就如被月光荡涤过，如雪一般洁白。

张孝祥用"水"和"月"，交织成了一方澄澈的意境，并以此自言澄澈的心境，也隐隐流露出了月下的自己有些许孤独的意味。

"水"和"月"在中国古典诗文中向来有独特的寓意，而苏轼在《赤壁赋》中，张孝祥在《念奴娇·过洞庭》中，都对"水"和"月"的意境进行了再创造，赋予了新的内涵，这也让读者感触颇深。

三、水月交织的意境，古代文人的灵魂栖息地：

一水茫茫，水月交融，一叶孤舟，漂浮于茫茫水域之上，这大概是苏轼的《赤壁赋》和张孝祥的《念奴娇·过洞庭》二者所呈现出来的极为相似的画面,况且,《赤壁赋》和《念奴娇·过洞庭》二者的写作背景和缘由也极为相似,都是作者在仕途上遭受了挫折,然后泛舟水面之上,借"水"和"月"的意象来安放自己的灵魂,抒写个人的情操。但是,同样是孤舟漂浮于茫茫水域之上,苏轼和张孝祥所倾诉的情感和表达的追求却很不一样。同样是面对着个人仕途上的"失去",他们二人的排遣方式也很不一样,甚至是相互对立的。

在《赤壁赋》中,苏轼借助客人之口,委婉地表达出自己的情感态度,"况吾与子渔樵于江渚之上,侣鱼虾而友麋鹿,驾一叶之扁舟,举匏樽以相属。寄蜉蝣于天地,渺沧海之一粟。哀吾生之须臾,羡长江之无穷",跟"鱼虾""麋鹿"作伴,这显然有一种隐居避世之意,整一段话也明显表达出对生命渺小的哀叹。

继而,苏轼又感慨道:"且夫天地之间,物各有主,苟非吾之所有,虽一毫而莫取。惟江上之清风,与山间之明月,耳得之而为声,目遇之而成色,取之无禁,用之不竭。是造物者之无尽藏也,而吾与子之所共适。"这段话彰显了苏轼洒脱豁达的人生态度,历来是为人所称颂的名句,但如果仔细分析,其实在洒脱豁达的背后,蕴含着极大的无奈,隐隐包含着一种求而不得,不得已只能故作洒脱之态的无奈之情。在遭受了仕途上的打击之后,苏轼觉得"天地之间,物各有主",这多少包含着自己对命运的低头,包含有一种相当明显的"禅意"。

有感于此,苏轼只能选择将自己的情感寄寓于"江上清风"和"山间明月",可以说,清风和明月,也正是苏子高尚情操的寄托,但从本质上而言,苏轼的无奈选择,多少是一种"认命"的姿态。因此,看《赤壁赋》中的"水"和"月",苏子分明是将其当作"时光流逝"和"世事无常"的代表。

看张孝祥的《念奴娇·过洞庭》,又是另一种风味。《念奴娇·过洞庭》虽然篇幅不长,但作者却将自己在仕途遭受打击之后的心境,写得相当"澄澈",让读者一目了然。作者如此感慨道:"尽挹西江,细斟北斗,万象为宾客。"相比于苏子只敢取用自然界的"清风"和"明月",张孝祥则是直接将天上的"北斗七星"当作一把勺子,尽情地舀起长江之水,盛情邀请世间万物,作者将世间万物当作是宾客,而将自己当作是万物的主人。

相比之下,张孝祥显得相当自信,也非常豪迈,比起苏子的"隐逸"和"禅意",张孝祥似乎不改初心,依然豪迈,依旧奋发,心境还是如旧时那般澄澈。看《念奴娇·过洞庭》，明显可以看到张孝祥孤高自信的精神姿态，完全不屈从于命运，依旧保持着高洁的内心。因此，在张孝祥的笔下，"水"和"月"，共着天上银河，三者相映，映出一方天地的澄澈，也映照出了作者的"冰雪肝肺"。

一叶扁舟，泛舟水中，水月相映，苏轼写出了一种"禅意"，表现了一种洒脱豁达，一叶扁舟给苏轼的体验，有种适缘而止、生命渺小的感慨；而张孝祥却写出了一种自信，表达了豪迈的气概，一叶扁舟漂浮于浩渺的洞庭湖中，这更添张孝祥的豪气。无论如何，苏子和张孝祥，各自借用"水月相映""一叶扁舟"的意象，表达出了自己的心境，也丰富了中国文学意象的内涵，从而令他们所描绘的画面如写意的中国山水画。

第三节　简析《荷塘月色》清新雅致的语言特点和反抗现实的力量

一、序言：

本文是我于 2018 年的下半年在讲授年级公开课之前，对《荷塘月色》这一篇散文佳作所设计的教学内容的思考。恰好朱自清先生所创设的"荷塘月色"意境，跟中国古典山水田园诗歌中所创设的意境极为神似，从这一点来看，《荷塘月色》的意境特点与苏轼的《赤壁赋》和张孝祥的《念奴娇·过洞庭》存在着某种共性，即水与月的交融，而成为作者情感的寄寓之处。就冲着这一点，我决意从中国古典山水田园意境切入，在课堂上向各位学生乃至来听课的各位同行谈一谈，我对朱自清先生所创设的恍如盛唐诗人笔下的山水田园意境的感受，也顺带谈一谈对本文语言特点的理解。谈本文的语言特点和文中所创设的"荷塘月色"意境，这对学生感知中国古典诗词的意境之美，乃至解构本文所要传达的深层思想意蕴，都有莫大帮助。鉴于解读文本的意境之美，并借此贯穿中国古典诗词之中的山水田园意境，这都促使我有意选择了打破常规的方式来进行授课，以上内容也是我写作本读书笔记的缘由。

二、有关构架《荷塘月色》鉴赏公开课的思考：

其实，在上年级公开课之前，我就一直在考量着，我该用一种什么样的方式来上课，多数教师上公开课，其授课思路无非就是围绕文本，设计问题，让学生当堂分析问题，探究问题，最终解决问题。此种授课模式的初衷，就是让学生参与课堂，师生进行所谓的互动，进而培养学生的自主探究精神和解决问题的能力。如此授课的构建思路，其出发点自然是好的，只是难免失之千人一面。为此，我拟在此次公开课中尝试着换用一种方式来上课，我的目的是让我的课堂不像课堂，而更像是一个专家讲座。当然，我并非专家。至于学生能否听懂我所讲，课堂整体效果如何，我暂时不予理会。

恰逢此前讲授《荷塘月色》时，我在课堂上留下了一大堆问题没有解决，于是，我决定以《荷塘月色》作为底本，谈谈我个人对此课文的三点深切体会，并且就文本内容提出两个探究性的问题。

三、有关《荷塘月色》教学上的三点深切体会：

深切体会一：本文的语言风格是一种清新雅致的语言。有关清新雅致的语言，究竟是何种风格的语言？或许此问题只可意会，不可言传。我们抛开诗文不说，就以清新的空气为论，清新的空气就是空气之中完全没有尘杂之味，就如清晨时分，此时此刻，世俗的喧嚣之声尚未大作，清风徐来，没有尘土飞扬，只有别样的清新，如此感触，即是清新。在诗文之中，那一类自然流畅、毫不造作，完全地挣脱了尘俗喧嚣的文字，我们可称其为清新自然的文字。所谓的雅致，就是用词文雅精致。对于本文清新雅致的语言风格，我们可以如此表达：用文雅精致的文字自然流畅地勾画出一个没有尘俗之味的世界。回顾《荷塘月色》文本，文笔如行云流水，言辞精致，荷塘之中，月色之下，周边景象，一片淡雅，远离世俗，归于宁静安详，如此言辞，确为雅致，如此图景，甚为安详平和，清新宁静。

深切体会二：本文营造了一个既迷离朦胧又平和安详的意境。意境之说，学生甚为不解，如此，我须对意境做一番诠释。按我个人理解，意境即是由外部景物形象汇集而成的整体上的环境氛围，是读者对文学作品的一种由外在环境氛围到内在审美的感触，意境之说，其文字必定有写景，有写景方有意境。高一的多数学生，或许对意境之说甚为陌生。此处不妨举一例，比如以下这段写景文字：天幽黑一片，路边竹林在风中嗖嗖直响，空中密集的蝙蝠或低或高地盘旋着，路上时而有野猫横穿而过，并发出一声刺耳的尖叫。通过此段文字的描写，可知其中的气氛便是阴森森的，有一种难言的恐怖感。由此，此段写景文字的意境应为：阴森恐怖。回归本文的意境，或许有人认为迷离朦胧和静谧安详这两个词语似有矛盾，然而，再度观览文本，可以发现以下景象：月华之下，薄雾如轻纱，天地一片朦胧，令我们欲看清这个世界，而又不能彻底看清，如此世界，当为迷离朦胧。荷叶亭亭，荷香如歌，天地静寂，采莲故事，和美幽远，如此氛围，当为静谧安详。此地此景，即是迷离朦胧，复又静谧安详。复言之，千言万语汇集成两句话：薄雾轻纱笼月色，清风扑面送荷香。总之，朱自清先生用现代文的语言塑造了一个古典诗词的意境。

深切体会之三：本文创设了一个传承自古典文学，又注入独特情思的审美主体。本文题为《荷塘月色》，而"荷塘月色"一词，已随着朱自清先生的这篇散文，成为中国现代文学史上的一个独特的审美主体。纵观中国古典文学，莲花作为独立审美主体出现在文学作品中，可谓比比皆是，莲花素来有"花中君子"的美称，宋代周敦颐的《爱莲说》中便有"出淤泥而不染，濯清涟而不妖"之说，而"月色"向来是作为思乡怀人的典型意象，就如"明月几时有，把酒问青天"。但是，在"清塘风荷"的上方加上一层淡淡的月色，这应是朱自清先生在传统文学的基础上，注入了自己的独特情思，在作者的笔下，荷塘与月色得到了完美的结合，二者水乳交融。"荷塘月色"在作者的笔下，成了一个文人对当下污浊社会发泄强烈不满，逃避黑暗现实的情感载体，"荷塘月色"就是作者的一片精神净土，是他可以寻得暂时宁静，远离各种世俗喧嚣的一处精神乐园。此种精神追求，其实与山水田园诗中的精神境界颇为类似。诗人们纵情山水，固然有山川名胜引人入胜之故，但至为关键的是，纵情山水可寻得精神上的宁静，而忘掉一切世俗的烦恼。同理，荷塘是美的，荷花是香的，而最关键的是此中有作者所追求的精神上的宁静。因为这篇散文，往后我们只要提起"荷塘"和"月色"，脑海之中立马便会浮现朱自清这三个字。

以上三点感触，是我个人对此文的体悟和诠释，我期望通过在课堂上谈论这三点体会，引领学生带着一双审美的眼睛，来发现本文之美。在语文学习中，对语言特点的辨析和概述，是一项相当必要的任务，让学生以《荷塘月色》的语言特点作为参照，并在教学过程中做一个适当的延伸，这有利于提升学生的思考能力和表达能力。

四、《荷塘月色》教学中的两个探究性问题：

在讲述完了对本文的三点深切体会之后，我顺势提出两个探究性问题，以供学生思考探究。

问题一：本文是否具备反抗黑暗现实的力量？

解析： 在此前的课堂上，我已借用多媒体平台展现过这个问题以及对这个问题的解析，而当时多媒体平台上幻灯片所显示的解说，是认为本文表达了对现实的不满，如此文章，在那个年代虽不能具备直接的反抗力量，也具有间接的反抗现实的力量。对于这个解说，当时的我并无多加评说，但一经思考，便觉得此种解说，着实经不起推敲。其实，在生活中，不满现实的大有人在，甚至有人因此整天喋喋不休。但不满归不满，真正走到了反抗的那一步，很多人还是缺乏胆量的。所以说，从不满现实到反抗现实，中间还是隔着一层钢板。有人会以当时严酷的政治环境来论，其实，在那个白色恐怖的时代，敢于以文字直击国民党的倒行逆施，大有人在，而朱自清的这篇《荷塘月色》，其文学意义毋庸多疑，但其反抗现实的力量却几乎为零。简言之，本文充其量不过是一个文人对黑暗现实极度不满，想反抗而又不敢反抗，欲挣扎而又无力挣扎，只能发出一声无奈的痛苦呻吟而已吧！

问题二:《荷塘月色》的现实意义。

解析： 今天我们学习《荷塘月色》，一则是为学习本文高超的语言技巧，了解多种手法相互转换、交织运用的写法，二则是为走进作者的情感世界，学习作者排遣心中烦闷的做法，做一次情感上的体验。在现实生活中，每个人都有遭受困厄、抑郁难伸的时候，在困苦境况下，我们能寻得一片宁静的精神土壤，排遣内心烦闷忧愁，就如作者在荷塘之畔、月色之下寻求宁静，此即为排忧解烦的最佳方法，这也是对课文内容的情感体验。

五、总结

在这一节公开课中，我把《荷塘月色》的基本内容讲授完了之后，再用个人对《荷塘月色》的三点深切体会，并且加上自己所设计的两个探究性问题，从而构成了一节公开课的主要内容。在三点深切体会的知识内容方面，我以讲为主，侧重于知识的输出，因为这三点体会对学生来说，还是存在着一定的辨析和认知难度，其中涉及文本的深层意蕴探究，也涉及古典诗词意境方面的简析。面对高一级的学生，我只能以讲为主，引领学生做一个知识方面的体验，而我期望学生将我个人所输出的知识渐渐转化为己有之后，能够触类旁通，学着去深层解构其他的文本知识。

对于两个探究性问题，我主要是让学生通过课堂探究，并且尝试着自己用文字来组织答案，以促进个人语言表达能力的提升，促进个人对文学作品理解能力的提升。对于这两个探究性问题，学生们在作答时，都能够畅抒己见，立足于文本，表达个人对《荷塘月色》这一篇经典散文的感悟。虽说学生的作答，还无法达到一种相对比较深刻的境地，但终究还是表述了自己的意见，这其实也是一种进步。

三点深切体会，两个探究性问题，这是我在课堂上引领学生深度解构《荷塘月色》文本所用的授课内容。

第四节　时局维艰的文学记忆，救亡图存的理想之光
——《荷塘月色》《拿来主义》《故都的秋》群文阅读思考

《荷塘月色》《拿来主义》《故都的秋》皆为现代文学中的名篇，是高中语文教材中的保留篇目，三篇作品的作者皆为民国时代著名文人，作品产生于特定的时代，具备鲜明的时代特色。

在部编版语文教材中，《荷塘月色》《拿来主义》《故都的秋》都选录在高一

语文上册中，三篇作品有着鲜明的时代特色，都触及思考国家民族前途命运，表达强烈民族主义和家国情怀的主题。

我在这三篇课文的教学过程中，曾做过这样的教学构想：根据三篇作品的共同点，统一议题为"时局维艰的文学记忆，救亡图存的理想之光"，从而组织学生进行"群文阅读"的学习活动，以提升学习的效率，让学生能够做到触类旁通。当然，这一项"群文阅读"的学习活动更多停留在我的构想之中，虽然在教学过程中，我也尝试着将自己的构想付诸实践，但限于时间，以及前期的准备工作没有做足，因此，这一个"群文阅读"学习设计只有部分内容付诸实施，而更多内容则停留在构想层面。"艺术性散文并不是科学小品，它的生命就是审美的，而审美的特点就是作者主观的，特有的，与众不同的感情。"[1]因为这三篇文章都属于典型的艺术性作品，对于缺乏审美修养的学生来说，存在鉴赏的难度，而要将此三篇文章联合，挖掘其深层意蕴，构设群文阅读活动，其难度不小。但我还是本着精益求精、不懈追求的理念进行了此方面的构思和研究，并将其中的部分构想付诸实践。

在构想这个"群文阅读"活动时，我着重考虑了三篇作品的共性，并且也主要是围绕着这些共性来设计问题：

1. 三篇作品所产生的土壤，是充斥着"内忧外患"的近现代中国，时代的苦难，深深地印刻在其时的中国社会上，救亡图存是那个时代主流文学中的宏大主题，正因为这一点，我就将这次的阅读课题定为了"时局维艰的文学记忆，救亡图存的理想之光"，并期望借此来唤起学生心中的家国情怀和民族情感。看三篇作品的创作时间，《荷塘月色》是朱自清发表于 1927 年 7 月 10 日的散文作品，其时的中华大地上刚好经历了"四一二反革命政变"，中国到处都充斥着白色恐怖；《拿来主义》是鲁迅写于 1934 年 6 月 4 日的杂文作品，当时的日本帝国主义对中国的侵略进一步加深，整个民族正处于内忧外患的时期；《故都的秋》是郁达夫创作于 1934 年 8 月 17 日的散文作品，当时，日本帝国主义在侵占了东北之后，正加紧对华北的渗透和侵略，对中华民族来说有着"精神图腾"意义的古都北平危在旦夕。了解三篇作品的写作背景，将对作品的解读回到相应的时代主题中，解析作品中共同的"救亡图存"主题和强烈的民族情感，这更有利于学生对作品内涵的理解。

2.三篇作品从体裁上来看不太一样,《荷塘月色》是写景和抒情类的散文,《拿来主义》是杂文,《故都的秋》是叙事类的散文，但是，三篇作品在抒情表意方面有一个共同特点，那就是"含蓄"，三篇作品都显得非常含蓄，这其实也反映了三位作者不俗的写作能力。《荷塘月色》，朱自清通过勾画一个月光之下景色清幽的荷塘美景，寄寓了自己对现实的极度不满，想反抗却无力反抗的情感，文章中交替使用比喻、拟人、通感的手法，文章语言优美，意蕴丰富。《拿来主义》，鲁迅还是一如既往，保持着他的冷峻和辛辣，用相当精练的语言，委婉地表达了对外来文化的态度，表达了一种强烈的民族担当，本文使用了大量的比喻和象征手法，文章显得含蓄蕴藉。《故都的秋》，郁达夫借古都北平的秋景，来抒发自己心中的忧情，北平的秋，即作者心中的秋，故都的草木屋舍，对于作者来说是不可割舍的，是心中的一份独特眷恋，而对故都的这一份情感也是其时全体中国人的情感，郁达夫用故都的秋景委婉地表达了对当时国家前途命运的担忧。三篇作品，都显得很"含蓄"，我们在这一份含蓄之中，寻找到作品的内在意蕴，也分析理解作品所使用的手法，这其实也是学习上的必要。

围绕着《荷塘月色》《拿来主义》《故都的秋》三篇作品的写作背景、内在意蕴、写作手法来组织学生开展"群文阅读"的活动，让学生对三篇作品思想内容的理解更为深刻，更为立体，这也是我在"时局维艰的文学记忆，救亡图存的理想之光"群文阅读活动中的教学思考。

参考文献：

[1] 孙绍振.名作细读——微观分析个案研究[M].上海：上海教育出版社,2009.

第五节　高一课文联读典型问题设计

本节内容主要选择了三组诗文，进行诗文联读的典型问题设计，三组诗文作品分别是 1.《烛之武退秦师》和《鸿门宴》；2.《阿房宫赋》和《六国论》；3.《声声慢》和《永遇乐·落日熔金》。这三组作品中的第一组同为史传作品，第二组涉及的历史背景相似，第三组出自同一位文人之手，都有共性可言，都有联结点。三组联读作品设计的问题都是根据课文之间的内在联系，寻找二者之间的联结点而设计，这些问题的呈现和解析，有助于增强学生对作品的记忆，加强学生对作品的深度理解，有助于提升学生自主、合作解读文学作品的能力，有助于培养学生的研究性精神。

一、《烛之武退秦师》和《鸿门宴》联读问题设计

《烛之武退秦师》《鸿门宴》是高一下学期学生的必读课文，同样都是出自史学著作的作品，这两篇课文有很多的共性可言。例如：两篇作品都有非常完整的情节，都非常善于在情节的发展中刻画人物形象，刻画人物形象的技法极为成熟。完整的情节和栩栩如生的人物形象，这明显就是后世小说的特点。因此，我们大可以说，先秦时期的史学著作，乃至《史记》，对后世的小说影响深远。当然，这是题外话。

在这两篇作品的学习活动中，我觉得寻找这两篇作品的共通点，将这两篇课文进行联读，让学生了解先秦史学作品以及《史记》的特点，并进一步明晰史学作品对后世小说的影响，这有利于提升学生对文学作品的鉴赏能力，有助于学生进一步理清中国古代文学史的脉络。

《烛之武退秦师》和《鸿门宴》首先是史学著作，这一点毋庸置疑，但因其在创作的过程中，作者有意或无意地运用了文学技法来展现情节和塑造人物

形象，使得这两篇作品看起来就更像是文学作品。或者我们可以这么说，先秦时期的史学著作，本身就具有文学创作的风格特点，包括《左传》《国语》《战国策》等史学作品，都有以上风格特点，而这种风格特点也影响了成书于西汉中期的《史记》。在教学过程中，如果我们能够帮助学生了解先秦史学的创作特点，这可能会让学生在对《烛之武退秦师》和《鸿门宴》的理解上显得更有深度。

有感于此，我觉得，在两篇课文的联读过程中，可以设计问题如下：

问题一：同样都是出自史学著作的作品，《烛之武退秦师》《鸿门宴》在人物形象的刻画上，所使用的技法有何异同？

解析：这个问题主要是围绕着两篇史学作品的写作技法而设计。从两篇作品的共性来看，二者都非常善于在故事情节的逐步推进中来塑造人物形象，展现人物的性格特点。在《烛之武退秦师》一文中，烛之武临危受命，不顾个人安危，凭借着自己的智慧而说服秦穆公退兵，在情节的逐步推进中，烛之武充满着智慧和胆识，善于辞令的特点也就跃然纸上。在《鸿门宴》一文中，围绕着宴会的起因、宴会的经过、宴会的结局，故事情节层层铺开，杀机四伏的气氛笼罩着全场，在情节的逐步开展中，刘邦的随机应变和项羽的刚愎自用，也就显得栩栩如生。

从二者的不同点来看，《鸿门宴》因为展现了两大军事集团的斗争，故而对双方主帅的刻画很是丰满全面，在双方主帅的描摹上，作者似乎是有意让二者进行相互映衬，相互对照，这就是我们俗称的"对比"手法，而这种对比手法是《烛之武退秦师》中没有的，因为烛之武是全文所要展现的中心人物，所有人物都围绕着中心人物运转，只对主要人物烛之武起衬托的作用。

问题二：《烛之武退秦师》和《鸿门宴》不乏完整的情节和生动的人物形象，但与小说相比，明显就缺乏独立的主题，这其实也是受限于史学作品的特点。不过作者在创作过程中，还是表现出微妙的情感态度，请根据《烛之武退秦师》和《鸿门宴》的内容，品味作者对烛之武和项羽的情感态度。

解析：烛之武是作者笔下的完美人物。有胆识、有勇气、有谋略，善于言辞，不计前嫌，凭一己之力最终说服秦穆公退兵。作者虽然没有在文章中表露出明确的情感态度，但从其对烛之武的重点刻画，我们明显可以感受到作者的用心。

项羽是司马迁笔下的悲情英雄形象，对项羽在鸿门宴上的妇人之仁、刚愎自用，作者应当是相当惋惜的。司马迁一直偏爱项羽，项羽的缺点在鸿门宴上被无限放大，最终成了他被刘邦击破的死穴，对此，司马迁除了表达惋惜之外，更多的就是无奈了吧！

联读课文，本质目的是对课文进行有深度的解读，从而使学生更好地理解文本内容。以上内容是《烛之武退秦师》《鸿门宴》课文联读活动所设计的问题，这是在扫清字词障碍、全面理解两篇作品的内容之后，设计的课堂学习内容。总之，课文联读的前提是让学生充分地理解文本的基本知识内容。

二、《阿房宫赋》和《六国论》联读问题设计

《阿房宫赋》和《六国论》是高一语文的必读课文，其中《阿房宫赋》出自晚唐诗人杜牧之手，《六国论》出自北宋散文家苏洵之手。在课堂学习活动中，将这两篇作品结合起来，进行比较阅读，构建联读课堂，很有必要，也能够让学生加深对这两篇课文的印象。有关这两篇文章的联读课堂，我将课堂学习的问题设计如下：

1.《阿房宫赋》和《六国论》所涉及的历史背景有何相同之处？

解析： 两篇课文所涉及的历史背景，都涵盖从战国末期到秦朝统一六国的史实，都涉及了战国时期至秦朝的风云历史，也都深刻分析了该历史时期的兴盛衰亡进程。

2. 同样都是以秦朝统一六国的史实作为写作内容，但两篇文章的作者各自立足点并不相同，请结合两位作者各自所处的历史背景，分析两篇文章各自的写作目的。

解析：《阿房宫赋》的作者是晚唐著名诗人杜牧，其时的唐王朝已经是千疮百孔了，但统治者仍然穷奢极欲，广起宫室，而不爱惜民力，作者有感于现实，写了《阿房宫赋》一文，以秦朝统治者建造阿房宫，而耗费大量民力，并且最终走向覆亡的事实，告诫当朝统治者，应当吸取秦朝灭亡的教训，爱惜民力，不要声色犬马，穷奢极欲。

《六国论》的作者是散文家苏洵，苏洵所处的朝代是正处于鼎盛时期的北宋王朝，但繁华的表象背后其实潜藏着重大的危机，宋朝在对外的战争中，屡

屡战败，并且对待北方强敌辽（契丹）和西夏，使用"输岁币"的方式，来取得与辽、西夏之间的苟安，也就是说宋朝对外一直都是在用钱买和平，此举也给当时北宋治下的百姓造成了沉重的负担。作者痛心于北宋统治者的懦弱妥协，而写下《六国论》一文，以战国时期韩国、魏国、楚国等曾经以土地贿赂秦国并且最终导致自身覆亡的事实，向北宋统治者委婉地表达自己的政治主张，那就是在对待辽（契丹）和西夏时，不能总是采用输岁币的方式屈辱求和，而应该采取强硬的态度。

3.《阿房宫赋》和《六国论》在文中都同样涉及秦国统一六国的史实，但二者在写作特点和语言风格上却截然不同，请根据所学内容，简要谈一谈两篇文章不同的写作特点和语言风格。

解析：《阿房宫赋》属于赋文，语言富丽华美，在形式上具有古典诗歌的韵律之美，作者在文章中大量使用了排比、比喻、夸张等文学表现手法，使得全文语言非常具有文学感染力，整篇文章的语言呈现出形式华美、雄奇瑰丽的特点。

《六国论》属于政论文，作者是以政论文的形式来写作文章的，其中使用了举例论证、道理论证、引用论证、对比论证等多种论证方法，让文章的观点十分鲜明，让读者深深感受到政论文的独特魅力。作者在文中，重点突出了山东六国用土地贿赂秦国所带来的巨大危害。从整体看来，文章语言形式不拘一格，论证说理，深入浅出，体现出了政论文气势磅礴、纵横捭阖的特点。

以上所设计的三个问题，可以帮助学生进一步了解《阿房宫赋》和《六国论》的基本内容，加深对文本内容的印象，也让学生在学习中思考不同文学作品的各自特点，从而提升鉴赏文学作品的能力。

三、《声声慢》和《永遇乐·落日熔金》联读问题设计

李清照是两宋之交著名的女词人，也是南宋婉约词艺术成就最高的词人。其词作以南渡为界限，体现出了截然不同的两种风格，前期作品多抒发个人的优游生活，后期作品主要是表达对北方故土的思念和对往昔安定优游生活的追忆。

高中语文教材所选录的李清照作品，是《声声慢》《永遇乐·落日熔金》。这

两首作品作为李清照后期的代表作品，其思想内容和艺术风格有相近之处，假如将两首作品进行联读，这对学生进一步了解李清照的词作创作风格，全面感知两首词的意象，更深一层解读词作的意境，都有很大帮助。

下面是两首词的原作：

声声慢

李清照

寻寻觅觅，冷冷清清，凄凄惨惨戚戚。乍暖还寒时候，最难将息。三杯两盏淡酒，怎敌他、晚来风急！雁过也，正伤心，却是旧时相识。

满地黄花堆积，憔悴损，如今有谁堪摘？守着窗儿，独自怎生得黑！梧桐更兼细雨，到黄昏、点点滴滴。这次第，怎一个愁字了得！

永遇乐·落日熔金

李清照

落日熔金，暮云合璧，人在何处。染柳烟浓，吹梅笛怨，春意知几许。元宵佳节，融和天气，次第岂无风雨。来相召、香车宝马，谢他酒朋诗侣。

中州盛日，闺门多暇，记得偏重三五。铺翠冠儿，撚金雪柳，簇带争济楚。如今憔悴，风鬟霜鬓，怕见夜间出去。不如向、帘儿底下，听人笑语。

假如这两首词要进行联读，必要的朗读是不可缺少的。在朗读的过程中，《声声慢》要突出其凄凉悲怆，这首词大约创作于 1129 年，应是作者刚刚逃亡到了南方，寓居建康，恰好碰到丈夫亡故时所写的作品，本词被誉为"婉曲"之绝，通篇词谈愁，但没有说明具体的愁，而都是借用各种意象来表明自己的愁绪，字字含愁，体现出了一种婉妙旖柔的风格特点。

读《永遇乐·落日熔金》，应是要突出作品中的一种表面"平静"，这是一种故作平静。从创作年份上来说，《永遇乐·落日熔金》应是作者晚年的作品，大约创作于 1150 年，是她寓居南方多年之后的作品，此时她在南方的生活应该是趋于一种无奈的"安定"。恰逢遇上了元宵佳节，陡然间，往事又上心头。在这首《永遇乐·落日熔金》中，李清照表现得很是"平静"，没有言"愁"，没有说"苦"，只是说"如今憔悴"，只是客观地说了自己的容颜变老，但在字里行间，饱含的是作者的满腹辛酸。我觉得在读《永遇乐·落日熔金》时，语气尽量平淡一些，不要用力过猛。

对于这两首作品，我围绕着李清照在面对夜晚时的感受设计了一个问题。

在《声声慢》中，作者说，"守着窗儿，独自怎生得黑！"在词中，作者明显是害怕一个人的天黑。在《永遇乐·落日熔金》中，作者说，"如今憔悴，风鬟霜鬓，怕见夜间出去"。在词中，作者恰逢元宵盛日，街上人来人往，而且又有酒朋诗侣，应该不至于孤独，但她却又不想在夜晚出去。

请试着解读，作者为何在《声声慢》中感慨"独自怎生得黑"，却又在《永遇乐·落日熔金》中喟叹"怕见夜间出去"，请围绕这个问题，结合词作内容，并联系词作的创作背景，谈一谈作者在两首词中同样是面对夜晚的不同感受。

解析： 设计这个问题，就是想让学生进一步了解作者在这两首词中的心境，进而了解更为全面立体的李清照，以提升个人的诗词鉴赏能力。

"守着窗儿，独自怎生得黑"，其大意是"孤独地守着窗前，独自一个人怎么熬到天黑？"其时的李清照，刚刚经历过从北方逃亡到南方，而丈夫赵明诚亡故的悲痛，国破家亡的惨痛事实，给李清照内心造成了极大悲怆，此时刚刚南渡而来并经受了亡夫之惨且无所依靠的李清照，无疑也就最害怕一个人的天黑。天黑之时，正是牛羊归栏、倦鸟归巢之时，但是像是候鸟一样迁徙到南方的李清照，却惶然不知该如何面对刚刚经历过的国破家亡之痛，因此她在词中表达了无法承受独自面对天黑的悲愁和苦痛，词作虽然没有直接言"愁"，但其中的悲愁情绪，如在读者眼前。

"如今憔悴，风鬟霜鬓，怕见夜间出去"，其大意是"如今形象容貌十分憔悴，乱发像风吹雾散，也懒得夜间出去"。这个时候的李清照已经是客居南方多年，生活基本上趋于安定，回到北方故土的念想虽然依旧浓烈，但感于现实，其实也无过多期望。南方的上元佳节，正值"吹梅笛怨""融合天气""香车宝马"的热闹繁华气象，可是词人却感慨"怕见夜间出去"，南方异乡的上元佳节，很容易让她感怀当年"中州盛日"的繁华景象，也感触以前"闺门多暇"的无忧无虑生活，并且由此心生悲怆。灯火辉煌、热闹非凡的元宵佳节，李清照却选择在家中静听帘下窗外的行人笑语，她心中因年华逝去而感伤，因追忆往事而惆怅，因客居他乡而无奈，因国破家亡而悲痛的种种悲愁，只有她自己知道。她并不想在元宵佳节的夜间出去，外面的热闹只能加深自己内心的孤独和愁绪。

第七章 优质语文课堂的锻铸，
是一个不断认知不断探索不断精深的过程

　　本章内容主要选录和摘取我个人近些年来所撰写的部分教学论文内容，然后汇集成为章节，涉及对现代信息技术使用于语文课堂得与失的反思，对理想语文课堂的构想，对核心素养下精品语文课堂的展望，这一章内容反映了我一直以来对语文课堂的思考，对优质语文课堂的追求，也反映我对语文教学的认识逐步变得深刻、丰满、立体。

　　我从 2007 年站上语文教学讲台伊始，就开始写作教学随笔和教学论文，但中间有好几年基本上没有涉足教学论文写作，直到 2016 年以后，我自感对高中语文教学有了相对全面而系统的认知，加上个人在教学初始阶段的知识累积和理论认知已经积淀到了一定的程度，且在教学中，我有一些自己的想法和见解想要对外界倾诉，于是，我又开始不间断地撰写教学随笔和教学论文，特别是近两年，我几乎都会在每一篇课文讲授完毕之后，写作一篇关于教学的随笔感想，以表达我对自己教学中得与失的思考。教学随笔的渐渐累积，慢慢汇聚成为我个人的教学论文。两年来，我在教学中不断思考，也不断累积，并不断提升自己对语文教学的认知。

　　在刚刚踏上讲台的时候，我对语文教学的理解相当肤浅，那时的我虽然也知道新课标，也确实很努力地去学习新课标的内容，但总感觉自己在教学中的认知和积淀还不够，所以，在很多时候，我对新课标的理解，往往就只剩下"自主""合作""探究"的口号而已。不过，作为新入行的教师，这也属于正常，毕竟那时的自己才刚刚完成从学生到教师的角色转变，因此，对教学的认知也是相当有限。

当然，也是从那时开始，我走上了用心探索和实践高中语文教学之路，这些年来，我一直走在这条探索和实践的道路上，本章所选录的教学论文内容，也是我个人这些年对高中语文教学的探索和实践。

在探索之中，不断前行，在前行之中，又不断探索，如此，往复循环，如此，我对语文教学的理解也渐渐褪去了当年的肤浅，而变得丰满。随着教学年月的累加，我自感对高中语文教学也形成了自己的独特感受。我觉得，我必须特别感谢这些年以来，一直都这么努力的自己，一直都处在教学前沿的自己。语文教学能力的提升，是日积月累的结果，正所谓"罗马不是一天建成的"，教学贵在不断坚持，在坚持中不断思考，扬长避短，去伪存真，博采众长，从而渐渐形成更深刻的理解。

对语文课堂教学的理解和认知过程，我在下面内容中总共分为六节来概述。当然，相对于大方之家来说，我的理解和意见不过是一孔之见，也许根本不足为奇，但无论如何，本章内容毕竟见证了自己这些年来在教学上的付出和收获。以上内容，是为这一章的序言。

第一节　论语文课堂学习中的
"自主、合作、探究"

当前是语文教学急剧变革的时期，各种课程改革方案犹如雨后春笋般涌现，放下已受过新教育理念洗礼的青年教师不谈，就是大部分资深的老教师也纷纷抛弃了传统的教学方法，与时俱进。于是，大有"雨后青山秀"之景象。

诚然，出现这种现象是好事，这表明教育界以及广大的语文从教者开始真正重视语文教学。但问题是，我们高喊了这么长时间的语文新课程改革教学，但却不知道究竟什么才是"新课程改革"，嚷到最后，也只剩下"自主、合作、探究"这个光秃秃的口号。至于"自主、合作、探究"的真正内涵，可能很多语文教师对此也只是一知半解。

在新课程改革全面开展的今天，我们显然不能一直坚持用传统的教学模式来开展语文教学活动，"'一支粉笔，两本教材'的教学方式，以及'两耳不闻窗外事，一心只读参考书'的备课模式，已经无法满足信息化时代下学生们对知识的渴求。"[1]那么，在新课标理念已经深入课堂的时代，语文教学应当从何入手呢？本文就尝试着从简析"自主、合作、探究"的内涵入手，并结合个人的教学经验，具体来谈一谈我对语文教学的理解。

第一，自主学习。在传统语文教学模式的课堂上，老师既是主角，也是配角，更是导演，有时就连跑龙套的角色也包圆儿了。在学习上，老师跟学生的关系是：我讲你听，我写你记，双方只是简单的知识传授者与被传授者的关系。诚然，这种传统的语文教学方法存在着很大的不足。它是一种近似于机械式的僵化学习体制，它极大地束缚了学生的自主性、创造性，使学生在思想上成了"只会听而不会想"的温驯绵羊，而不能成为一匹精光四射、奋力上进的"思想野狼"。因此，在这种情况下，"自主"的学习理念便呼之欲出了，并且最终走进课堂，成了我们的实践，也圆了广大语文教学工作者的夙愿。与"填鸭"式的传统教学方法相比，自主的学习方法确实起了"激发学生思维，活跃课堂气氛，增强学习兴趣"等巨大作用。在"自主"理念的倡导下，老师不再是课堂的主宰者了，学生才是课堂的主角。老师只是负责演好这场戏的导演，在必要的时候加以引导、指正。从语文教学方面来说，这可谓是"苍天已死，黄天当立"。对学生来说，可谓是"农奴翻身做主"，自己的才学终于可在课堂上彰显出来。在《雷雨》的教学中，我初拟采用传统的教学方法：以课堂知识分析讲解为主，辅以分角色朗读。后有学生提议：何不把该文搬上"银幕"，让班中同学扮演剧中人物，来一场演出。我心底一想，觉得这可是一个好主意，演者展示才华，观者切身体验，全体学生更容易把握人物形象及写作手法。于是，我便抱着"试一试"的心态，让学生自主展示，但未想到其结果却是出乎意料得好。学生扮演得惟妙惟肖，对人物形象的把握很到位，更是在轻松幽默中获取了真知识。可见，"自主"的学习方法比之传统方法，确实有令人意想不到的效果。自主性学习，可以培养学生在学习上的自觉性，从而减少在课堂上对老师的依赖。

第二，合作学习。假如我们一味地强调"自主"理念，久而久之，潜移默化，学生可能会形成"固执己见"，甚至是"自私偏狭"的思想个性，这种理念一旦形成，便很难改过来。笔者见过这么一个学生，在绝大部分同学赞同，广大老师认可，权威说法论证的说法面前，他还是死咬着自己的说法不放，执拗地认为自己的说法一定是正确的。我想：这多多少少跟咱们平常大力倡导的"自主"理念有关吧！或许该生就是"自主"学习理念矫枉过正的怪胎吧！所以，咱们在强调自主的同时，也不要忘了注重培养学生在学习上精诚协作的团队精神。这就是我们平常所提倡的"合作"学习理念。

对于"合作"这一理念，我有两个方面的理解。其一，教师跟学生的合作。请不要忘了，老师也是课堂的一员，没有理由学生"唱戏"唱得那么开心，而把老师排除在外。当学生在课堂上发出了"石破天惊"的错误理论和见解时，作为已经获取知识的我们，要不要极力纠正呢？我想，这是十分必要的。要不，"自主"理念所产生的"怪胎"会更多。也许有人会反驳：你这不是跟传统的教学方法唱的同一个调吗？怎么说是新型的"合作"理念教学呢？呜呼！君不见"弃其糟粕，取其精华"乎！此"教师与学生合作"理念正是脱胎于传统教学方法，也是一直以来我倡导的一种教学理念。其二，学生与学生的合作。假如"教师与学生合作"类似于政治意义上的"南北对话"，那么，"学生与学生合作"就是"南南合作"了。教师跟学生，毕竟在年龄上和认知上存在着巨大的代沟。因此，"南南合作"反倒经常能"突出奇兵"。就比如在作文批改上，传统方法是由老师一手包办，然收效甚微。此中缘由有两个，第一，批改作文需耗费很大的精力，很多老师，尤其是年长的老师应付不过来。第二，老师跟学生在思想上毕竟存在着代沟，假若老师不能准确地把握学生的写作思想，有时便不能进行很好的引导。笔者在课堂上曾实验过此法，即将全班学生分为若干小组，并由作文能力较强的学生充当组长，各组成员相互点评批改各自的作文，结果我发现，有些学生的批改意见比我的还要详细精粹。毕竟，学生与学生之间彼此了解比较深，他们能够准确地把握对方作文中的思想感情和写作思路。学生的课堂作文，假若是由我一力独支，进行大规模的批改，其效果可能没这么显著。因此，除了"自主"之外，在课堂上，我们更需要"合作"。合作学习的理念，能让课堂老师放下高姿态，以一种平等谦和的姿态与课堂上的学生在同一个平台上互动交流，从而增强了学生的学习乐趣，也能让学生在学习方面"互通有无"，进而精诚合作，进行思想上的碰撞和灵魂上的教诲，如此，也最大限度地激发了学生的求知欲。

第三，探究学习。"探究"是在"自主"与"合作"的基础上，学生再进行创造性思维的方法。如果说"自主"与"合作"是扎实的根基，那"探究"就是华丽而不失稳固的上层建筑了。传统语文课堂，对一篇课文的认知，大多停留在表面的分析上，对文章情感的把握，主要源于权威的说法，学生们在根据参考资料的见解和教师的分析后，对文章的思想情感有个大概的了解，便将其置之一旁，不再理会。往后再次论起，亦多是往日之论调。这样，时间一长，学生便会产生思想上的惰性，对问题的见解，缺乏在原有的认知基础上提出创新看法的钻研精神。笔者在讲授《六一居士传》这篇课文的时候，曾设想，假若只让学生把握"欧阳修之'乐'如何""为何而'乐'""影响'乐'的因素有哪些"等几个方面的内容，这是非常肤浅的。这些内容我纵然不讲，学生们通过自主学习也能获得。于是，我就在此基础上，鼓励学生们联系欧阳修的人生经历，再联系他这篇晚年的作品，然后从中品读作者的感情。接着，马上就有学生对这篇课文提出了新的看法，他认为此文的情感是深沉的，而并非轻松欢快的，因为他所看到的作者是一个在宦海当中浮沉了四十年，心情甚为苦闷而又无奈的垂暮老人。又有学生提出了欧阳修的这种思想，其实就是中国传统儒家思想——"达则兼济天下，穷则独善其身"的具体体现。看到这些情况，我心中窃喜。我认为，贯彻语文课堂上的"探索"理念，能够使学生保持自由开放的"学风"，并能进一步激发学生的创造性思维。探究学习，是学生思维灵动、思想积淀的必经阶段。相对来说，自主学习和合作学习，是学生通过自身学习和小组协作，获取语文学科基础知识的必要途径；探究学习，则是培养学生个人创新能力和独立思想的不可或缺的学习方法。探究学习，让学生在满足了语文的工具性需求之后，向人文性的需求迈进，而学生个人的灵魂思想也才能在探究学习的不断思考中得到升华。

总之，"自主、合作、探究"，这三个理念在当前语文课堂上是不可或缺的，如何在课堂上切实地贯彻新课标的这三大理念，并将此理念切实地运用到教学中，这成了当前语文教学工作的重中之重。在此，我希望全天下的语文老师都能够紧追新课程改革的趋势，在组织学生开展学习活动时，深入贯彻"自主、合作、探究"三个学习理念，与时俱进，谱写出属于自己的教学辉煌乐章。

参考文献：

［1］司保峰.云破月来——文本深读与语文核心素养.[M].上海：中国出版集团东方出版中心，2019.

第二节　打造 21 世纪现代语文课堂的构想
——以高三现代文阅读复习为例

现代文阅读一直是高三语文复习的"重中之重"，其重要程度仅次于作文。但是，在传统的课堂上，面对这样重要的一个复习专题，相当一部分教师长期以来都没有比较好的办法。这是为何呢？

首先，现代文阅读在考试中出现的文体多样，单从文学类文本阅读来看，它便涵盖了小说、散文、剧本、诗歌四种文体，而从实用类文本阅读来看，它经常考察的文体就包括了传记、新闻、科普文等多种文体，如此繁多的文体，无疑加宽了语文复习的广度，也给广大师生带来了很大的困扰。

其次，现代文阅读需要教师和学生具备丰富的课外阅读体验和扎实的文学常识，可如今的学生在这方面做得并不好，如此，师生在课堂上就很难形成互动，老师也很难在课堂上讲出知识的深度。

最后，现代文阅读需要通过大量的强化练习，来加快做题的速度，提高做题的技能，可在传统的课堂上，这一点极为耗时，并且收益甚微。

面对这样一种困局，笔者畅想尝试打破传统课堂的模式，运用 21 世纪的信息技术和教学技能，找到一条切实有效的现代文阅读复习的教学之路。对此，笔者做了如下几个方面的构想，并在自己的教学中，将其用于实践。

第一，以班级名义申请"新浪博客"，并将其作为班级的公共资源库，在上面发布各项有关考试的资料，班中学生可以通过博客了解、下载各项复习资料。我将现代文的各种文体常识、各种答题技巧，全都汇编在博客上。这免除了传统课堂上教师讲授文体常识的劳累，也省却了学生听取文体常识的琐碎，同时让现代文的答题技巧得以通过形象直观的方式传达给学生。

案例一：学生曾某，原本在做现代文阅读题时，总是会丢掉大半的分数，后来他用一个月的时间，浏览班级博客中有关现代文阅读的文体常识和做题技巧，终于在后来的考试中，满分 25 分的现代文阅读版块，他得到了 23 分。对此，学生曾某颇有感慨："班级博客对我的帮助真大，课堂上为了节省时间，老师对现代文阅读的复习往往是简而化之，而班级博客上发布的内容，真的是和老师的讲课形成了互补。"

第二，让学生利用课堂或课后的时间，制作思维导图，梳理当日所学知识。在一个章节讲授完毕后，让学生制作相应的思维导图，使学生本人对这一章节所学的知识形成一个完整的体系，往后在搜索自己所学知识的时候，无须在纸质笔记中一页一页地找寻。现代文阅读知识烦琐，包含的文体过多。通过制作思维导图的方法，可以让原本杂乱烦琐的知识变得有条理性，有层次性，各部分知识能形成一个有机的整体。

案例二：学生郑某，原本对现代文阅读复习没太大的兴趣，他表示现代文阅读这一版块所包含的知识实在是太繁杂了，自己没有时间学。为此，笔者曾找他谈过心，但他依旧不为所动。后来，在某一次课堂上，我将自己制作的思维导图投放于多媒体平台上，在思维导图中，我将现代文阅读原本庞杂烦琐的题型归类为三种，即分析概括、鉴赏评价、探究综合三种题型，并在思维导图中对此三种题型做了相应的答题分析指导。思维导图制作简洁，知识体系一目了然，这也引起了学生郑某的兴趣，于是他自己也将现代文阅读复习的知识体系，制作成思维导图，由此他对现代文阅读的理解一下子上升了一个层次。

第三，通过评价量规，让学生对自己所学的知识进行自我反思，也让教师能够及时知道学生学习的情况，并对部分学生作出有针对性的辅助学习。现代文阅读，由于知识量大，教师讲一遍，学生听一遍，显然不能将其完全吃透。此时，评价量规的出现就很有必要了。评价量规制作简易，学生不用耗费过多时间便可完成评价量规的填写，而教师也可以通过此种方法了解到学生的学习状况。因此，评价量规的制作和使用，是 21 世纪新型课堂上不可缺少的。

案例三：笔者以前上课，经常是在讲完课之后，口头问问学生有没有听不明白的知识内容，可多数学生并没有反馈任何的问题，但每每在考试之后，笔者总感觉，考试中出现的在课堂上讲过的现代文阅读复习知识，许多学生还是答错了。后来，我跟一个学生聊起此事，学生说："在课堂上许多同学对老师所讲的知识有时是一知半解，纵然当堂听明白了，可是过后又把它忘了。想问老师，有时又会碍于面子。"于是，笔者便将评价量规运用于自己的教学中。评价量规，能让笔者第一时间得到学生的学习反馈，并在接下来的课堂中进行有针对性的辅导和加强。笔者曾通过评价量规，看出了本人所执教的大部分学生，在做现代文阅读探究类题型的时候，总是失分过多，原因是大部分学生未能将文本的观点与现实紧密结合。为此，笔者用了两节课的时间，对探究类题型进行重点讲解，终于在接下来的考试中，本人执教的班级在探究类题型上失分的情况有明显的好转。

第四，搭建微信公众平台，建立班级学习交流 QQ 群，利用电子邮箱，将师生互动的平台延伸到现代通信工具之中。如此，师生互动交流的平台就不仅仅限于课堂，而是延伸到课后，延伸到广阔的网络世界中。如此，也能将学生原本对网络的兴趣引导到学习上来。要提高现代文阅读的做题技能，平常必定得进行大量的训练。假如训练是通过传统的方法，即当堂做试卷，既浪费时间，又浪费资源。如果将现代文阅读测试题通过 QQ 群和电子邮箱传递给学生，这必然会节约大量时间和资源。教师适时将答案发布于公众平台和 QQ 群，学生也可以利用这些现代通信工具，交流自己做题的心得体会，这可谓一举数得。

案例四：笔者原对学生一直徜徉于各类网络交流平台深表不解，总认为学生长时间沉浸于此种交流平台中，定会影响学习，后来偶然进入学生的交流平台中，发觉学生竟然通过 QQ 群交流当天学习的内容，这让笔者大为震撼。刚好那段时间在复习现代文阅读，对此我萌生了要将这些网络交流平台建设成为师生知识互动交流平台的想法。于是我将现代文复习的课件和试题传到班级 QQ 群中，接下来申请开通了微信公众号，并将其作为班级的公众平台。现在，QQ 群、公众平台、电子邮箱已成了班级中不可缺少的交流平台，师生之间、学生与学生之间，学习资源可以共享，学习经验可以相互交流。这对内容烦琐庞杂的现代文阅读复习来说，确实是一件好事，教学效果有时是事半功倍。

21 世纪的语文课堂，并不局限于传统的教室之中，它的空间广阔无限。

21世纪的语文课堂，学生才是课堂的主角，教师只是引导者和辅助者。21世纪的现代文阅读复习课堂，更是精彩纷呈、百花齐放的。假如我们依旧采用传统的方法来教学，那我们所得到的效果是微乎其微的，在现代文教学方面尤其如此。在今天，合理地调动各种现代教育资源和各种现代教学工具，是生活于21世纪的教师所必备的技能。所以，身为高中语文教师，我们应该合理地使用各种现代教育资源和工具，构建一个师生共同参与的、精彩的现代文阅读复习课堂。

第三节　现代信息技术背景下打造
信息化高中语文课堂初探

对于现代高中语文课堂来说，"这是一个最好的时代，也是一个最坏的时代"。[1]得益于现代信息技术广泛运用，现在的课堂教学变得简单了，海量的教学资源应有尽有，这极大地丰富了课堂教学方法，让原本单调的高中语文课堂变得多彩缤纷了，但是现代信息技术的过分使用，有时也会让高中语文课堂变成一场机械的流程化操作，高中语文课堂可能会由原本教学工具落后、教学资源匮乏的窘境，又跌入到了课堂过分流程化和流水化的误区之中。

在现代信息背景下，如何有效利用现代信息技术的优势，打造高效的高中语文课堂，从而避免走入现代信息技术支撑下的课堂授学流程化和流水化误区，这是时代的重大课题。

笔者从教于一所乡村中学，执教高中语文十余年，在课堂授学方面，刚好经历了传统教学到现代信息技术授学的重大变革过程，因此，对于现代信息技术在高中语文课堂授学中的作用，体会颇深。在笔者看来，要善用现代信息技术，打造高效语文课堂，至少要从以下三个方面来考量，才能有的放矢，让高中语文课堂精彩纷呈。

第一，现代信息技术走入高中语文课堂，打破了传统课堂的疆界，拓展了传统高中语文课堂的外延，让课前预习、课内互动、课后复习三者成为相互统一的有机整体。在现代信息技术的支撑下，教师与学生之间，可以采取线上线下相结合的方式，尽可能地利用可以利用的时间，提高学习的效率。像 QQ 群、微信群、微信公众平台、电子邮箱、班级小管家等等这些信息工具，其实不只是聊天的娱乐工具，也可以是高效的学习工具，都可以将其合理利用，用来提升学习的效率。

在新冠肺炎疫情期间，笔者在上网课时，就根据各类信息平台的特点，将其进行合理有效利用，将线上平台授学的优势尽情发挥出来，具体操作如下：1. 以班级微信群作为师生学习交流和发布通知的工具，有些典型例题，我会将其发布在群中，师生之间共同讨论，以促进学生思维能力和解题能力的提升；2. 将 QQ 群作为储存学习资源的平台，在线上学习期间，我会根据学生实际情况，选择性地录制讲课视频，上传 QQ 群，以供学生观看和学习；3. 利用"班级小管家"小程序，发布作业并批阅作业，对于学生在线上提交的作业，我都逐份认真批阅；4. 将"微信公众平台"作为详细讲解试题和发布原创作文试题的平台，一些知识点比较琐碎的试题，我并不是三言两语，在学生面前敷衍过关，而是利用微信公众平台，将试题进行细解，将诸项工作做细，让学生得以充分理解。

善用各类网络信息平台，利用线上授学的优势，呈现高中语文课堂的精彩，这正是时代赋予我们的重任。当然，线上授学的优势也离不开线下教学活动的支撑，高效的线上授学和具体入微、切实有效的线下教学活动必须相互结合，这也是现代高中语文课堂所必须具备的。

第二，现代信息技术走入高中语文课堂，极大地改变了课堂的授学模式，最大限度地丰富了教师的教学方法和教学手段，让高中语文课堂显得更为精彩。传统的高中语文课堂，显得过于单调，受限于传统单一的教学模式和落后的教学设备，高中语文课堂往往无法彰显出原本该有的精彩来。现代信息技术的出现，无疑极大地丰富了高中语文课堂的内容，给单一乏味的课堂增添了亮丽的色彩。现代信息技术的使用，可以让整个课堂打破时空的限制，让学生如身临其境，置身于或者华美、或者辽远、或者清新的各种学习情境中。

现代信息技术和高中语文课堂的有效结合，是当下学校教学活动当中不可违逆的潮流。高中语文，知识容量大，知识体系庞杂，其中的古典诗词鉴赏、文言文阅读、现代文阅读，这些知识模块都是高中语文学习的重点。按照传统的教学方法，在这部分知识模块的授学活动中，往往就是教师在上面讲课，学生在下面听讲，所能依靠的教学工具就是教学参考书、黑板、粉笔而已，这种教学模式的收效往往特别小。那么在知识容量大、知识体系庞杂的高中语文课堂中，使用现代信息技术进行教学，或许能够起到事半功倍的效果。高中现代信息技术最大的优势就是拓延课堂学习的空间，让课堂授学活动变得简单便捷。对于教师而言，很多庞杂的知识点，往往可以在课前课余、课间课后，通过现代信息技术进行全面而有针对性的授学，从而省却很多教学所用的时间。对于学生来说，现代信息技术就是打破课堂空间界限的有效利器，现代信息技术的使用，给传统的课堂带来革命性的影响，以往那种单一的课堂上老师讲学，学生听讲的学习模式，通过多种网络平台和信息工具，得到颠覆性的改变，课堂空间也得到了无限延伸。

让现代信息技术走入高中语文课堂，打破传统语文课堂授学模式，给高中语文课堂带来颠覆性的革命，然后让学生作为课堂的主动学习者，主动尽情地汲取各类知识营养，让教师作为课堂的掌舵者，给课堂的主人翁——学生指明学习的方向，师生在现代信息技术的强力支撑下，共同打造高效语文课堂，这是我们在这个时代应该主动创造的。

第三，现代信息技术走入高中语文课堂，可以拓展学生的知识视野，可以增强学生的知识储备，可以让课堂知识成为永久的储存。现代信息技术下的世界精彩纷繁，我们应当将现代信息技术作为拓展学生知识视野的有效利器，从而让学生的知识储备越来越丰厚，让学生在现代信息技术背景下，都能够做一个博学的人。在现代信息技术背景下，我们应当加强班级公共知识平台的建设，让各种知识永久地储存于班级知识平台中，以备学生的不时之需。

语文学科的知识体系庞杂，包罗万象，博大精深，学生在学习的过程中，往往会出现一种现象：当堂学过的知识记得很清楚，但过后就在不知不觉中忘记在琐碎的知识碎片中。现代信息技术有一个特点，就是可以将原本碎片化的知识整理成为前后有效联结的知识体系，比如利用思维导图，可以将现代文阅读、文言文阅读、古典诗词鉴赏的知识模块整理成为有机联结的整体，这其实很有利于学生的记忆，有利于学生的知识储存。当然，即使知识便于记忆了，但总会有被遗忘的一天。高中学习的内容相当烦琐庞杂，学生的个人记忆储存库中往往是顾此失彼，无法储存那么庞杂的知识。现代信息技术工具无疑扮演了帮助学生永久记忆知识的角色。俗语有云：好记性不如烂笔头。现代信息技术就是学生在储存知识方面的"烂笔头"，能够让各类知识成为课堂学习活动的永久记忆。比如在一个班级中，不论是教师还是学生，都可以将各类知识进行分类整理，上传到班级的 QQ 群，让 QQ 群成为班级的公共知识资源库。因为 QQ 群的文件储存功能是永久的，储存于其中的知识就相当于班级公共知识平台的永久记忆，学生如果对某个方面的知识生疏了或者忘记了，就可以翻看班级 QQ 群，找到自己所要的知识模块，然后"温故而知新"。

在高中语文的课堂教学活动中，加强班级公共知识平台的建设，让教师和学生在课堂中所获取的知识，都能够在现代信息技术的背景下，成为个人的永久知识记忆，从而能够时时"温故而知新"，这对高中语文课堂来讲，善莫大焉！

《高中语文课程标准》指出："高中语文课程应遵循共同基础与多样选择相统一的原则，精选学习内容，变革学习方式，使全体学生都获得必需的语文素养；同时，必须顾及学生在原有基础、自我发展方向和学习需求等方面的差异，激发学生的兴趣和潜能，增强课程的选择性，为每一个学生创设更好的学习条件和更广阔的成长空间，促进学生特长和个性的发展。"[2]

当今社会是一个信息技术高度发达的社会，现代信息技术已经渗透入社会生活的每一个方面。现代信息技术是这个时代对我们的馈赠，作为高中语文教师，我们应该大胆接受现代信息技术的馈赠，在《高中语文课程标准》的指引下，利用现代信息技术的优势，激发学生的学习兴趣和潜能，为学生创设更好的学习条件和更广阔的学习空间，从而打造出更为精彩的高中语文课堂。当然，现代信息技术可能会对课堂带来的负面影响，也是我们应该尽力避免的。

事实上，利用现代信息技术打造高效语文课堂，这本来就是一项创新行为，"创新构想是人类智慧中最美丽的花朵"。[3] 利用现代信息技术的优势，对高中语文课堂进行艺术性的再创造，这是处于这个时代的语文教师应当做好的一项工作，愿所有的高中语文教师都能够本着创造主义的精神和理念，借助现代信息技术的巨大优势，打造出属于自己的精彩课堂，这样无疑是教育事业的福音。

参考文献：

[1] 狄更斯.双城记 [M].北京：人民文学出版社，1996.

[2] 普通高中语文课程标准 [S].北京：人民教育出版社，2018.

[3] 郭光华.商品开发技巧 [M].济南：山东人民出版社，1993.

第四节　现代信息技术视角下的
古典诗词鉴赏课堂

点击《国风》《离骚》的厚重封面，闲翻汉魏古诗的扉页，遨游于唐诗宋词的精美华章中，不知不觉间，自己的足迹也似乎跟随着来自古老汉语的神思，沉浸在古汉语文学的诗词歌赋之中。

中国是一个诗歌的国度，各个历史时期的诗歌各尽风流，极尽璀璨。作为现代人的我们，依然承继着传统，学习着祖先留给我们的优美文学作品样式，这也令身为炎黄子孙的我们倍感自豪。

在当下的高中语文学习中，古典诗词的学习是重中之重。但古典诗词是难以消化的知识模块，多数学生不爱学，很多教师也不喜欢教。在高中课堂学习中，有一个很残酷的现实，在现代信息技术全面深入课堂的今天，高中语文往往被很多学生列为努力的末端，而作为中国传统文学优秀样式的代表——古典诗词，在高中语文学习中更是有逐步弱化的倾向。

为何在现代信息技术全面发展的今天，古典诗词的教与学会在高中语文学习中出现如此尴尬的情况？在今天的诗词教学和诗词学习中，我们是要全面利用现代信息技术的优势，全力提升古典诗词教与学的效率？还是固守传统的方式，让古典诗词的教与学在传统仄径上和缓前行？

在回答以上问题之前，我们必须清醒认识到，现代社会十分注重时效性，社会瞬息万变，各类信息在社会上涌起时，如惊涛骇浪，声势惊人，当信息消退时，又如大海退潮，瞬间消失无踪，只留阳光下沙滩上闪闪发光的贝壳而已。如果我们能够将现代信息技术合理有效运用于古典诗词教学与学习中，这无疑会极大提高古典诗词教与学的效率。反之，如果我们仅仅将现代信息技术作为古典诗词课堂学习的点缀，然后对古典诗词进行走马观花般的学习，这只是浅尝辄止，根本无法解读古典诗词的声韵之美和高远的思想内容。毫不客气地说，无论是教师的教学，还是学生的学习，对古典诗词浅尝辄止，其实是对古典诗词的伤害。古典诗词来自古老的文字，经典之作汗牛充栋，身为汉语言文学学习者和继承者的我们，理当慢慢咀嚼品鉴，"越是古老的文字越能焕发生机，越是经典篇章越能经久耐嚼，关键是教师教学这些经典篇目的时候，要能够深入思考，细细揣摩，涵泳咀嚼"。[1]

鉴于此，我觉得，在当下的古典诗词教学中，应该以现代信息技术作为先驱，扩充诗词学习的广度，探索诗词学习的深度，并和传统的学习方法相互结合，全面精细，以全求精，找出一条切实有效的诗词教学之路，这才是诗词教学的正道。对此，我有如下四个方面的切身体会。

首先，充分利用现代信息技术的便捷优势，拓延诗词教学的广度和深度，让诗词教学具备十足的立体感。虽说古典诗词是中国优秀传统文化的瑰宝，但因为距离我们年代久远，所以现代人学习起来难免费时费力。现代信息技术的优势，就在于能使我们按照自己的意愿，找寻自己所要的教学和学习资源。但是，毕竟时代不同，古典诗词中所表现的思想情操有时难为现代人所理解。此时，现代信息技术在诗词教学与学习中就扮演了时空机的角色，我们完全可以利用现代信息技术的优势，遍寻自己所需资料，置换时空，让自身如身临其境，去解开古典诗词中的思想奥妙。可以说，只要我们愿意，诗词教学中所碰到的难题，我们都可以利用现代信息技术来解决。古典诗词教学，也因为有了现代信息技术的有效参与，才显得更有立体感。

其次，借用现代信息技术，为自己架设起完整的古典诗词知识体系，让自己做一个博学的高中语文教师。中国古典诗词知识体系博大精深，中国诗词勃兴于《诗经》和《楚辞》，至唐宋时代发展至极盛，其中的诗歌门类、诗词样式、思想内容、表现手法，各种知识相当庞杂，一个普通人即使是穷尽一生，也未必能够将其学透。不过，假如持着一种坚持不懈的精神，在自己的知识储备中架设起相对完整的古典诗词知识体系，这对于一名高中语文教师来说，是完全能做到的。

以前，我们可能抱怨古典诗词知识庞杂，资料难以找全。但是，在现代信息技术全面发展并深入高中语文课堂的情况下，资料难找的问题也基本上不存在了。只要我们愿意利用业余时间，哪样资料找不到？在古典诗词教学中，如果没有相对完整的知识体系，就会时常出现知识"短路"的现象。作为高中语文教师，如果真的经常出现这种现象，那岂不是很尴尬？避免尴尬的做法，就是充实自己的知识储备，让自己变成博学的教师。《诗经》的现实主义，《楚辞》的浪漫想象，汉魏的刚健风骨，六朝的清新典雅，直至唐宋盛世的全面辉煌，如果我们能够顺着这样的思路，将诗词知识体系做一个汇编，融进自己的脑海之中，做到学以致用，这才是一名真正合格的高中语文教师。

再次，诗词教学应该注重朗诵。朗诵是激活古典汉语声韵密码的途径，是读者对诗词听觉美感的审美感知过程。多数人喜欢一首诗或者一首词，都是先从诗词外在的形式美开始的。"关关雎鸠，在河之洲，窈窕淑女，君子好逑"，当我们读到如此朗朗上口的诗句时，我们的第一感觉不是理解这几句诗的含义，而是先通过朗诵，将诗句内化为自己所拥有的诗歌语言。唐代乐府诗中的经典名篇——《春江花月夜》，我们第一次走近它，同样是从它外在的形式之美开始的，朗诵一首《春江花月夜》所带来的听觉上的审美享受，完全不输于一首流行歌曲带给我们的听觉享受。笔者当年初次看到杜甫的"出师未捷身先死，长使英雄泪满襟"这两句诗时，瞬间就已陶醉于其中了，因为这两句诗在其外在形式上，就先以铿锵有力的音韵折服了我，然后这两句诗成了我个人声韵审美体验中不可忘却的诗歌语言。一个学生，他对诗歌的喜爱往往就是先从声韵上开始的。我们在教学中，可以通过现代信息技术找到声情并茂的朗读视频或音频，明确诗词朗诵的着重点，拿捏诗词朗诵情感的轻重缓急，以此来加深学生对诗词学习的声韵体验。在诗词学习过程中，让学生感受一次诗词学习方面的听觉审美体验，这对诗词教学来说，无疑是十分有效的。

最后，作为高中语文教师，应该具备最基本的古典诗词创作能力，即使没有创作能力，最起码也要掌握诗词常见的韵律特点。有人说："我们又不是诗人，也不是词人，怎么能够作得了古典诗词？"我们当然不是诗人，也不是词人，但具备最为基本的诗词创作能力，这应该是能够达到的。诗词创作先看天赋，但后天的努力更重要。许多高中语文教师缺乏古典诗词创作能力，并非天赋不高，而是努力不够。能够创作一首诗词，对解读古典诗词作用甚大。诗词创作能力就是打开古典诗词华美宫殿的钥匙，拥有了打开华美宫殿的钥匙，我们才可以随意遨游于古典诗词的知识宫殿之中。我觉得，要想获得古典诗词的创作能力，可以利用现代信息技术的便捷优势，理清不同诗词样式的不同韵律特点，掌握了韵律特点之后，再勤加练习，这可以慢慢创作出属于自己的诗词来。不得不说，这也是现代信息技术带给我们的便捷之处。当然，也不可能每位高中语文教师都能具备古典诗词的创作能力，但是，至少要熟悉不同时期不同的诗歌样式，了解不同诗歌不同的思想内容，这便是上文所提到的做一个博学的教师。如果一名高中语文教师分不清古风、律诗、绝句、词、散曲，我觉得这是不可以接受的。总之，高中的语文教师，如果没有成为"诗人"的条件，那至少要具备"博学之士"的气质。

古典诗词，是源远流长、博大精深的中国文学历尽千百年的大浪淘沙，所遗留在沙滩上最为亮丽的贝壳。我们后人作为拾贝者，徜徉在中国文学这片广博的沙滩上，应将脚下的那片在阳光下熠熠生辉的贝壳捡起，并且带回家中细细端详。我们要了解这片贝壳的前世，要知道它从何而来，也要知道它的今生，考察它对我们现代人在精神审美上的意义，更要了解它的后世，我们要判断它即将何去何从，最终究竟走向何方，有了这些知识储备有利于当下的我们对它进行剖析和研究。至于现代信息技术，它对于古典诗词这片亮丽的贝壳来说，无异于镁光灯，它能帮助我们将贝壳上的纹理色泽看得更为清楚，也能将我们手上的贝壳摄下那永恒的一瞬间。

总之，古典诗词教学，重在用心。在当下的古典诗词教学中，那些传统的教学理念和学习方法，诸如通过多番朗诵，通过读写听增强理解等，都是我们所必须坚持的，而利用现代信息技术提高诗词鉴赏的学习效率，也正是时代给我们的要求。

参考文献：

[1] 徐昌才 . 向文本更深处漫溯 [M]. 上海：华东师范大学出版社，2018.

第五节　现代信息技术用于高中语文课堂
分析研究和理想高中语文课堂构建

一、前言

当下是一个信息技术大革命的时代，各种信息技术呈爆炸式发展。现代信息技术的发展，给我们的日常生活带来了极大的方便，也给我们的高中课堂教学带来了丰厚的馈赠。

走进现在的高中课堂，我们发现，现代信息技术已经深深地渗透进我们的课堂教学。各类微课，各类制作精美的课件，功能齐全、强大的多媒体平台，丰富了我们的教学内容，装扮了我们的高中课堂。

对于当下的高中语文教师来说，这应该是一个最好的时代。各类教育资源信手拈来，取之不尽。各种先进的教育方法和教育理念，冲击着传统的语文课堂。

在此之前，笔者所主持的《诗词教学与现代信息技术有效融合研究》课题组，曾对所在区域内的十三所高中做过实地考察，并听了这十三所高中的语文公开课。经调查，绝大部分的公开课都是采用多媒体平台，运用制作华美的教学课件，并通过线上线下相结合的方式，将课前预习、课堂学习、课后复习相互串联，让整个课堂显得立体完整。这些语文公开课在形式上臻于完美，课堂上学生参与学习的热情很高，特别是在某些课堂上小组合作学习的讨论环节，简直可以用精彩纷呈来形容。

诚然，如此语文课堂是无可挑剔的，但是，过分完美的课堂形式，总会让我们觉得当下的语文课堂好似缺了一些什么。语文课堂华美形式的背后，好像缺少了一种气质。

二、现代信息技术用于高中语文课堂实际情况研究分析

对于当下的高中语文教师来说，这可能是一个最好的时代，因为各类现代信

息技术在课内外的使用，使得我们的教学变得容易了，作为高中的一名语文教师，只要我们愿意，什么样的信息，什么样的资源，借助网络，全部都可以获取。在现代信息技术与课堂教学结合得如此紧密的前提下，我们都可以选择做一个博学的语文教师。在新课标理念指挥棒的指引下，各种各样的课堂互动学习方式和学习理念，紧跟时代潮流的教学方式，在高中语文课堂上大行其道。作为这个时代的语文教师，只要有充分的时间准备，我们基本上能够借助各类现成的资源，为学生奉上一堂精彩纷呈的语文课。

但是，当下的高中语文课看似精彩纷呈，但其背后总是令人感觉好像缺少一种气质。现代信息技术交替轮转，学生热烈互动的讨论声背后，有时恰恰就是语文课堂独立思辨能力的逐渐丧失和语文学科人文性的逐渐弱化。取之即来的学习资源，比如近似于工厂流水线生产出来的各种教学课件和微课，比如按照固有思路设计好的课堂互动模式，还有设计得几乎是天衣无缝的各类学案，这些资源操控着高中语文课堂，使我们对一篇课文的解读和对一节课的演绎，都如一个模板刻出来的，毫无个性可言。或许，我们直接取用别人的资源和模式，来完成课堂教学，这省却了很多精力和心思，不失为明智之举。但此举在对语文学科知识的追求上显得共性有余，个性不突出。共性有了，语文的工具性在共性的知识输出下便显得特别突出，共性之下的整个语文课堂有时就像工厂流水线批量生产的工艺品一样，毫无差别；个性不足，语文课堂的人文性往往由于个性化的解读不足，而显得很是缺失。

当今社会是一个快节奏的社会，快餐文化泛滥，"浅阅读"之风盛行，与之遥相呼应的，高中语文课堂似乎也充斥着"浅教学"之风。在课堂知识的引入方面，我们事事讲究高效，此举背后往往就是在学习上的浅尝辄止。在课堂授学方面，我们事事追求良性互动，殊不知，过分突出此举往往就是从"满堂灌"的极端走向"假互动""假热烈"的极端。现代信息技术充实了我们的教学内容，装点了我们原本单调的教学模式，但往往也是造成课堂"浅教学"的罪魁祸首。

语文的学习，原本就是一个慢火细炖的过程，语文学科的思辨能力和人文性，原本就是需要在追求共性的基础上，再行个性的不断创造，而后才能培养和塑造起来的。但是，我们现在似乎在这条路上走偏了。

笔者在主持《诗词教学与现代信息技术有效融合研究》课题研究期间，曾有幸聆听过本市一位知名语文教师的公开课,该老师选择了杜甫的名篇——《登高》,在课堂上与学生进行互动学习。丰富的课前知识储备,精妙的课堂设计,热烈的课堂互动,老师放得开,学生谈论得欢。学生各抒己见,教师不失时机地点评,课堂的环节过渡自然,节奏不徐不疾,恰到好处,必要的课后作业布置环节,使整个课堂呈现出一种近乎完美的状态,但这个课堂完美得让我们觉得是经过彩排的。在这个完美的课堂中,杜甫的个人生平和创作风格,《登高》的基本内容和艺术手法,诗歌鉴赏的技巧,都在热烈的课堂氛围中得到呈现,如此课堂,我们没有理由指摘啊!

但是,我总认为这个课堂工具性有余,人文性不足。在这个课堂中,老师只是带着学生闯进了知识的殿堂,却没有带着学生进一步去领略知识的上层结构。杜甫在《登高》中的悲悯情怀,杜甫创作该诗的深沉内心,在对诗歌的体味中应培养什么情操,这些问题在这位老师的课堂上根本就体现得不够深刻。《登高》中一些应当深度分析的内容,就湮没在了学生的良性互动和课堂的热烈气氛中。学生就像一群观览知识殿堂的游客,在看到眼前美景后,啧啧称奇,满足一番之后旋即离开,并未探寻美景的形成因素和构建美景的技艺。

后来,我又聆听了本市另一位知名语文教师的公开课,该老师所讲的是柳永的《雨霖铃》,其授课模式和学习内容大抵如此。因为课题研究的关系,我又陆续聆听了校内外诸多语文教师的公开课,共计二十节课,公开课的学段涵盖了高一、高二、高三,公开课的内容包括诗歌、小说、散文的学习,以及高三各类专题复习。在听课的过程中,我发现几乎所有老师都不约而同地将"良性而热烈的课堂互动"当作自己语文课堂的"利器"。根据公开课课堂基本情况,再根据笔者所主持的课题组对校内外高中语文课堂的调查数据,现在95%以上的高中语文课堂都会在课堂学习中使用现代信息技术,60%以上的高中语文课堂都以现代信息技术为主导,10%左右的高中语文课堂则是完全使用现代信息技术来教学。"良性而热烈的课堂互动"和"使用现代信息技术"几乎成了新时期高中语文教师上好一节课的两大衡量标准。但是,多数人没有看到,这两大法宝往往也是造成我们的课堂"浅教学"的两大因素。因为,热烈的课堂气氛经常会让我们失去了冷静沉思的时间和意境氛围,现代信息技术让我们获取知识和资源变得容易,容易导致我们产生思想上的惰性,因而懒于思考,疏于手上的文字表述。

如此看来，现代信息技术用于高中语文课堂，带来的不完全是正面作用，还是存在着负面作用的，特别是在古典诗词的教学中，如果使用现代信息技术的力度掌握得不好，那负面作用就更大。过分迷信现代信息技术，往往就走入了"浅教学"的误区，辩证地看待现代信息技术，让现代信息技术在高中语文课堂上真正发挥出应有的巨大价值，这是我们高中语文教师所要正确面对的问题。

三、构建理想高中语文课堂的探索

在这样的一个时代，我们到底需要一个什么样的高中语文课堂？目前，现代信息技术渐已成为高中语文课堂的主宰，我们究竟该如何构建一个优质的语文课堂？

基于此次课题研究，加上一直以来我都致力于探索一条既有深度，又有高度，还有宽度的语文教学之路，因此，我觉得必须以简易的文字和形象的语言，对我所构建的理想中的高中语文课堂蓝图，在此做一番展现。

高中的语文课堂必须是有深度的，必须在满足工具性的基础上，大步向语文的人文性迈进。工具性即满足我们写字和读书的需要，人文性即满足我们对文学审美的需求。在古诗文的学习中，对语文人文性的需求，尤其重要。古诗文是中华优秀传统文化的重要表现形式，承载着中国人自古到今的哲学思考和情感体验，包罗了诸多优秀文人独特而高尚的审美情操。只有摸透了古诗文，才能学好现代文。没有古诗文作基础的现代文学习，其学习结果只能是仰望空中楼阁。因此，在古诗文的学习中，我们要告别那种仅限于了解古诗文基本内容和写作手法的授课模式，而是要设置情境，通过教师强大的课堂组织能力和语言表达能力，让学生有身临其境的感觉，让学生置身诗词的盛世，从而全方位感受一首诗，一首词，或者是一篇古文。

高中的语文课堂必须是有情怀的，悲天悯人的情怀，家国情怀，怀古伤今情怀，忧天下情怀，种种情怀就蕴含在每篇优秀诗文之中。通过多年以来的调查研究，我发现很多语文教师在课堂上对文学中的情怀解读还是不到位。我曾听过本区域内的一位优秀语文教师讲授欧阳修的《六一居士传》，上课的老师为了表示对该课的重视，还特意请了学校的美术老师，在黑板中间写了一个大大的艺术字——乐。该老师为了引发学生的学习兴趣，同一个问题总共问了学生三回，"你们觉得最快乐的事情是什么？"学生面对此问题当然来劲，回答当然也是五花八门，"睡觉""放假""睡到自然醒""数钱数到手抽筋"，学生答得欢，老师讲得乐。学生在轻松快乐的气氛中学习，老师寓教于乐。至于《六一居士传》的内容，该老师就讲了本文一些文言基础知识，对欧阳修在文中所抒发的感情语焉不详。这种插科打诨式的公开课，莫说情怀，就是文章中的感情都讲不清楚，并且在课堂上对学生所传达的浅俗快乐观都没作纠正，更不要谈理解欧阳修浮沉宦海多年，心生倦意，欲独善其身的情怀了。没有情怀的高中语文课堂，即便将一首诗歌的基本内容讲述得再完整，将一篇文言文翻译得再详细，那也不能算得上是优秀的语文课。如果说诗文的基本内容是语文课堂的血肉，那情怀就是语文课堂的灵魂了。

高中的语文课堂必须是兼蓄并包的。仅仅将语文的学习定位在语言和文学方面，显然是不全面的，这实际上也是对被尊为"百科之母"的语文学科的弱化。语文一个学科，往往涵盖了语言、文学、历史、政治、哲学、地理等诸方面知识，假如语文教学只是立足于汉语言文学，或许能够完成一节合格的语文课，但是很难创造一堂精彩纷呈的语文课。笔者通过多年教学的观察发现，政史地各学科都学得非常好的学生，他们的语文都不会太差，政史地各学科学得很差的学生，他们的语文都不会太好，因为语文与这些学科本身就有相互促进的关系。在高中语文课堂上，教师就应该做一个博学者，在语文的学习中，将百科知识融会其中，这样才能引领学生进一步去拓展相关的知识。只有语言和文学的语文课堂是单薄的，是无力的，只有语言和文学，绝对撑不起一个优秀的语文课堂。没有百科知识的语文课堂，就如一个营养不良的人，身体内缺少了某些元素。如此看来，兼蓄并包才是语文课堂的王道。

在满足工具性的基础上，再追求工具性与人文性的统一，这是在挖掘语文的深度。将各种或伟大、或高贵的情怀，在高中语文课堂上作淋漓酣畅的讲述，这是在攀爬语文的高度。在高中语文课堂上融会百科知识，做到触类旁通，兼收并蓄，这是在拓展语文的宽度。这三个方面，就是促进一节精彩纷呈的语文课诞生的关键，是让语文课堂真正有了文学气质的必要因素。上文说过，现在的高中语文课堂看似少了一种气质，其实就是少了一种文学的气质。

当然，欲达到如此要求的语文课，也必须要求语文教师有过硬的功底，"打铁还需自身过硬"。有其他语文老师曾向我抱怨过，"我们语文教师又不是神，咱们也不是什么文学家，如果真的按照你所倡导的这样做，我们自身必须是个大文豪。"对此，我莞尔。

我们当然不可能是大文豪，不过，我们纵然没有成为大文豪的实力，但可以用成为大文豪的标准来要求自己。所有大文豪，除了过高的天赋，其实都是通过后天的不断锤炼，一步一个脚印，然后才能铸就的。换言之，世上任何的知识和学问都是通过后天学习获得的。很多教师，其实或多或少都有一种后天的惰性，即进入教学队伍之后，对于学问和知识的追求就显得比较慵懒了，总觉得自己的知识储备足以应付一个课堂和一群学生，因而导致了自己在知识和学问上的追求停滞不前。然而，凭借有限的知识储备，能创造一个精彩的语文课堂吗？即便能有一两节精彩课时，可长此以往呢？

一个精彩的高中语文课堂，需要一名有情怀、有深度、博学的语文教师，这两者的锤炼和养成，并非一朝一夕之功，而是一个不断锤炼、不断积累的过程。我们不敢奢望涉足讲台伊始，就能将高中语文课堂的深度、高度、宽度完美呈现，也不敢保证将每一节语文课都上成精品课，然而，只要我们在教学生涯中不断摸索，不断积累，来促进自己不断成长，那么，创造属于自己的精彩纷呈的高中语文课堂，也就是时日的问题而已。

四、结语

在高中语文课堂上，教师的专业核心素养往往是决定一节课是否成功的主要因素，此专业核心素养包括语言文字方面的素养和文学情操方面的素养，一名优秀的高中语文教师就是上好一节优秀的高中语文课的先决条件，失落了文学情怀，冷落了情感体验，仅凭良好的师生课堂互动，止步于基础知识的掌握，如此语文课堂，只是表面的热闹而已，是没有深度，缺乏灵魂的。

各种现代信息技术广泛地使用在我们的课堂上，这让我们的语文课变得越来越精巧，但精巧决不等于有文学气质，将现代信息技术与语文的工具性有效融合，这已是得到了有效验证，并且广泛地运用于高中语文课堂上了，但是，将现代信息技术与语文的人文性有效融合，这可是一项技术含量极高的难题，笔者认为，各种现代信息技术只是我们高中语文教学的工具而已，打造优秀高中语文课堂的终极力量，其实就在语文教师本身。

"他山之石，可以攻玉"，借助现代信息技术，并以教师个人专业核心素养为教学主导，让现代信息技术和语文教学有效融合，促进学生文学素养和高尚情怀的养成，在此基础上来打造优质的高中语文课堂，这才是走出高中语文"浅教学"误区的正确方式，这也是我们这个时期的高中语文教师该认真思考的一个问题。

第六节　学科核心素养下精品语文课堂的构建

作为从事汉语言文字教学工作的教育者，对语文学科核心素养的概念绝对不会感到陌生。对于学习者而言，语文学科核心素养是一种以语言文字能力的培养和提升作为核心目标的综合素养，主要包括"语言建构与运用""思维发展与提升""审美鉴赏与创造""文化传承与理解"四个维度。这四个维度刚好涵盖了语文学科的工具性和人文性。

对于高中阶段的语文教师来说，语文课似乎很容易上"好"，因为现在的信息渠道发达，教学资源应有尽有，一名高中语文教师只要将搜集好的教学资源进行合理剪辑，就可拼接成一节语文课。但是，高中阶段的语文课似乎也很难上"好"，很多高中语文教师，在授课活动中很难做到将工具性和人文性两者并驱、二者合一，打造出深具文学气质和思想深度的语文课来。

鉴于此，在当下的高中语文教学活动中，作为万千高中语文教师中的一员，我们应当怎样打造一节优质的语文课？

笔者结合多年以来的教学经验和授课理念，私以为在语文课堂教学活动中，应以培养学生学科核心素养为基点，以精品意识打造语文课堂为载体，以人文主义的理念促进语文学科核心素养的落实和强化，这样才能打造出有气质、有深度、有境界的优质语文课堂来。在此，我将有关在高中语文课堂上培育高中语文学科核心素养的阐述，具体分为以下四个方面：

首先，以语言文字的建构和运用作为语文课堂学习的基点，教师在学习活动中引领学生领略汉语言文字的声韵之美。作为世界上最为古老且延绵几千年不断，目前拥有着最多使用人数和最大使用群体的一门语言——汉语，无论是从其文字形态，还是从其意味声韵来说，都堪称是世界上最美的语言。汉语之美，就蕴含在一篇篇优美的诗文之中。在教学活动中，教师应当引领学生走入汉语的美学世界，领略汉语的形雅、蕴美、意佳，帮助学生建立起对汉语言学习的热情，帮助学生建构起汉语言学习和运用的自觉性和主动性，让学生树立起对本民族语言文字的高度自信，此即"语言建构与运用"素养的培育。

其次，以思维能力的发展与提升作为语文课堂学习的基本目标，教师在学习活动中培养学生的思维能力。语文学习，不只要满足对语言文字的基本读写目标，还要培养对文学作品以及对一切现象独立思考的能力，让学生成为独立的思考者，不至于在学习活动中人云亦云。在五彩缤纷的语文世界中，每一篇独立的文学作品，其背后都有独特的内在逻辑和美学原理，教师在学习活动中，应让学生学会思考蕴含在文学世界中的现象，借助这个思考的过程，培养起对外部世界的正确认知，进而将这种正确认知推至对其他现象的思考和认知中。语文学习，教师必须让学生在对具体文学作品的独立思考中，构建起对世界的基本认知能力，构建起对一切现象内在逻辑和运行规律的认知体系，此即"思维发展和提升"目标的达成。

再次，从审美能力培养、审美品位鉴赏、审美创造的维度，在语文学习过程中构建起学生的审美体系。语文课堂，应坚决杜绝低级、庸俗、消极价值观传播的现象；语文课堂，应具备刚健、奋发、积极的精神力量。正确审美价值观之下培养出来的学生，应是社会建设、国家和谐的"中坚分子"，而不能是给国家社会拖后腿的"落后分子"。一个人的审美能力多数是在后天的学习中逐步培养起来的。语文教师，是学生的第一任美学老师。学生的审美鉴赏和创造能力，往往就是在对一篇篇优秀文学作品的品鉴中建立起来的。优秀文学作品中所蕴含的美学价值，对学生审美趣味的形成，有不可估量的积极作用。语文教师，在组织学生学习优秀文学作品时，应当积极主动培养学生的正确审美观，让学生能够通过长期学习，正确地辨别真善美和假丑恶，从而形成高雅、积极、健康的审美趣味，并能够运用个人的思维能力和语言表达能力，进行审美的再创造，然后形成完整的审美体系。

最后，在对传统诗文的学习中，领略诗文的独特魅力，用精品意识打造优质的语文课堂，让语文课堂成为传承优秀传统文化的阵地，让学生在学习中自觉担负起文化传承的使命。文化传承，绝不是一句空话而已，不能只停留于"喊口号"的层面上。学生对传统文化的初步理解，往往从接触中国传统诗文开始。语文教师，应当以打造精品课堂的意识，让传统诗文在课堂上绽放出独特的魅力，让曾被史上众多大文豪向世人展现过音韵美感、思想高度、文化深度的汉语言文学，在学生的心目中，奠定下不可动摇的地位，从而也让每一位学生在语文学习中，萌发出对祖国文学的由衷热爱，并自觉肩负起传承祖国优秀传统文化的使命。在现下的有些课堂上，教师受限于个人能力或考试成绩压力，而将语文课堂完全变成了概念背诵、考试技能训练的平台，这让学生对传承了几千年的汉语言文学失去了学习的兴趣，如此课堂，其实就是对语文的亵渎，所谓的"文化传承和理解"，在这样的课堂上就只剩下一句空话。身为语文教学工作者，必须将每一节语文课当作精品来打造，让穿过几千年历史至今还熠熠生辉的汉语言文学，在今天的语文课堂上焕发出全新的魅力，这自然而然也能引发学生对语文课堂的热爱，如此，"文化传承和理解"，才算真正走入了课堂教学，培养语文核心素养才算落到了实处。

工具性和人文性的辩证统一，是一堂优质语文课所应具备的基本要素。语文课，不仅要让学生读书写字，也要让学生有思辨能力，更要让学生有理想情操。换言之，语文课堂所教出来的学生，不只是能读善写的智慧者，更应该是有健全人格和崇高道德的仁厚者。身为语文教师，在传道授业解惑中，当执"以人为本"的理念，并以精品意识为驱动力，在语文学科核心素养目标的指引下，来开展课堂学习活动，让语文课堂成为培养有文明、有道德、有操守的高素质人才的摇篮，成为立德树人的平台。

总而言之，在学科核心素养目标之下的语文课堂，必须有温度、有气度、有风度。因为语文课堂必须以人为本，贯彻立德树人的目标，所以语文课堂应给予每一位学生充分的人文主义关怀，此乃语文课的温度；用打造精品的意识，将整个语文课堂打造得立体生动，从而让学生亲近语文课，喜欢语文课，此即语文课的气度；语文从来都不是枯燥知识和考试技能的训练平台，而是一个丰富多姿、五彩斑斓的文学世界，教学语文者，必须充分发挥出语文的独特魅力，让语文课变得立体、丰满、生动，而不是干瘪无力，此为语文课的风度。每一位从事语文教学的教育工作者，都应该深入钻研，不断摸索，探求语文教学的深度，攀登语文教学的高度，在学科核心素养目标之下，打造出属于自己的精品语文课堂来。

后 记

　　我从高中时代开始，便有一个著书立说的梦想，其时的我常看武侠小说，对武侠世界中侠客们浪迹江湖、快意恩仇的生活感触颇深，也带有几分向往，但我其实深知这是极为不切合实际的幻想。不过，各位武侠大师所构筑出来的瑰丽梦幻、亦真亦假的武侠江湖，让我感受到了语言文字的魅力，于是，我在那一阶段也有了进行通俗文学创作的冲动和梦想，而完成属于自己的一部武侠小说著作的梦想就在彼时我的心中生根发芽。参加工作后，我曾经尝试过长篇小说的创作，创作的题材涉及武侠和言情，但受限于个人的才学、见识和时间，我都只是将自己的小说作品写了开头，而一直都没有完成结尾，我的小说创作梦想就一直搁浅着。

　　2022 年，因机缘巧合，我负责广东省教育科研项目——《核心素养下打造德学兼修精品语文课堂的研究》的课题研究工作，在其中的预期成果中，有一项是出版专著，因此，我不得不将身心和精力投入其中，为专著的出版而谋划和筹备。虽说创作教学专著与创作小说在内容和方向上相去甚远，而我的专著也不过就是一部微不足道，甚至谈不上有学术价值的教学随笔和反思作品，但毕竟是将自己的文字呈现在读者的眼前，供读者阅读评价，这多少弥补了我一直以来在文学创作方面的遗憾。

　　在我的原计划中，我是打算一边教学，一边做教学上的研究，为自己在课堂上所讲授过的每一篇课文都写上一篇教学反思和读书笔记，在写作的方向上，主要侧重于"语文学习对学生理想人格的形成"方面的话题和研究，即重视语文学习的德育功能。在过去这一学年的教学工作中，我确实在将每一篇课文讲授完毕之后，写一篇与课文教学内容相关的随笔和反思，如此坚持了将近一整个学年，前后总共完成了十几万字的随笔和反思。

正当我打算将自己所写的随笔和反思，按照课文的题材整理成册的时候，不巧自己存档于网络平台上的所有文字全部丢失，而我一年以来所写的十余万字的随笔和反思都没有本地存档，自己这一年多来的心血几乎全部都白费了，那一瞬间我几乎尝到了崩溃的感觉，我说："这种感觉简直比老婆跑了的感觉还惨！"

不过，在情绪渐渐平复之后，我将此前库存的其他文字，主要是我个人在古典诗词教学和对潮汕文化传承学习这两方面的设计反思，总共有三万多字，以及我个人这些年所写的教学论文作品，总共有两万多字，再加上我暑假两个多月的重新撰写，总共凑成了将近十三万字的作品，后不断修改叠加，又凑了三万多字，终于成了十六万字的作品。

看着重新拼凑出来的作品，我不由感慨："老婆跑了，我又重新给找回来了。"看着自己对教学的理解和对语文新概念的解读，我也不由感慨："这是我自己的劳动成果，我个人的教学心血和教育理念，以文字的形式体现出来了，也终于可以变成纸上的铅字了。"

这是我人生的第一部作品，也许我的作品对于大方之家来说，不过就是一纸空言，根本不值一提，在这部作品中，我更多的是谈论个人对教学的看法和感悟，而没有刻意地去参考名家的作品，通过名家著作中高屋建瓴的言论来装点我的作品，因此，这部作品更像是我个人在教学上的"闲言碎语"。但这一部作品对于我个人而言，意义非凡。我一直希望这部作品是我个人走向教学研究的一个里程碑，更希望这部作品是勉励我个人不断潜心研究，不断撰写著作的前行动力，假定往后仍然有机会研究课题和撰写著作，我更期望能够出一本有关古典诗词创作方面的著作，假如以后有时间和精力，我必定会将当年遗弃在角落处尚未完成的小说书稿找出来，用心将其完成，以延续我多年前在内心所种下的文学梦想。

言浅意疏，错缪之处，尚请大方之家斧正！

黄植文

2023 年 10 月 2 日